do Marie

Go n-éirí go seal

leis an chamhshaol —

Pádraig

Na Seacht gCineál Meisce
agus
Finscéalta Eile

Na Seacht gCineál Meisce
agus
Finscéalta Eile

Pádraig Ó Siadhail

Cló Iar-Chonnachta
Indreabhán
Conamara

An Chéad Chló 2001
© Pádraig Ó Siadhail 2001
Obair ealaíne © Antonia O'Keeffe 2001

ISBN 1 902420 45 4

Obair ealaíne Antonia O'Keeffe
Dearadh clúdaigh Johan Hofsteenge
Dearadh Foireann CIC

Bord na
Leabhar
Gaeilge

Tugann Bord na Leabhar Gaeilge
tacaíocht airgid do Chló Iar-Chonnachta

Faigheann Cló Iar-Chonnachta cabhair airgid ó

The Arts Council An Chomhairle Ealaíon

Clóchur: Cló Iar-Chonnachta, Indreabhán, Conamara
    Fón: 091-593307 **Facs:** 091-593362 **r-phost:** cic@iol.ie
Priontáil: Clódóirí Lurgan, Indreabhán, Conamara
    Fón: 091-593251/593157

do Chian Aonghus;
agus
d'Antonia
a rinne pictiúir de na focail

Deirtí roimhe seo go raibh seacht gcineál meisce ann: meisce chaointe, meisce bhruíne, meisce chrábhaidh, meisce gháirí, meisce stangaireachta, meisce bhreallánachta agus meisce chodlata.

—Seán Bán Mac Meanman

'An Chéad Mheisce agus an Mheisce Dheireanach' in *An Fear Siúil*
[luaite in *An Chéad Mhám* le Séamus Ó Cnáimhsí (Eag.)
Coiscéim, Baile Átha Cliath, 1990, lch 94]

Clár

Meisce Bhreallánachta

Meisce Bhreallánachta
Antonia O'Keeffe

Meisce Bhreallánachta

Ar chluinstin fheadaíl na traenach di, chuir sí uimpi a naprún iarnáilte agus chóirigh a cuid fáiscíní gruaige, faoi mar a bhí déanta aici ag an am seo gach lá le seachtain anuas.

D'fhéach sí an fhuinneog amach ar an chabhsa thíos ar a shon go raibh a fhios aici nach bhféadfadh sé a bheith anseo chomh pras sin. Siúlóid leathuaire a bhí ann ón stad traenach ag gabháil aicearra gach conaire is gach bearna. Toisc go mbeadh sé ag teacht ar na cúlbhóithríní draoibeacha timpeall Bheinn Mhic Leòid i bhfeithicil, bhainfeadh sé sin daichead bomaite ar a laghad as.

Líon sí an citeal is chuir síos ar an tsornóg é. Bhí uirthi timireacht bheag éigin a dhéanamh chun maolú ar na dairteanna neirbhíse ina bolg. Ar scor ar bith, ní raibh a dhath eile le déanamh aici. Bhí an tine mhór fadaithe aici agus an bosca brosna athlíonta aici. Bhí an teach glanta ag na páistí is sciúrtha sciobtha scuabtha aici féin arís ó shin. Bhí an tábla leagtha aici. Bhí bonnóg aráin agus císte milis bruite aici ón oíche roimhe sin, faoi mar a bhí déanta aici gach oíche le seachtain ó thosaigh na fir ag teacht abhaile. Nach ar na páistí a bhí aoibh an gháire nuair a chonaic siad cad a bhí acu dá lón? B'fhearr go mbainfidís siúd sult as an solamar úr ná go ligfí dó éirí crua.

Sheas sí siar ón bhord chun amharc ar obair a lámh. Ar an scaraoid línéadaigh is ar an fhoireann tae, faoina gréas gorm is bán, a thug sé mar bhronntanas di bliain a bpósta is nár tógadh amach ach ar ócáidí ar leith ó shin, ar an sceanra snasta, ar an phrionta úr ime, ar shubh na bhfraochán, fuíoll sholáthar na bliana roimhe sin, a bhí i stóras aici sa phantrach bheag faoin staighre. Mura dtiocfadh sé inniu, bheadh éad ar na páistí eile ar scoil amárach, orthu siúd ar fhill a n-aithreacha cheana agus nach bhfaigheadh aon sólaistí beaga deasa anois go ceann i bhfad agus orthu siúd nach bhfillfeadh a n-aithreacha abhaile choíche.

Ach d'fhillfeadh sé féin inniu. Nó amárach. Nó go luath ar aon nós.

Ní raibh a dhath cloiste aici go hoifigiúil. Níor tháinig sreangscéala ná litir faoi shéala an Rialtais. A bhuí leis an Mhaighdean Bheannaithe! B'fhada é foghlamtha aici gurbh fhearr gan a dhath a chluinstin go hoifigiúil. Bhí barraíocht ban pósta sa pharóiste seo, agus i ngach paróiste eile idir é is Sydney, a ndearna na sreangscéalta is na litreacha mallaithe céanna baintreacha díobh.

Ní fhéadfaí aon mhuinín a chur sna tuairiscí raidió ar nuacht CBC gach oíche, ná sna tuairiscí sna páipéir nuachta a thagadh amach ó Sydney nó anuas ó Halifax. Is amhlaidh a d'fhan sí i dtaobh le tuairimíocht mheáite shaoithe na háite. Ba sheanfhondúirí iad seo a dhéanadh staidéar ar léarscáileanna, ar ailt nuachtáin agus ar ráitis oifigiúla, mórán mar a dhéanaidís staidéar ar thorthaí haca sna blianta roimh an chogadh. Daoine iad seo a mbíodh logainmneacha aisteacha sa Fhrainc is sa Ghearmáin ar bharr a dteanga acu, díreach mar a bhí ainmneacha na bhfoirne haca le linn na síochána. Ba é breith thomhaiste na saoithe go raibh an chogaíocht san Eoraip ag druidim chun críche. Is ea, leanfaí den chogadh sa Chianoirthear ach ní raibh ann ach seal go ngéillfeadh an tImpire Hirohito is a chuid Seapánach. Cibé ar bith, ba leor na trúpaí a bhí amuigh ansin cheana chun clabhsúr a chur ar an scéal. Bheadh na saighdiúirí san Eoraip ag teacht abhaile go luath.

Chun cothrom na Féinne a thabhairt dóibh, bhí an ceart ag saoithe na háite. Ba ghairid go raibh an scéal amuigh. An dream a gortaíodh sách dona agus gur ghá iad a thabhairt ar ais go Ceanada, ní raibh siad le filleadh ar an Eoraip ar chor ar bith, ach le ligean abhaile. Tháinig an chéad díorma an tseachtain roimhe sin. Aonghus Iain 'ic Nìll . . . Tormad Bàn Dòmhnallach . . . Seumas Anna 'ic Theàrlaigh. Bhailigh na comharsana isteach chun fáilte a chur rompu is chun tréaslú leo siúd a tháinig slán ón chogaíocht. Ar na hócáidí seo, bhíodh an gáire is an gol measctha le chéile. Bhí baintreacha i láthair ann, agus páistí a fágadh gan athair, ar bhealach is gur dhoiligh gan cuimhneamh orthu siúd a bhí ar shlí na fírinne is orthu siúd a fágadh faoi ualach trom dóláis ina ndiaidh.

Ní ba mheasa a bhí sé aréir ná mar ba ghnách. Bhí sí i ndiaidh a bheith i Halla an Pharóiste chun an chaithréim a cheiliúradh. Bhí daoine ag siúl thart ag tabhairt póg dá chéile is ag breith barróg ar a chéile agus ag gáire. Bhí na páistí ag damhsa is ag léim cosúil le huain earraigh, go dtí gur mhaígh an Maighstir Coinneach gur cheart dóibh an Paidrín a rá chun buíochas a ghabháil le Dia is leis an Mhaighdean as ucht an bhua. Bhailigh na máithreacha na páistí. Tharraing na seandaoine, a raibh cuid acu chomh sean is go raibh cuimhne acu ar Lá an tSosa Chogaidh '18, a gCorónacha Muire amach. Bhain na fir díobh a hataí agus chuadar go léir ar a nglúine is chrom a gcloigeann. Ár nAthair . . . Bhain Màiri Chaluim Bhàin liomóg as an chúpla seo aicise chun iad a cheansú . . . Is é do bheatha, a Mhuire . . . Ba leor muc ar gach mala ag an tseanmhaighdean sheasc sin, Seònaid Uilleaim 'ic Gill Eathain, chun scata páistí eile a chur ina marbhthost . . . Agus ar an ócáid seo, arsa an sagart, ní foláir dúinn cuimhneamh ar fhir an pharóiste seo a thug a n-anamacha thar sáile . . . Hector MacKenzie, 24 bliana d'aois, a maraíodh 28ú Aibreán 1940 . . . Archibald Campbell, 21 bliain d'aois, 12ú Iúil 1940 . . . Malcolm MacNeil, 25 bliana d'aois, 23ú Nollaig 1940 . . . 28 ainm óna bparóiste féin . . . Bláth is dóchas is todhchaí an pharóiste ídithe. Amhail is go rabhadar faoi dhraíocht ag glór an tsagairt nó ag liodán na n-ainmneacha Béarla, tháinig stop tobann le corrthónacht is le giongacht na n-óg. Bhí an halla chomh ciúin le cill gur tháinig sé a fhad le hainm John MacLeod, 31 bliain d'aois, 5ú Bealtaine 1945 . . . Thosaigh a bhean ag caoineadh go hardghlórach. Bhí sí i ndiaidh sreangscéal a fháil an mhaidin sin gur maraíodh Iain seo aicise . . .

Dhúisigh feadaíl an chitil í. De réir mar a bhí sí á thógáil ó phláta na sornóige, d'fhéach sí le gabháil siar ar ainmneacha na marbh ina

15

haigne agus le cuimhneamh ar cheannaithe na bhfear. Eachann Dhòmhnaill 'ic Nìll a' Phìobaire . . . Gilleasbuig Iain Òig 'ic Mhurchaidh . . . Calum Pheadair Mhòir . . . Iain Ruairidh 'ic Lachlainn Ghobha . . . D'éirigh sí as. Nuair a thosaigh an cogadh, ní raibh i gcuid mhaith acu ach glas-stócaigh a bhain le glúin níb óige ná í sa dóigh nach raibh ach breacaithne aici orthu. Bhí cuid acu marbh le chomh fada sin anois gur dhoiligh iad a thabhairt chun cuimhne. Ach amháin Alasdair Aonghuis 'ic Ìosaig—nó Alexander MacIsaac mar a tugadh air sa sreangscéal oifigiúil—a chuaigh san arm an lá céanna a ndeachaigh a fear céile féin isteach ann agus a bhí adhlactha áit éigin san Ísiltír. D'fhág sí an citeal síos agus smaoinigh ar feadh soicind ar ghabháil isteach sa seomra suí chun amharc ar ghrianghraf a bhí ar an mhatal ann. Ceathrar a bhí sa ghrianghraf: í féin agus é féin, an lánúin shona nua-phósta, agus Alasdair agus a deirfiúr, a sheas leo lá a bpósta. Ach cad ab fhiú é sin anois ach chun fonn goil a chur uirthi? Níorbh fhiú caitheamh i ndiaidh an tsaoil a bhí thart.

Chuala sí torann amuigh . . . Bhrostaigh sí chuig an fhuinneog is d'amharc i dtreo an chabhsa. Ní raibh ann ach glógarsach na gcearc, ba dhócha. Ach thug sí sracfhéachaint an doras amach fosta ar eagla na heagla . . . Cheapfá go mbeadh sí cleachtach air faoin am seo tar éis di a bheith ag feitheamh leis na blianta. Bhí neart seanfhocal ag na seandaoine a bhíodh á reic arís is arís eile i gcaitheamh bhlianta an chogaidh nuair a bhí an chuma ar an scéal nach dtiocfadh deireadh leis an chogaíocht choíche, ar nós 'Faigheann foighid fortacht,' agus 'Tig grásta Dé le foighid.' Níorbh fhiú tráithnín leathuair eile tar éis cúig bliana ach, fós, mhothaigh sí go raibh gach bomaite anois chomh fadálach leis an Phaidrín Páirteach. Bhí sí ar tí amharc an fhuinneog amach arís ach gur chis sí uirthi féin. Chuaigh sí sall chuig an drisiúr is d'aimsigh ceirt le cur ar bharr chrúiscín an bhainne ar fhaitíos go dtarraingeodh an boladh úr na cuileoga chuige.

Nárbh iomaí uair i ndiaidh dá fear céile imeacht an chéad lá riamh a bhreathnaíodh sí amach fuinneog mhór na cistine agus í ag guí go dtiocfadh sé féin an cabhsa aníos gan choinne? Nach ngealladh na páipéir nuachta go mbeadh an cogadh thart faoin chéad Nollaig agus go mbeadh gaiscígh na dúiche ar ais sa bhaile? Nuair a tháinig an chéad bhliain chun críche gur thosaigh an dara bliain, nárbh iomaí uair a bhreathnaíodh sí amach an fhuinneog chéanna le linn d'fhear an phoist a bheith ag déanamh a chúrsa timpeall an tsléibhe agus í ag fanacht go mífhoighdeach le litir óna fear céile?

Diaidh ar ndiaidh ina hainneoin féin, chuaigh sí i dtaithí ar é a bheith as baile. Ní raibh an dara rogha aici, agus clann óg le tógáil is feirm bheag le riar aici. B'annamh a d'amharcadh sí an fhuinneog amach. Ina ionad sin, d'fhoghlaim sí gur leor di a cuid fuinnimh a dhíriú ar na gnáthrudaí laethúla a bhí idir lámha aici, is gan a bheith ag machnamh barraíocht ar an todhchaí nó ar na nithe sin nach raibh aon smacht aici orthu. Uaireanta, fós, ghéilleadh sí don lagmhisneach. Toisc go raibh na sreangscéalta faighte ag an oiread sin teaghlach, ba dheacair a chreidbheáil amanna go dtiocfadh sé féin abhaile choíche.

Ach bhí sé ar a shlí anois. Tar éis na mblianta, tar éis na heagla a bhíodh uirthi go marófaí é ar an choigríoch, mar a tharla d'Alasdair Aonghuis breis is ráithe roimhe sin, bheadh sé féin ar ais sa bhaile roimh i bhfad agus é slán sábháilte, a bhuí le Dia mór na glóire.

Slán sábháilte . . . ón mhéid a bhí cloiste aici, ní dhearna an ghránáid aon dochar mór dó. Bhí plástar is bindealáin ar a lámha sa dóigh nach raibh sé in ann scríobh chuici le linn dó a bheith san ospidéal thar sáile agus thuas sa chathair mhór ina dhiaidh sin. Bhí sé ar ais i gCeanada le dhá mhí sula bhfuair sí amach go raibh sé ar fainnéirí san ospidéal míleata in Halifax. Bhí sé i ndiaidh a bheith chomh gar sin di le tamall agus gan a fhios aici. Dheamhan focal a bhí cloiste aici ó na húdaráis ach oiread gur tháinig bean den chomharsanacht a bhí i ndiaidh gabháil suas chun a deartháir, a fágadh gan ghéag, a thabhairt abhaile.

—Chonaic mé é féin thuas san ospidéal Dé Luain, arsa an bhean léi.

Dóbair gur léim sí as a cabhail leis an scanradh, ar a chluinstin sin di. An é go raibh sé i mbéala báis? Ba le dua a chuir an bhean eile ina luí uirthi nach raibh sé gortaithe go dona, nach raibh sí ag labhairt leis féin ach go bhfaca sí ag siúl thart é.

Ba dhoiligh di éalú ó chlann is ó chúraimí an tí leis an turas fada go Halifax a dhéanamh. Sula raibh seans aici socrú a dhéanamh faoi ghabháil ó dheas, thosaigh na saoithe ag maíomh go mbeadh sé féin ag teacht abhaile gan mhoill.

Gan mhoill . . . d'fhéach sí suas ar an chlog mór. Cúpla bomaite eile anois agus bheadh a fhios aici go cinnte an mbeadh sé ag teacht inniu. De réir mhná eile de chuid na comharsanachta a bhí in Halifax, ba eisean an t-othar deireanach díobh siúd ón pharóiste a bheadh in ann an turas abhaile a dhéanamh leis féin, gan a bheith i dtaobh le hotharchairr, le sínteáin is le cathaoireacha rotha.

Ar ndóigh, b'fhéidir go gcuirfeadh an trioblóid thuas in Halifax moill bheag air anois. Cúpla oíche roimhe sin, d'éist sí leis an nuacht nuair a fógraíodh gur dhóigh mairnéalaigh carr sráide agus dhá ghluaisteán de chuid na bpóilíní. An oíche dár gcionn, níor luadh a dhath faoin trioblóid ar an nuacht. Ach le fógairt V-Day, tháinig idir mhairnéalaigh is shaighdiúirí amach ar na sráideanna gur éiligh deochanna chun an lá mór a chomóradh. Níorbh fhada go raibh buíonta mairnéalach agus saighdiúirí ag gluaiseacht timpeall na cathrach agus iad ar deargmheisce tar éis dóibh briseadh isteach i dtithe stórais biotáille is i ngrúdlanna na cathrach. Faoin am ar fógraíodh cuirfiú sa chathair mhór tráthnóna V-Day, bhí robáil le láimh láidir déanta ar shiopaí lár na cathrach, an trioblóid leata chomh fada le Sydney agus le Kentville, agus beirt shaighdiúirí ina luí marbh ar shráideanna Halifax. Ba mhairg dóibh siúd a tháinig slán ón chogadh dearg ar an choigríoch ach a cailleadh lá mór na síochána ar an fhód dúchais.

Bhí súil as Dia aici nach raibh sé féin i gcontúirt. Ach, cinnte, bhí barraíocht céille aige le go mbeadh lámh aige in ealaín bhómánta den saghas sin. Níorbh fhear mór óil é riamh agus . . .

Stop sí nuair a tháinig smaoineamh isteach ina haigne i dtoibinne. Cad é mar a d'fhéadfadh sí a bheith chomh cinnte sin de nach raibh aon bhaint aige leis an chíréib nó nach raibh luí aige leis an ól anois? Nárbh iomaí athrú a d'fhéadfadh a theacht i dtréimhse cúig bliana?

18

Nach raibh an t-anbhás is an doirteadh fola feicthe aige? Nach raibh an saol mór siúlta aige? Agus cad faoi na hathruithe a tharla di féin sa tréimhse chéanna? Is don chlann a d'fhás agus a tháinig i méadaíocht le linn don athair a bheith as láthair? Arbh fhéidir leo beirt, arbh fhéidir leis an teaghlach uilig, socrú síos go héasca tar éis dóibh a bheith scartha ar feadh na mblianta?

Bheadh orthu rudaí a thógáil go deas bog go mbeadh sé féin ar a shuaimhneas arís, agus ar a sheanléim. Thógfadh sé tamall sula mbeadh a chneácha leigheasta agus é réidh le gabháil ag obair arís. Ach le cuidiú Dé, diaidh ar ndiaidh, dá gcaithfidís aga leis, bheidís in ann a saol a chur le chéile faoi mar a bhíodh sé sular thosaigh an cogadh thar lear.

Bhí sí chomh gafa lena smaointe nár mhothaigh sí an trucail ag stopadh ag bun an chabhsa. Ba iad na céimeanna ar an tairseach an chéad rud a chuala sí sular chas sí thart chun breathnú isteach i súile a fir chéile.

—*It's good to be home*, ar seisean.

Bhí go maith is ní raibh go holc. Thugadar beirt póga dile amscaí dá chéile, rug sé barróga muirneacha ar na páistí faiteacha ar theacht ar ais ón scoil dóibh, agus dháil sé orthu na deideigheanna beaga is na deasagáin shaora a thug sé leis ina mhála trealaimh ó Halifax. Den chéad uair le cúig bliana d'ith an teaghlach béile i dteannta a chéile. Tháinig seanchairde is comharsana is deirfiúr leis chun fáilte a fhearadh roimhe is chun dram nó dhó a ól ina chuideachta is d'imigh leo go luath ar fhaitíos go gcuirfidís tuirse ar an churadh leonta. Chuaigh gach duine sa teach a luí, agus murar tharla sé an chéad oíche nó an dara hoíche féin, theagmhaigh an lánúin le chéile sa ghníomh comhriachtana.

—Chronaigh mé tú, ar sise, agus d'fháisc sí lena croí é.

—*I missed you too*, ar seisean, agus theann sé lena ucht í.

De réir a chéile, thosaigh sé ag teacht chuige féin agus chrom ar na jabanna beaga a dhéanamh a ligeadh i bhfaillí le linn dó a bheith as baile. Dheisigh sé díon an sciobóil, áit ar leag gála mór Mhí Feabhra 1943 slinnte adhmaid. Phéinteáil sé an teach. Chuir sé caoi ar fhearas na feirme. Rinne sé smutáin bhrosna de chúpla seanchrann a thit le gaoth. Chuir sé na goirt is na garraithe faoi bharra is faoi ghlasraí.

Níorbh fhada gur mhothaigh sí féin go raibh gnáthamh an tseansaoil roimh an chogadh athchruthaithe acu. Lá dár fhéach sí an fhuinneog amach, bhí sí in ann é a fheiceáil, faoi sholas geal na hadhmhaidine, agus é ag atógáil sconsa lofa a thit anuas cúpla bliain roimhe sin. Ba mhochóirí poncúil i gcónaí é.

—Nach deas an rud é bhur n-athair a bheith sa bhaile arís? ar sise leis na páistí a bhí ag ithe a mbricfeasta sula ndeachaigh siad ar scoil.

—Is deas, ar siadsan d'aon ghuth lúcháireach amháin.

Tháinig sé isteach.

—Tá do chuid bracháin réidh ar an bhord, ar sise.

—*It smells good*, ar seisean.

—A pháistí, brostaígí! ar sise.

—*You'll be late for school*, ar seisean.

—Slán libh, a pháistí, ar sise.

—*Cheerio*, ar seisean.

—Slán agaibh, arsa na páistí.

Ba bheag a dúirt sé faoin chogadh.

—*I'd prefer to forget about it*, ar seisean.

—Tuigim, ar sise.

B'annamh a luaigh sé Alasdair Aonghuis.

—*Let poor Alex have whatever peace he can now*, ar seisean.

—Tuigim, ar sise.

Ba dhoiligh é a chur ag caint ar phléascadh na gránáide láimhe. Ba le dua a fuair sí amach uaidh lá amháin gurbh eisean féin a bhí ag láimhsiú na gránáide nuair a phléasc sí de thimpiste.

—*That's what you get for being careless*, ar seisean.

—Tuigim, ar sise.

—*Anyways, no permanent damage done*, ar seisean, agus é ag crochadh a lámh go réidh os cionn a chloiginn.

—Tuigim, ar sise.

Chas sé chuig na páistí a bhí ag déanamh a gcuid obair bhaile ag an tábla mór.

—*Take my advice, children, and stay away from things you don't understand.*

—Tuigimid, arsa na páistí d'aon ghuth.

—*Do you understand me now? Stay away from them.*

—*We understand*, ar siadsan ach, cé gur thuigeadar na focail féin, ní rabhadar róchinnte cad air a raibh sé ag caint.

Oíche Shathairn amháin, chuaigh an bheirt acu tigh airneáin. Bhí tae agus fidléirí, *poit dhubh* agus píobairí, rincí agus seanchas ann. Sna seanlaethanta, ba bhreá leis an lánúin seo na céilithe seo. Ba mhór leo an seans suí síos is béadán an bhaile is nuacht ó áiteanna i gcéin a mhalartú lena gcomharsana. Níor thógtha orthu é, tar éis obair na seachtaine, go n-ólaidís cupán tae is dram níos láidre ná sin. Ba dheas éisteacht le scoth na n-amhránaithe is le togha na gceoltóirí. An-spórt a bhíodh ann cúrsa rince céime a dhéanamh. Ach thagadh buaic na hoíche nuair a d'fhógraíodh fear an tí gur mhithid dá raibh i láthair a gcathaoireacha a tharraingt aníos cois teallaigh. Ba le fonn a bhuaileadh sí féin agus é féin fúthu cois tine ionas nach gcaillfidís an oiread is focal ó bhéal an tseanchaí agus é ag cur síos ar Fhionn mac Cumhaill, is ar Oisín, ar Dhiarmaid na mBan is ar an bheirt bharrúla sin, Boban Saor is a Mhac.

Ach an oíche Shathairn seo, bhí sí cráite aige. Ní raibh fonn air fanacht. Ní raibh uaidh éisteacht le seanscéalta. Ar scor ar bith, ba mhithid dóibh gabháil abhaile, ar seisean de ghlór cnáimhseála. Faoi dheireadh agus é ag síorthathant uirthi imeacht, ghéill sí. D'fhan sí gur tháinig briseadh sa scéalaíocht, gur éirigh, gur ghabh buíochas le muintir an tí airneáin, is gur imigh abhaile ina chuideachta.

Bhí sí ar an daoraí leis. Thug sí neamhaird ar a chuid mionchainte go raibh siad sa bhaile nach mór.

—Mhill tú an oíche orm, ar sise go confach, agus í i ndiaidh casadh chuige den chéad uair.

—*I needed to get out*, ar seisean.

—Cad chuige?

—*I couldn't stand that Gaelic anymore.*

—Cad tá á rá agat? Nach bhfuil an Ghàidhlig ón chliabhán agat? Is gan focal Béarla i do phluc agat go dtí go raibh tú i do ghlas-stócach.

—*Don't you understand, woman?*

—Ní thuigim a dhath ach go mbíonn tú ag spalpadh Béarla i gcónaí na laethanta seo ó tháinig tú ar ais ón chogadh.

—*That's it, don't you see?*

—Cad é?

Stop sé ag doras an tí, chuir lámh ar a huillinn is chas chuici.

—*Don't you see that I've lost my Gaelic?*

—Cén sórt seafóide é sin? An é go gcreideann tú, tar éis duit a bheith san Eoraip, go bhfuil tú róghalánta le bheith ag labhairt do theanga dhúchais?

—Mo thh-ee-an . . . Stop sé agus cuma chéasta ar a cheannaithe nuair a d'fhéach sé leis na focail a tharraingt amach as cúl a sceadamáin. Mo th-ee-ang– . . . *It's no use, I can't do it.*

Shuigh sé síos ar leac an dorais, chrom a chloigeann agus labhair.

—*It was the grenade that did it. One minute I was standing talking to Alex, the next . . . When I woke up in the hospital and tried to speak, I had lost all my Gaelic. All I had was this here English.*

Tá na seanchaithe is na saoithe ar shlí na fírinne le fada an lá. Tá an fear seo agus a bhean ag tabhairt an fhéir fosta. Is beag caint a dhéantar ar Fhionn mac Cumhaill, ar Oisín, ar Dhiarmaid na mBan nó ar Bhoban Saor is a Mhac féin. Bíodh sin mar atá, nuair a bhailíonn pobal MacLeod Mountain le chéile i Halla an Léigiúin Ríoga le haghaidh an bhéadáin is an tseanchais, baineann siad díobh a hataí, ólann siad tae agus beoir is, ó am go chéile nuair nach mbíonn baill phostúla áirithe thart, *moonshine*, agus insíonn scéal faoin fhear a d'imigh chun na hEorpa, a throid sa chogadh, a gortaíodh, is a tháinig abhaile slán sábháilte. '*The Man who Lost his Gaelic*' a thugtar ar an scéal.

Cór na Muanna

Cór na Muanna
Antonia O'Keeffe

Cór na Muanna

. . . Bhí Sexton ina shuí ag bord lom iarainn ar a raibh leabhar faoina dheannchlúdach liath, peann tobair den seandéanamh is buidéal dúigh. Ar an bhalla bán ar thaobh na láimhe clé chonaic sé a íomhá féin ag stánadh anuas air gona aoibh mháistriúil shaoltaithíoch a mheall an grianghrafadóir uaidh le haghaidh na bpóstaer poiblíochta. Bhí bunurlár an tsiopa chun tosaigh agus an bhalcóin stucó os a chionn plódaithe. Bhí na guthanna ardghlórach bíodh is nár thuig sé aon chuid den chaint. Bhí na haghaidheanna gealgháireach ach níor aithin sé aon cheann acu. Chun cuma ghnóthach a chur air féin, thóg Sexton an peann tobair, thum a ghob sa bhuidéal dúigh, d'oscail clúdach tosaigh an leabhair agus chuir a shíniú leis an leabhar. Ansin chaith sé seal ag scrúdú obair a láimhe ach gach uair dá bhfeicfeadh sé duine ag teacht ina threo, d'éiríodh sé is d'fhéachadh leis an leabhar a bhronnadh. Ach bhrúdar thart leis an bhord gan stopadh gan bacadh leis. B'aisteach leis nár thug sé faoi deara roimhe seo go raibh na daoine seo uilig ag caitheamh mascanna pionsóireachta. Faoi dheireadh, d'aithin sé aghaidh amháin a bhí ag tarraingt ar an tábla. Is ea, Alexander Holcroft a bhí ann, agus é gléasta ina chulaith fhoirmiúil mhaidine gona charbhat cuachóige. Thosaigh Sexton ag béicíl ar Holcroft. Stop an léirmheastóir cáiliúil, ghlac leis an leabhar a tairgeadh dó, mhuirnigh go cáiréiseach mall idir a dhá lámh é, is ansin le gníomh aclaíochta a mbeadh éad ar Michael Jordan leis, theilg go deaslámhach fórsúil isteach sa bhosca bruscair é. D'ardaigh an léirmheastóir a sciatháin go caithréimeach agus d'iompaigh thart go

27

dtréaslódh an slua a éacht leis. Nuair a ardaíodh Holcroft ar ghuaillí is nuair a iompraíodh i dtreo an phríomhdhorais é, lean na haghaidheanna fidil é go dtí nach raibh fágtha sa seomra ach Sexton. Bhí seisean crom craptha agus bhí tuile de dheora goirte ag sileadh lena ghrua . . .

Dhúisigh sé de gheit agus freanga fhada fuachta ag rith trína cholainn. Bhí casóg a phitseámaí fliuch allasúil. A bhuí le Dia, ar seisean leis féin, dá olcas é ní raibh ann ach eireaball tromluí. An leaba aduain i dteach ósta i gcathair choimhthíoch i bhfad ó bhaile, ó bhean is ó chlann faoi deara é. Nó an scroid airneáin. Botún ab ea é gan cur suas den cháis bhreacghorm sin is den tríú gloine d'fhíon dearg. Ach ó bhí sé neirbhíseach faoina dtarlódh an lá dár gcionn cheap sé go suaimhneodh deoch a bholg. Cibé ar bith, as siocair go raibh a fhoilsitheoir ag íoc as an bhéile sa *trattoria*, bhí Sexton i ndiaidh géilleadh don ócáid is don atmaisféar. Anois bhrúigh sé é féin aníos ó log teolaí an tochta is shín amach a lámh dheas chun breith ar a spéaclaí agus le haghaidh gheal an chlog-raidió a dhíriú ina threo. 1:37. Chinntigh sé go raibh an t-aláram ar siúl aige i gceart. B'fhearr gan a bheith i dtaobh le glao múscailte ón oibritheoir thíos staighre. Ba chuma faoi bheith déanach le haghaidh seoladh leabhair, ach ós rud é gurbh é a shaothar féin é, bhí sé de gheasa air a bheith pointeáilte. Is ea, bhí an t-aláram chun a shástachta. D'fhág sé na spéaclaí ar an bhord arís, bhain de an chasóg thais, luigh isteach faoin bhraillín athuair agus tharraing an súisín thar a smigín. B'fhearr gan smaoineamh ar Holcroft mallaithe ach tar éis don léirmheastóir ula mhagaidh a dhéanamh dá chéad leabhar, *Lusitania* agus a rá gur 'trua nach raibh seacht sinsear an úrscéalaí ar bord' agus gur 'eiseamláir den ghalar marfach atá ar úrscéalaithe óga aineolacha neamhcheardúla an Bhéarla an t-úrscéal dearóil seo', ba dhoiligh gan a bheith buartha. B'aoibhne meabhrú go sáil ar na gnéithe tairbheacha den obair amárach: na dleachtanna údair a bheadh ag teacht isteach go tiubh gan aon rómhoill, na briathra milse a chuir Simon Beetchill de ar ball go mbeadh seic

ramhar réamhíocaíochta ann le haghaidh an chéad leabhair eile . . .
gur mhaígh léiritheoir scannán a raibh spéis aige i script bunaithe ar
an úrscéal go ndéanfadh *An Maolcheann is an Méidheach* scannán
iontach . . . Is ea—agus ós rud é go santaíonn an scríbhneoir
litríochta idir aitheantas is airgead in aon scipéad amháin—leid
thromchiallach an fhoilsitheora go mbeadh an comhlacht ag
déanamh tréanstocaireachta ar son an leabhair don Booker. Cad iad
na focail dheireanacha a bhí ag Simon thíos i bhforhalla an tí ósta?
'Tá leat i mbliana, Julian. Tá na heipicí staire san fhaisean faoi
láthair' . . . 'Tá leat i mbliana . . .' . . . 'Tá leat . . .'

Ba dheacair a rá cén fhad a bhí sé ina chodladh athuair nuair a
dhúisigh cogarnach é. I dtús báire, cheap sé gurb é an raidió a bhí
ann. Gan éirí ón leaba shín sé amach a lámh chun cnaipe an raidió
a bhrú. Ní raibh faic ar a shon aige mar bhí an cogar mogar le
cluinstin go fóill. Ba dhócha go raibh seisiún déanach óil is ragairne
ar siúl ag a chomharsana béal dorais. Ach ar bhreathnú go
fiarshúileach ar cheannaithe an chloig dó, bhí sé ag caochadh air go
glé glioscarnach: . . . 0:00 . . . 0:00 . . . 0:00 . . .

—An é seo é?

—Nach ndúirt mé go raibh eolas na slí agam?

—Mhaígh tú sin sna ceithre sheomra eile.

—Dá bhfágfaí fútsa é bheimis i bhfostú ar an staighre beo sin go fóill.

—Mairg a bheadh ag brath ortsa é a threorú . . . Bhí an ceart
aigesean ansin, ar aon nós.

—Éist do ghob fealltach . . .

—In ainm Dé, éistigí beirt! Táim bréan den gheamhthroid shíoraí
seo!

Bhí na guthanna ard bagarthach an babhta seo. Ar feadh soicind
cheap Sexton go raibh sé ag brionglóidigh go fóill. Ansin agus é ina
shuí aniar, bhuail taom scéine é nuair nár stop na glórtha. Bhí
daoine eile sa seomra . . . ina sheomrasa! Chuaigh sraith smaointe
scaipthe de rása trína intinn . . . An teach ósta trí thine . . . lucht
drabhláis i ndiaidh sleamhnú isteach anseo trí thaisme . . . Nó, a

Thiarna, slua bithiúnach ag déanamh gadaíochta . . . Is ón torann a bhí ar siúl acu, caithfidh gur chreid siad go raibh an seomra folamh. Ach dheimhnigh sé roimh dhul a luí dó go raibh doras an tseomra faoi ghlas. Shín sé amach a dheasóg chun breith ar a spéaclaí go ndéanfadh sé glao éigeandála. Ba é an toradh a bhí air sin gur leag sé idir thaobhlampa is theileafón is spéaclaí. Lig sé cnead lag as.

—Cé atá ansin?

—Tá sé ina dhúiseacht, an bligeard.

—Coimeád siar uaidh mé.

—Cé atá ansin, a deirim? D'fhéach Sexton le labhairt go húdarásach, ach bhraith sé féin an tonnchrith fhaiteach ina ghuth.

—Breathnaigh ar an chladhaire. É ag ligean air nach n-aithníonn sé muid!

—Agus sinne i ndiaidh leathchuid na hoíche a mheilt á chuardach.

—Murach tusa, bheimis anseo roimhe seo . . .

—Ní mise a mharaigh an fear sa seomra eile . . .

—Tusa a threoraigh muid isteach ann . . . ná tóg ormsa é má bhuail taom croí é . . .

—Éistigí beirt. Tá obair le déanamh againne anseo.

Thug Sexton iarraidh é féin a tharraingt as an leaba. Ní hé amháin nach raibh sé ábalta mórán a aithint cheal a spéaclaí, ach ní raibh sé in ann oiread is lúidín a bhogadh amhail is go mbeadh sé i ndiaidh luail na ngéag a chailliúint. Ní raibh sé in ann a smaointe a scagadh ach oiread mar ainneoin gur thuig sé na focail, dheamhan ciall a bhí sé in ann a bhaint astu. Is ea, bhí bean amháin ar a laghad ann. Má b'aisteach leis an méid sin, bhí sé cinnte anois gur lucht robála iad seo . . . Agus bhí a fhios acusan go raibh seisean ann! . . . Ní bheadh uathu finné a fhágáil ina ndiaidh a bheadh ábalta fianaise a thabhairt do na póilíní.

—Más í mo vallait atá uaibh, tógaigí libh í . . . Tá sí i bpóca mo sheaicéid . . . Ó tharla go raibh sé san fhaopach, bhí sé chomh maith aige comhoibriú leo.

—Nach fial atá sé anois?

D'aithin Sexton an blas searbh ar an ghuth géar baineann. Ach cheal rogha eile, cheap sé gur ghá an tairiscint a dhéanamh athuair.

—Is ea, tógaigí í. Is tá airgead tirim inti fosta . . . fiche punt. Tig libh é a choinneáil.

—Éist leis agus é de dhánaíocht aige labhairt ar airgead. Eisean a bheidh ag saothrú na múrtha orainne.

—Tá sé chomh maith againn luach ár saothair a fháil óna chraiceann anois, arsa an bhean.

—B'fhearr liom ligean dó fulaingt i dtús báire. Mar atá fulaingthe agamsa. Is fada mé ag tnúth leis an ócáid seo.

—Is mó a d'fhulaing mise ná tusa. Nach raibh mise pósta ortsa? Éilímse an chéad fháscadh as.

—Seas siar, a deirim. Mise a thabharfaidh faoi i dtosach.

Ina luí i ndorchadas an tseomra dó, mhothaigh Sexton brú agus turraing, mallacht is mionn amhail is go raibh an bheirt ag coraíocht le chéile.

—In ainm Chromail, arsa an tríú guth go fadfhulangach, an éireoidh sibh as an amadántacht sin! Beidh faill againne uilig ar ball pionós cuí a ghearradh air.

De réir mar a lean an babhta iomrascála ar aghaidh, d'fhéach Sexton le hadhmad a bhaint as na heachtraí buile seo. Níor thuig sé cad chuige nár lasadar lampa go háirithe agus púicíní orthu. Thapódh sé an deis le teitheadh, dá mbeadh lúth na ngéag aige. Ní raibh. Bhí sé gafa agus gan ar a chumas corraí. Ach de réir mar a chuaigh a shúile laga i dtaithí ar an dorchadas, chonaic sé ceo marbhsholais os cionn bhun na leapa. Níor dhócha gur tóirsí a bhí ag caitheamh an tsolais seo, ó tharla nach raibh gathanna ar bith le feiceáil ann. Bhí sé in ann fuathanna doiléire a shonrú faoin solas lag. Trí cloigne acu a chuaigh leis na trí ghuth a bhí cloiste aige. An péire a chuir seanlánúin phósta i gcuimhne dó agus an fear a raibh air teacht eatarthu.

—Is cóir dúinn fios a chur ar an dream eile, arsa an t-idirghabhálaí faoin am ar shíothlaigh an t-achrann den dara huair. Cén duine agaibhse a rachaidh ar a dtóir?

—Is cuma fúthu, a d'fhreagair an bhean go giorraisc. Níl siad de dhíobháil orainn. Tá go leor againne anseo chun sásamh a bhaint as.

—Ba cheart dóibh fanacht linn. Tá siad imithe chun an tí ósta chontráilte, déarfainn, a dhearbhaigh a páirtí.

—Ní thógaim orthusan nach raibh aon mhuinín acu asat . . .

De réir an fhothraim, bhí siad ar tí atosú ar an speáráil murach gur tháinig an fear eile eatarthu arís.

—Tá sé dlite dóibh. Rinneadh an chalaois chéanna orthu. Caithfidh duine agaibh dul ar a lorg.

—Agus cad chuige nach dtéann tusa? Fanfaimidne anseo leis an bhligeard.

—Is ea, fanfaimid anseo ina chuideachta.

Níor thaitin tuin mhailíseach na mná le Sexton. Is ar éigean a bhain sé aon sólás as freagra an idirghabhálaí ach oiread.

—Faoin am a dtiocfainn ar ais, bheadh sé lasctha is sciúrsáilte agaibhse.

D'fhéach Sexton lena ghlór a ardú, le labhairt ar a shon féin ach dheamhan fuaim a tháinig as a sciúch ach glothar de chasacht chrua thirim. Bhí an phairilis a bhuail a cholainn is a mheabhair ar ball ag scaipeadh ar fud a cholainne.

Bhí an iomaíocht ag bun na leapa ag dul i bhfíochmhaire nuair a mhothaigh Sexton a thuilleadh torainn is glórtha amhail is dá mbeadh foireann bhuach mheisciúil rugbaí tar éis briseadh isteach sa seomra. Ar feadh soicind, chreid sé go raibh lucht slándála an tí ósta i ndiaidh é a tharrtháil. Thit an lug ar an lag air ar thuiscint dó go raibh an slua a raibh an triúr eile ag caint fúthu tar éis teacht ar an láthair, de dheoin nó d'ainneoin a bpáirtí abhus.

Ba ansin a thosaigh an choimhlint i gceart agus Sexton craptha le huamhan le linn dóibh bheith ag plé cé acu ba thúisce a thabharfadh faoi.

—Mise ba mheasa a ciapadh. Caitheadh i dTúr Londan mé . . .

—Caitheadh i bpríosún le meisceoirí, fualáin, is striapaigh mé . . .

—Sin an áit chuí do dhlíodóir! Féach cad a tharla domsa, tugadh go Tyburn mé . . .

—D'éignigh sé mise . . .

—Bháigh sé mé . . .

—Chuir sé salann ar mo chneá angaidh . . .

—Sciob sé uaim mo cheann . . .

—Sc-Sc-Sciob sé uainne ár gC-gC-gCoróin . . .

—A Shoilse . . . níor aithin mé sibh gan bhur gcloigeann . . .

—Nimhigh sé mé . . .

—Rinne sé Pápairí de mo mhuintir . . .

—Rinne sé Piúratánach de mo bhean . . .

—Theasc sé mo chluasa . . .

—Lig sé do m'athair ciorrú coil a dhéanamh orm . . .

—Thug sé orm sceitheadh ar mo mhuintir . . .

—Dhíothaigh sé muid ag Worcester . . .

—Níor lig sé dom blaiseadh den saol seo . . . stoith sé as broinn mo mháthar i seamlas cúlsráide mé . . .

—Mo mhac! . . . mo mhaicín ionúin . . . is mé do mháthair! . . .

—Ó, a Mhamaí, níor chreideas riamh go bhfeicfinn an lá seo . . .

—Agus phós sé mé ar an tréatúir seo . . .

—Agus níor thug sé aon rogha dom . . .

—Rinne sé aisteoir díom . . . agus ansin dhún na hamharclanna . . .

—R-R-Rí ionraic umhal a bhí ionainn a raibh g-g-grá is g-g-gean ag cách orainn g-g-gur thiontaigh sé an pobal inár gc-gc-gcoinne . . .

—Sin é, a Shoilse. Ná cuirigí fiacail ann . . .

—Bhí mé ar mo bhealach go Marston Moor agus stopas ag bruach abhann chun ligean do m'each a sháith a ól. Sula bhféadfainn 'scrios Chromail' a rá, theilg sé isteach i lár an chuilithe mé is culaith throm chatha orm . . .

—Bhí mé ag léamh Aifrinn ar an chúlráid . . . d'ardaíos an Chailís chun Fuil Chríost a ibhe . . . ach bhí sé i ndiaidh ceadú d'ainchríostaí de Mhaolcheann sleamhnú isteach is stricnín a chur san fhíon sa mheinistir . . .

—Thug sé trí mhíle acra den talamh ab fhearr in Éirinn dom . . . ansin cheadaigh do na Gaeil fhiáine mo sceadamánsa is sceadamáin mo mhuintire a ghearradh i lár na hoíche . . .

—Bomaite amháin bhí mé ag snámh thart go sócúlach sa suthshac . . . an chéad rud eile mhothaíos faobhar scian bhúistéara . . .

—Mo mhaicín bocht . . . ní dheachaigh lá thart nár chuimhnigh mé ortsa . . .

—D'fhág sé mé sa phríosún brocach sin agus an bholgach fhrancach orm as siocair gur tharraing mé cartún den Rí . . .

—Ag Tyburn chroch sé, tharraing agus rinne ceathrúna de mo chorp martraithe toisc nach raibh mé sásta móid dílseachta a thabhairt don Pharlaimint . . . Ach cad é mar a dhéanfainn sin agus mé i mo Ridire? . . .

—Bhí mé i nDroichead Átha . . . agus lig sé do bheithíoch gránna de Mhaolcheann mo mhaighdeanas a mhilleadh . . .

—Bhronn sé tríocha píosa óir orm as feall a dhéanamh ar mo mhuintir . . . bhí cloigeann an Tiarna Cosantóra greanta ar na boinn . . . ansin thug sé na Stíobhartaigh ar ais . . .

—Th-Thug sé an S-S-Séarlas contráilte ar ais . . . Gh-Ghoid sé ár Rí-Rí-Ríocht uainne . . . agus gh-gh-gheall nach mbeadh an tríú Sé-Sé-Séarlas ann . . .

—Ná leagaigí fiacail ann, a Shoilse . . .

—Thug sé orm codladh le bean chéile Phiúratánach . . . ba mhó súlach a bhainfeá as seanmhála leathair . . .

—Éist do bhéal cealgach, a ruacáin ghránna . . .

—A Mhamaí, cé hé mo Dhaidí? . . .

—Bhíomar breá sásta a bheith inár bProtastúnaigh dhílse phoiblí, ach chreid sé gur bheart glic reacaireachta é gur Phápairí rúnda muid . . . agus d'íocamar go daor as a chleasaíocht . . .

—Ní raibh an reisimint seo againne ag Worcester ar chor ar bith . . . bhí a thaighde fabhtach . . . agus mharaigh sé cúig chéad againn ansin . . .

—Thug sé gunna chloch thine domsa ar a shon gur sa mharcshlua a bhí mé . . .

—As siocair gur Leibhéalaí mé . . . d'ordaigh sé go sáfaí isteach i bpiolóid mé go mbainfí na cluasa díom . . .

—A mheirdreach, cad tá á rá agat? Nach fios duit cé hé mo
Dhaidí . . .

—Bhuel . . . is ea, a mhic, sin é d'athair sa leaba ansin . . . Is ea, is
é sin é . . .

—Murach gur bháigh sé mé, thabharfaimis an svae linn ag
Marston Moor . . .

Faoin am seo, bhí Sexton i ndiaidh léaró a fháil ar a raibh ag tarlú.
De réir mar a bhí na soilse ag éirí níos gile bhí sé in ann na
haghaidheanna a aithint go measartha soiléir is d'aithin sé criú a eipice
móire, idir uaisle is ísle, idir Mhaolchinn is Mhéidhigh agus iad gléasta
de réir a ngairme is a gcéime. Is ea, chonaic sé an reisimint a díothaíodh
ag Worcester . . . An Leibhéalaí bocht a bhí róphiúratánach le
haghaidh na bPiúratánach . . . An Ríogaí, a chuaigh ar strae ar an ród
go Marston Moor agus a d'athraigh cúrsa na staire, anois ina stealla
bháistí is bháite . . . Bhí go leor méidheach mí-ámharach meathbheo
ag stamrógacht thart cosúil le turcaithe Oíche Nollag, ach ba
dhealraitheach ón chaint mheann is ón bhlas géar Albanach a bhí ag
teacht aníos ó íochtar ceann amháin de na cabhlacha gurbh é sin an
Chéad Séarlas . . . Is ea, arsa Sexton leis féin, nuair a chonaic sé an
gunna chloch thine ag luascadh go hamscaí contúirteach i láimh an
mharcaigh ar an stail mhór bhán, ní hé amháin go raibh súil aige nach
raibh an gunna lódáilte ach thuig sé gur dhócha go ndearna sé botún
staire ansin.

Gan aon agó, ba mheascán iad siúd os a chomhair de phearsana
stairiúla is de ghineadh a shamhlaíochta féin. Bhí curtha roimhe aige
eipic a scríobh a thaispeánfadh an dóigh a ndeachaigh stair na
tréimhse 1640-1661 i Sasana i bhfeidhm ar uaisle is ar ísle.
Canbhás leathan a bhí ina leabhar, *An Maolcheann is an Méidheach*,
a lig dó castacht na gceisteanna a phlé, cothrom a thabhairt do gach
taobh is staidéar a dhéanamh ar thraigéide an Chogaidh Chathartha.
Nach raibh sé i ndiaidh deich mbliana a chaitheamh ag déanamh a
chuid taighde, ag léamh is ag athléamh shaothair na n-údar mór, ag
breathnú ar litreacha is ar dhialanna ón tréimhse úd, ag tabhairt

cuairteanna ar thaispeántais iarsmalainne ó cheann ceann na tíre? Is ea, bhí gné shamhlaíoch chruthaitheach ann fosta. Bhuel, b'úrscéal é. Níorbh eol dó anois cad a thug a chuid pearsan le chéile ina sheomra óstlainne an oíche sular foilsíodh a leabhar ach, dá bhféadfadh sé a thaobh féin den scéal a mhíniú dóibh, thuigfidís nach raibh sé ag iarraidh leatrom a dhéanamh orthu.

Ní raibh sé in ann éirí ón leaba go fóill, ach d'airigh Sexton go raibh a urlabhra aige arís.

—A chairde, an éistfidh sibh liom nóiméad?

Bhí na glórtha feargacha chomh hard sin go raibh air glaoch an dara huair. Stop an fothram go tobann agus mhothaigh Sexton na fuathanna ag stánadh air. De réir dealraimh, bhí siad chomh tógtha sin lena n-argóint is lena gcocaireacht, go raibh siad i ndiaidh dearmad a dhéanamh air.

—Ní thugtar cead cainte do thréatúir, arsa an bhean ar aithin Sexton anois í mar stocphearsa Phiúratánach a thug sé isteach chun faoiseamh a thabhairt don léitheoir sular dícheannaíodh an Rí. Cheap sé san am gurbh fhiú léiriú a dhéanamh ar an teannas a thiocfadh chun cinn i dteaghlach íosaicmeach dá gcloífeadh an fear leis an Eaglais Bhunaithe le linn dá chéile gabháil leis na Piúratánaigh. Lena chois sin, d'fhéadfadh coiméide a bheith ag roinnt leis an teannas céanna. Ar an drochuair, ba léir anois nach raibh aon acmhainn grinn ag an bhean.

—Súil ar shúil, fiacail ar fhiacail, sceadamán ar sceadamán, arsa an Maolcheann garbh nár thaitin an seal in Éirinn leis.

—Is ea, éigneoidh mé Búistéir Dhroichead Átha! . . . a bhúir an Ógh oigheartha.

—Teascfaidh mé cluasa an deachtóra aindiaga! . . . a shios an Leibhéalaí máchaileach.

—Fágfaidh mé eisean agus an bholgach fhrancach air . . . a d'éigh an cartúnaí mí-ámharach.

—Báfaidh mé an Rímharfóir gránna . . . a ghlam an Marcach Ríogaí.

—Cuirfidh mé nimh ina dheoch a phléascfaidh na putóga ann . . . a sceith an sagart nimheanta.

—Oibreoidh mé scian fhaobhrach bhúistéara ar a phutóga . . . a
scréach an Suth.

—Ní fhillfidh sé ó Tyburn . . . Tugaim móid air sin, a d'eascainigh
an Ridire.

—An diabhal scriosta teaghlaigh! a chaígh céile na mná Piúratánaí.
Pósfaidh mé ar bhean fhuaránta é.

Bhí Sexton gan dóchas, agus é ag déanamh réidh don dianéag,
nuair a léim fear beag ramhar chun tosaigh.

—Cuirtear cúirt ar bun chun é a thriail.

D'aithin Sexton ón ghlór gurbh é seo an t-idirghabhálaí a tháinig
idir an lánúin mhí-ámharach ar ball. Ach ní raibh sé in ann ainm a
chur ar an ghuth.

De réir dealraimh, ba bheag tacaíocht a bhí ag an idirghabhálaí.
Ní raibh óna bhformhór ach Sexton a dhaoradh gan triail. Ach ní
raibh siad in ann teacht ar réiteach faoin phionós cuí.

—Éignigh é . . .

—Buail greasáil air . . .

—Tabhair nimh dó . . .

—Tóg go Tyburn é . . .

—Éistigí, a bhéic an fear beag ramhar. Is ormsa a thiteann an
dualgas cúirt chuí a fhothú chun é a thriail . . .

—Cé tusa? a d'fhiafraigh máthair an tSutha.

—Ní mé, a d'fhreagair an bhean chéile Phiúratánach. Bhí sé linn
ón tús . . . agus é de shíor ag tabhairt orduithe dúinn.

—Is dócha gurb easpag ón Eaglais Bhunaithe é a cheapann gurb é
ionadaí Dé é, arsa an Leibhéalaí go fonóideach.

—Is dócha gur dlíodóir é, arsa fear na bolgaí francaí.

—Is dócha gur Maolcheann maolintinneach é a chreideann gur
dual dúinne diúltú do chothú na n-ealaíon is na siamsaíochta, arsa
an tAisteoir.

Bhrúigh an fear beag ramhar é féin chuig tosach an tslua agus
d'ardaigh a lámha gur chiúnaigh iad.

—Is mise an Reacaire . . . agus mura n-éisteann sibhse bhur mbéal

37

go sciobtha, déanfaidh mise cinnte de nach mbeidh páirt agaibhse
sna himeachtaí seo a thuilleadh . . .

Rinne siad rud air. Chúlaigh siad siar píosa.

A luaithe agus a chuala Sexton an fear beag ramhar ag caint,
rinneadh dóchas den éadóchas. Bheadh sé féin sábháilte anois. Gaol
leis ab ea é seo, Ralph Sexton, ball den Pharlaimint Ghairid sa bhliain
1640, fear a rinne a dhícheall sa tréimhse achrannach réamhchogaíochta
in 1642 chun teacht ar chomhréiteach idir na páirtithe freasúracha,
bíodh is nach bhfuair sé riamh an t-aitheantas a bhí dlite dó ó na
staraithe a raibh níos mó dúile acu sna ceisteanna bunreachtúla is i
ndoirteadh na fola. Tagairt fhánach a d'aimsigh sé don duine seo a
mhúscail suim Sexton sa tionscnamh an chéad lá riamh.

Nuair a bhí sé ag ullmhú leagan amach agus scéim a úrscéil, ba é
Ralph a rogha mar Reacaire, mar fhear gaoil is mar fhear síochána,
ar a shon nach raibh mórán eolais chinnte le fáil ar ar tharla dó nuair
a theip ar a chuid iarrachtaí comhréitigh. Níor chuir sin as do
Sexton. Bhí an cead agus an tsaoirse aige mar ealaíontóir cibé úsáid
ba mhian leis a bhaint as a chuid pearsan. Mar sin, ag deireadh an
leabhair chonacthas Ralph, a sheas don uaisleacht is don íonacht, ag
fágáil slán go tromchroíoch ag Sasana agus é féin is a leannán mánla
álainn, Vanessa Swinburne, ag dul ar deoraíocht chun an Oileáin Úir.
Bhí a dtír dhúchais ar maos san fhuil, ach bhí siad chun a n-aghaidh
a thabhairt faoi dhóchas ar shaol nua ar an choigríoch.

—Ralph, a fhir mhuinteartha, caithfidh tú cuidiú liom.

—Cad chuige sin? a d'fhiafraigh an Reacaire, ar nós cuma liom,
dar le Sexton.

—Bhuel . . . nach gaol leat mé? a d'fhreagair sé go lagmhisniúil.

—Is trua nár chuimhnigh tú air sin cheana, ar seisean de ghlór
garbh.

—Ní thuigim . . . Nár thugas páirt lárnach sa scéal duit? . . .

—Agus ceapann tú gur chóir domsa a bheith buíoch díot?

—Feasta beidh ar na staraithe aird a thabhairt ort is ar a ndearna
tú chun an Cogadh Cathartha a sheachaint . . .

—Is beag an cúiteamh é sin . . .

—Agus . . . agus nár lig mé duit imeacht le bean bhreá go Meiriceá?

—Is ea, sin é anois! I dtoibinne bhí an Reacaire ag béicíl in ard a ghutha agus cheap Sexton go raibh a fhear gaoil ar tí pléascadh. An bhfuil a fhios agat cad a tharla dom i Meiriceá? D'éalaigh an tsraoill sin le mairnéalach leathchoise is rinne na barbaraigh dhearga mé a fheannadh go smior . . .

Thosaigh Sexton ag caint ar na difríochtaí idir an stair is an ficsean agus ar an dóigh nach raibh seisean freagrach as ar tharla do Ralph lasmuigh de theorainneacha na leathanach. Dheamhan aird a bhí ag an fhear beag ramhar air. Bhí sé róghnóthach ag eagrú na cúirte a chuirfeadh a fhear gaoil faoi thriail. D'fhéach Sexton le héirí ón leaba arís, ach in ainneoin a dhíchill, bhí a ghéaga mairbhleach go fóill.

—Fanaigí siar! Fanaigí siar. Tá an breitheamh ar a shlí, a mhaígh an Reacaire go húdarásach faoi dheireadh.

—Cé-Cé-Cé atá ann? Is ar éigean a bhí Sexton in ann anáil a tharraingt.

—Eisean a chuirfidh múineadh ar do leithéidse, arsa an tAisteoir.

—Eisean an boc is fearr le déileáil le scríbhneoirí nach bhfuil fios a mbéas acu, arsa an Suth.

Tháinig mearbhall intinne ar Sexton.

—Á . . . Ní féidir! Ní féidir gurb é Alexander Holcroft atá i gceist agaibh . . .

Múchadh a chaoineadh ag an gháire is ag an mhagadh mórthimpeall air.

—Is mó an eagla atá air roimh léirmheastóir ná roimh a chuid pearsan, arsa an Bhean Phiúratánach.

Ba ansin a mhothaigh Sexton an rachlas is an fruch frach taobh thiar de nuair a rinne an slua slí don bhreitheamh. Chuala sé glórtha mórthrumpaí, glórtha géarchaointe, gártha dubhmholta is gártha deargmhallachtaí. Bhí cabhail chreathach an Rí craptha crom agus bhí gal ag éirí as linn mhór uisce thíos faoi. Bhí an Bhean Phiúratánach ag bualadh a cíoch amhail is go raibh sí faoi dháir. Thit an Marcach gona ghunna chloch thine ón stail scanraithe. Bhí Iúdás an fhill ag scréachach go maíteach agus é ag comhaireamh a chuid bonn óir. Bhí an tAisteoir ag réabadh a fhoilt. Bhí an cartúnaí ag pocléim le teann lúcháire. Bhí an Ríogaí báite ina shuí ar an talamh ag éamh.

—Siar libh! Siar libh! a bhéic an Reacaire. Ordaímse daoibh fanacht siar!

An dá mhaistín fhíochmhara dhubha ar éill ba thúisce a chonaic Sexton. Bhíodar ag tafann go toirniúil. Bhí fuil ag sileadh óna gcraos scanrúil. Ansin, chonaic Sexton máistir na gcon ag teacht, agus é gléasta in éide dhubh, taobh thiar díobh. D'aithin sé a cheannaithe: an gaosán anba; na faithní ar chlár a éadain is ar a smig; an folt go guaillí ach é scáinte chun tosaigh; agus an bháine mhífholláin san aghaidh ag léiriú na maláire a mharaigh é. Cruinn ceart a bhí na mionsonraí, de réir na staire. Ba é seo an Tiarna Cosantóir, fiú má mhúnlaigh Sexton a charachtar a bheag nó a mhór ar Alexander sotalach tirim Holcroft.

Stop an Tiarna Cosantóir os comhair na leapa, d'amharc go tarcaisneach ar Sexton is d'imigh i dtreo cathaoireach nach raibh feicthe ag Sexton go nuige sin.

—Tosaímis go beo. Tá lá mór oibre romham mar beidh orm suí i mbreithiúnas ar lucht athbhreithnithe stair na hÉireann ar ball.

Nuair a d'iompaigh an Tiarna Cosantóir uaidh bhuail an taom uamhain deiridh Sexton. Agus nuair a luigh scáil fhada Chromail ar an leaba, d'aithin sé na hadharca is an píce trí bheangán.

Meisce Gháirí

Meisce Gháirí
Antonia O'Keeffe

Meisce Gháirí

—Ár nAthair atá ar Neamh . . . Fan socair, a pháiste!

—Tá mo bholg tinn, a Mhamaí . . .

—. . . go naofar d'ainm . . . Beimid réidh i gcionn bomaite . . .

—Ach ní mhothaím go maith, a Mhamaí . . .

—Suigh ar an tolg mar sin agus abair paidir do Dhaidí bocht atá thuas ar Neamh . . . go dtaga do ríocht . . .

—Breathnaígí go géar ar na sainmhínithe seo ar an osteilgeoir agus bíodh siad ar eolas agaibh. 'In vivo (sa bheo): .i. gníomh nó próiseas a tharlaíonn go nádúrtha nó go spontáineach laistigh d'orgánach beo' . . . 'In vitro (sa ghloine): .i. gníomh nó próiseas a tharlaíonn lasmuigh d'orgánach beo, mar shampla i bpromhadán sa tsaotharlann eolaíochta.'

Agus lá nuair a bhí Tuatha Dé Danann cruinn, léim Lugh Lámhfhada ina sheasamh agus d'fhiafraigh den tionól cad é mar a mhúinfimis ceacht do na Fomhóraigh dheamhanda sin ag Cath Muighe Tuireadh # 2 an mhaidin dár gcionn.

Agus d'fhreagair Nuadha neartchalma mac Échtaigh mhic Eadarláimhe go ndúirt go raibh smál ar a oineach agus máchail ar a cholainn ó chaill sé leathlámh leis agus gurbh eagal leis go raibh sé de gheasa adha agus adhmhillte air éirí as mar ardrí.

43

Agus d'fhreagair Dian Céacht mac Esairg mic Neit go ndúirt go raibh rílámh múnlaithe is snoite aige as airgead lonrach, rílámh ina mbeadh mórfhuinneamh agus ollneart, rílámh a ghlanfadh an smál ó oineach is an mháchail ó cholainn an ardrí.

Agus ligeamar go léir liúnna maíte is gártha molta asainn gur fhiafraigh Lugh Lámhfhada dínn arís cad a dhéanfaimis an lá dár gcionn.

Agus d'fhreagair an Daghdha mac Ealathan mic Dhealbhaoi go ndúirt go raibh roinnt gnóthaí pearsanta le déanamh aige ach go stopfadh sé cúrsa na gréine sa spéir lom láithreach go bhfillfeadh sé mar nár chaill sé troid mhaith riamh.

Agus d'fhreagair Oghma Grianaineach mac Ealathan mic Dhealbhaoi go ndúirt go maródh sé an ceathrú cuid den namhaid den chéad ruathar agus an tríú cuid den dara ruathar.

Agus d'fhreagair na bandraoithe, Badhbh agus Macha agus Mór-Ríoghan, go ndúirt go gcuirfidís clocha sneachta agus cith nimhe anuas sa mhullach ar na Fomhóraigh a bhainfeadh a gciall is a gcéadfaí díobh.

Agus d'fhreagair na bandraoithe, Bé Chuille agus Danann, go ndúirt go gcuirfidís duibhe agus dobrón, maoithe is mórthuirse ar na Fomhóraigh ionas nach mbeadh meanma ná misneach acu.

Agus d'fhreagair Cridhinbhéal Cáinte go ndúirt go reicfeadh sé duain agus dúchainn agus seanchas ár sinsear go n-ardódh meanma ár slua.

Agus d'fhreagair Craiftine Cruitire go ndúirt go ndéanfadh sé ceol agus claisceadal agus oirfide a chuirfeadh ár slua ina dtoirchim suain ó luí na gréine go bascadh an lae.

Agus d'fhreagair Dian Céacht, lia, athuair go ndúirt go leigheasfadh sé gach curadh a thitfeadh sa chath ach amháin iad siúd ar gearradh ailt a ndroma nó sreabhann a n-inchinne. Bhí a fhios ag cách go raibh geasa air iad siúd a leigheas. Mar sin, ba chóir dúinn iad a sheachaint ar ár gcroídhícheall.

44

Ag teacht in inmhe dó, shamhlaigh sé a Dhaidí le Críost, a raibh a phictiúr ar crochadh le balla na cistine, na lámha sínte amach aige, gona sholas beag dearg.

Is ea, bhí na grianghraif eile ar bharr an teilifíseáin agus ar na seilfeanna agus thugadh a mháthair anuas iad ó am go chéile chun an deannach a ghlanadh díobh. Ar ócáidí eile, chuireadh sí ina shuí ar a glúin é agus thaispeánadh dó iad, ceann ar cheann: Daidí agus Mamaí lá a bpósta; Daidí agus Mamó is Daideo; Daidí agus Uncail Stiofán agus Aintí Cáit; Daidí leis féin. Ach, faraor géar, níl aon cheann ina bhfuil tú féin is Daidí le chéile, a stór, mar ní raibh tusa beo san am. Cén t-am, a Mhamaí? Nuair a chuaigh do Dhaidí ar Neamh. Ach feiceann Daidí thú, a stór. Bíonn sé ag amharc anuas ort de ló is d'oíche le cinntiú go bhfuil tú i gceart. Ach cad é mar is féidir leis mé a fheiceáil sa dorchadas, a Mhamaí? Is féidir leis gach rud a fheiceáil, a chroí. An é sin an chúis a bhfuil an solas dearg aige, a Mhamaí? Ó, is é, a mhuirnín, is é.

B'fhíor nach raibh sé in ann breith ar an phictiúr go hard ar an bhalla agus póigín a thabhairt dá Dhaidí. Ach murab ionann is na grianghraif eile ina raibh ceannaithe an fhir doiléir nó leathfholaithe, bhí aghaidh Dhaidí faoina fholt fada ag stánadh anuas air go díreach foirfe agus a lámha sínte amach aige. Agus bhí an solas dearg ann i dtólamh.

Níorbh eol dó cén aois é. Cúig bliana, b'fhéidir. Dhúisigh sé de phreab ina leaba ina sheomra codlata. Bhí sé ag clagarnach báistí ar an díon amuigh agus bhí an ghaoth ag bualadh i gcoinne na fuinneoige. Mar ba nós leis nuair a mhúsclaíodh sé le linn na hoíche, rug sé ar a theidí is bhrostaigh doras an tseomra amach. Ba ghnách lena mháthair an solas a fhágáil ar lasadh sa seomra folctha san oíche. Bhí halla an bhungaló chomh dubh leis an ghual. Chas sé murlán dhoras na cistine is chuaigh isteach. Tháinig scaoll air is thosaigh sé ag screadaíl in ard a sciúiche.

—Tá mo Dhaidí marbh, a bhéic sé arís is arís eile.

Thóg sé fiche bomaite ar a mháthair é a cheansú is a mhíniú dó gur ghearr an stoirm mhór amuigh an soláthar aibhléise.

An mhaidin dár gcionn, thug an mháthair dhá ghrianghraf anuas agus thug léi go lár an bhaile mhóir iad. Is ea, a dúirt fear an tsiopa, b'fhurasta an t-athair is an mac a thabhairt le chéile in aon phictiúr amháin.

—Tá an taighde ar an toirchiú saorga ar siúl le céad bliain anuas. Chomh fada siar leis an bhliain 1893, mar is léir daoibh ón chairt seo ar an osteilgeoir, tá taighde á dhéanamh ar ainmhithe mara le dearbhú gurbh fhéidir ubh speicis a thoirchiú le speirm an speicis chéanna i dtimpeallacht eismheánach i saotharlann (.i. *in vitro*). Ba bhac nár bheag ar na fiosrúcháin luatha seo an easpa tuisceana ar na gníomhaíochtaí aimpléiseacha a bhaineas leis an toirchiú, leis na hormóin go háirithe. Ón dara leath den fhichiú haois i leith, agus teacht ar ghléasanna nua is ar mhionteicníochtaí, tá tuiscint níos fearr againn ar phróiseas iomlán an toirchithe nádúrtha—cé go bhfuil dalladh mionsonraí le foghlaim fós. Mar gheall ar an eolas nua ar chúrsaí fiseolaíochta is ar chúrsaí bithcheimice, b'fhéidir tabhairt faoi thoirchiú eismheánach uibheacha coiníní sna 1950í. Ba ghairid ina dhiaidh sin a baineadh triail as speicis mhamacha eile. Síolraíonn cuid den eolas a bhaineas le trialacha ar uibheacha daonna is le speirmeacha daonna ón taighde ar dhrugaí toirchithe is breithrialaithe.

—Is tú mórlia an domhain thoir, arsa Airmed, mionlia.
—Is tú oll-lia an domhain thiar, arsa Edabar, leaslia.
—Is tú sárlia an domhain thíos, arsa Oll agus Forus agus Fir, a chomhlianna is a chuid deartháireacha.
—Is tú rília an domhain thuas, arsa Etáin is Airmeith, a chuid iníonacha.
—Is tú ardlia na luibheanna leighis . . .
—Is tú fíorlia na luibheanna íce . . .
—A thumann na heasláin i dtiobra draíochta . . .

46

—Is a dhéanann slán iad.

—Hú! arsa a aonmhac lia, Miach. Is tú an seanphotrálaí gan mhaith gan chleas! Bréaglámh airgid a thabhairt do Nuadha neartchalma mac Échtaigh mhic Eadarláimhe! Níl ann ach sop in áit na scuaibe is scuab in áit na sluaiste. Cuirfidh mise fuil agus féitheacha, feoil agus fionnadh ar an ghéagán céanna, mar is dual d'ardrí Thuatha Dé Danann.

Stócach a bhí ann nuair a cheistigh sé a mháthair faoi bhás a athar. Ní hé nach raibh tuairim mhaith aige cad a tharla ach gur cheap sé gur mhithid dó an scéal a chluinstin as a béal féin.

—Ailse a bhí air, a dúirt sí is lig osna chléibh. Faoin am a bhfuaireadar amach faoi, bhí an galar neadaithe i sreabhann na hinchinne agus in alt a dhroma. Bhaineadar earraíocht as radaiteiripe ach bhí sé rómhall. An t-aon rud ab fhéidir leo a dhéanamh ná drugaí a thabhairt dó chun an phian a mhaolú agus é a sheoladh abhaile chun a anam a dhéanamh is chun cúrsaí gnó is tís a réiteach. Samhlaigh é! Fear tríocha bliain d'aois a bhí i mbarr a shláinte roimhe sin, a bhíodh ag maíomh i gcónaí as a aclaí is a bhí sé. Seachtain amháin, bhí sé ag traenáil do mharatón Bhaile Átha Cliath, an chéad seachtain eile bhí sé ag gearán faoi phianta géara ina chloigeann is ina dhroim, agus an chéad seachtain eile bhí breith an bháis tugtha air. Bhí sé marbh taobh istigh de dhá ráithe. Trí bliana pósta a bhíomar nach mór. Baintreach gan chlann a bhí ionam is gan mé ach sé bliana fichead d'aois.

—De réir mar a rinneadh taighde ar an cheist seo, fuarthas amach go dtionscnaíonn an timthriall giniúna sa bhaineannach daonna trí 'fhachtóir scaoilteachta' a thálann an hipeatalamas ag bun na hinchinne. Spreagann an tsubstaint seo an fhaireog phiotútach thosaigh chun dhá hormón a scaoileadh isteach san imshruthú—an hormón falacailspreagthach (HFS) agus an hormón lúitéinitheach

(HL). Cuireann HFS na falacailí san ubhagán ag fás. Táirgeann na falacailí seo éastraigin, is eistridéol go háirithe. Cuireann HL ubhsceitheadh is claochlú an fhalacail ar siúl chun *corpus luteum* a chruthú. Ina dhiaidh sin, tálann an *corpus luteum* prógaistéarón. Ullmhaíonn timthriall na n-éastraigin is na bprógaistéarón ar an útaras balla an útarais d'ionphlandú na huibhe. Tá riailchóras aischothaithe ann chun ráta optamach astáil ón hipeatalamas agus ón phiotútach a bhunú. Nuair a bhíonn córas aimpléiseach ilchéimneach mar seo i gceist, is éasca earráid a dhéanamh nuair a mhalartaítear timpeallacht shaorga ar an timpeallacht nádúrtha . . . Mar a thuigeann sibh faoin am seo, tá gá le hathchruthú glan ar na sainchoinníollacha seo sa tsaotharlann i gcás toirchiú *in vitro*. Más coincheap simplí féin é, is imeacht dúshlánach gabhlánach é. Tá an buntaighde ar siúl le céad bliain anuas, ach má tá féin, níor tharla an chéad taispeántas den imeacht seo sa speiceas daonna go dtí le gairid. In Oldham Shasana a tharla sé sin, sa bhliain 1978.

Agus thionóil Tuatha Dé Danann ár sluaite agus thugamar aghaidh ar na Fomhóraigh dheamhanda gur choscair Lugh Lámhfhada Ealadha Mór mac Dealbhaoi, rí na bhFomhórach, gur réab snaidhm a dhroma.

Agus chloígh Balar Bailcbhéimneach ua Néid Nuachrothaigh Nuadha na hÚrláimhe gona fuil gona féitheacha gona feoil gona fionnadh gur ghearr sreabhann a inchinne.

Agus mhionaigh Inneach mac Dé Domhnann Oghma Grianaineach mac Ealathan mic Dhealbhaoi gur ghearr alt a dhroma.

Agus d'ionsaigh Lugh Lámhfhada Breas mac Ealathan gur bhain an cloigeann de.

Agus threascair Lugh Lámhfhada Balar Bailcbhéimneach ua Néid Nuachrothaigh gur theasc sreabhann a inchinne agus gur dhícheannaigh a cholainn. Chroch sé ar lia an cloigeann céanna gur phléasc sé ina smidiríní.

Agus ruaigeadh na Fomhóraigh dheamhanda isteach sa bhóchna agus leigheas Dian Chéacht na laochra leonta, agus na curaidh chaillte féin a thit sa bhruíon, trína dtumadh i luibheanna íce sa tiobra draíochta go ndearnadh slán iad athuair. Ach amháin Nuadha Úrlámh ar gearradh sreabhann a inchinne is Oghma Grianaineach mac Ealathan mic Dhealbhaoi ar gearradh alt a dhroma.

—Ba é do Dhaidí a smaoinigh air. Ba mhinic muid ag caint ar chlann a bheith againn ach, ar ndóigh, ní raibh aon deabhadh orainn. Bhí neart ama againn, dar linn san am. Is éard a dhéanfaimis i dtosach go leor airgid a chur i dtaisce chun morgáiste a fháil faoi choinne an tí seo. Agus sna blianta luatha sin, agus baois an ghrá is na hóige orainn, bhí uainn dul thar sáile gach bliain fosta. Ansin, bhí mé féin ag obair agus bhí d'athair ag féachaint leis an siopa *DIY* a chur ar a bhonnaí i gceart. Bhí sé ráite againn féin go bhfanfaimis ceithre bliana nó mar sin sula mbeadh clann againn. Bheadh ceathrar againn, beirt bhuachaillí is beirt chailíní . . . A thúisce is a thuig sé nach raibh sé le teacht slán ón ailse, luaigh sé é . . . b'fhéidir gur mhaith liom ár bpáiste féin a bheith againn am éigin amach anseo. Bhí a fhios aige nárbh é sin an t-am cuí, agus gan cuma rómhaith ar a thodhchaí féin. Ach d'fhéadfainn féin an páiste a bheith agam amach anseo. Bhí an teicníocht ann anois, ach an toil a bheith chuige . . . Ní mé cad as ar tháinig an smaoineamh. As ceann de na leabhair mhóra mhíochaine a fuair sé sa leabharlann chun fios fátha ailse a fháil, is dócha. Cheap mé i dtosach go raibh sé as a mheabhair, go raibh na drugaí ag cur speabhraídí air. Ach ní raibh. Léigh sé amach cuntas go raibh sé seo á dhéanamh acu leis na coiníní le fada an lá. Bhuel, ní haon choinín mise, arsa mise leis. Ach an chéad rud eile, bhí coinne socair aige le boc mór-le-rá éigin thuas ar Chearnóg Mhic Liam i mBaile Átha Cliath.

—Anois, dúisígí, a mhaca lia! Is mar seo a leanas a dhéantar an bhunteicníocht. Coimeádaigí súil ghéar ar an fhístéip go bhfeicfear na céimeanna éagsúla . . . Tugtar dáileog mhionthráthúil den hormón gónadaitróipín cóiríneach (HGC) don mháthair a spreagann a hubhagáin chun ullmhú leis na huibheacha a scaoileadh. Tar éis fheitheamh 34 huaire, gabhtar na huibheacha. Mhillfeadh aon mhoill anois an t-imeacht mar scaoilfí saor na huibheacha agus níorbh fhéidir iad a athghabháil. Faightear na húicítí réamh-ubhsceite trí ghearradh beag i mbolg na máthar. Sáitear feadán fada miotail ar a bhfuil solas agus córas optúil isteach a ligeann do na taighdeoirí breathnú go díreach ar ubhagáin na máthar. Súitear amach na húicítí. De ghnáth, ó cóireáladh an mháthair le HGC, beidh trí úicít ag an mháthair. Go díreach sula dtugtar na húicítí amach, is féidir a thuilleadh hormón a thabhairt don mháthair lena hútaras a réiteach don ionphlandú. Tá speirmeacha nite is caolaithe de chuid an athar i dtuaslagán salainn le cúpla uair an chloig anuas. Le linn an ama sin, téann próiseas i bhfeidhm orthu a dtugtar 'toilleasacht' air a ullmhaíonn iad chun ubh a thoirchiú. Doirtear ola thámh isteach i mias Petri. Aistrítear braonáin ina bhfuil speirmeacha go dtí an mhias Petri, áit a dtiteann siad go tóin na méise. Úsáidtear an ola ionas gur féidir leis na taighdeoirí an t-imeacht a ghlacadh as láimh faoi thoirt theoranta ag bun na méise. Cuirtear gach ceann de na húicítí sna braonáin ina bhfuil speirmeacha. Taobh istigh de chúpla uair an chloig tarlaíonn an toirchiú agus thart ar dhá uair déag níos déanaí, aistrítear an suth go tuaslagán eile ina bhfuil comhábhair a thacóidh le fás an tsutha. Déantar suth ocht gcill den ubh thoirchithe laistigh de chúpla lá. Caithfear an suth a choimeád in aeráid ísealocsaigine ina bhfuil go leor dé-ocsáide. Taobh istigh de cheithre lá, déantar suth céad cill de a dtugtar blastaicist air. Idir dhá lá agus ceithre lá tar éis an toirchithe, cuirtear an suth isteach in útaras na máthar. Go luath ina dhiaidh sin, beidh an suth ionphlandaithe. Ach mar fhocal scoir, tabhair faoi deara gur minic nach n-éiríonn leis an ionphlandú seo.

—Tig liom Nuadha is Oghma a thabhairt ar ais ó mhairbh, arsa Miach le tréan dúshláin.

—Deirim leat gan baint do gheasa nach dtuigeann tú, a d'fhreagair Dian Céacht le teann feirge.

—Níl ann ach go bhfuil eagla ort gur cumhachtaí mo chuid úrasarlaíochta ná do chuid seanealaíne féin.

Ar a chluinstin sin dó, chaill an t-athair guaim air féin.

D'ardaigh Dian Céacht a chlaíomh is theasc ciotóg a aonmhic. Thosaigh Miach ag gáire gur chosc an sileadh fola is gur chneasaigh an chneá is go ndearna slán í.

—Tá do ré thart, ar seisean lena athair le tréan tarcaisne.

D'ardaigh Dian Céacht a chlaíomh gur scoith leathchluas a mhic. Lig Miach seitgháire agus, ar iompú boise, ghreamaigh an chluas dá chloigeann arís go ndearna slán í.

—Tá sé chomh maith duit do chuid luibheanna bréana a shlogadh is tú féin a bhá i do thiobra draíochta.

D'ardaigh Dian Céacht a chlaíomh gur bhain leathchos dá mhac. Chuir Miach sraoth as le drochmheas gur cheangail an ghéag lena cholainn arís is go ndearna slán í.

—An é sin do sheacht ndícheall, a sheanduine? ar seisean.

D'ardaigh Dian Céacht a chlaíomh is scoilt corp a aonmhic ina dhá leath ó shreabhann a inchinne go snaidhm a dhroma.

—Féach, a mhic na páirte, níl mé ag féachaint le tú a ghortú ach ós rud é go bhfuil an fhírinne uait, déarfaidh mé é seo go neamhbhalbh . . . Thug mé gealltanas do d'athair agus é in airteagal an bháis go mbeadh páiste agam. Dá bhféadfá a rá go raibh bás sona sásta ag aon fhear riamh, is aige a bhí sé gan aon agó. Tá a fhios agam gur dhúmhál é ar bhealach . . . Uaireanta, agus mé in ísle brí, ba bhreá liom dá ngearrfaí an soláthar aibhléise a choinnigh a chuid speirmeacha reoite díreach mar a gearradh é os comhair phictiúr Chríost, más cuimhin leat sin. Ar scor ar bith, chuaigh trí bliana thart i ndiaidh bhás d'athar sular mhothaigh mé go raibh mé réidh, ar bhonn mothúchánach is síceolaíoch, chun ár leanbh a bheith againn. Ar ndóigh, breathnaigh ort féin, ar an leanbh sin atá ina strapaire breá ard anois. Nach é d'athair a bheadh mórálach mórtasach asat? Murach cúrsaí míochaine, níorbh ann duit agus bheadh deireadh leis an chlann. Nach é an rud is mó a bhíonn ó gach fear go leanfar dá shloinne is dá shíol ina dhiaidh? Sa chás seo, nach ionann é is an t-aiséirí ó mhairbh? Is míorúilt ina steillbheatha tú.

—Go dtí seo, níl a dhath ráite againn faoin eitic a bhaineas le toirchiú saorga. Mar shampla, an ceart go mbainfí úsáid as speirmeacha reoite an athar, sa chás go bhfuil an t-athair i ndiaidh bás a fháil idir an dá linn? Cad faoin bhaol, más amhlaidh go raibh aicíd cholainne nó galar meabhrach ar an athair, go dtolgfadh an páiste iad, go dtiocfadh sé ina n-oidhreacht trí mheán na ngéinte . . . Fillfimid ar an ábhar seo i léacht na seachtaine seo chugainn. Agus mar is léir daoibh ó chlár na léachtaí eile, beimid ag caint ar na dea-ghinicí is ar an innealtóireacht dhaonna ina dhiaidh sin.

Ghabh meisce mhire é a mhair trí lá agus trí oíche. Nuair a mhaolaigh ar an fhearg, lig sé a mheisce gháirí as gur chuir de a thaom cumha. Ansin, d'adhlaic Dian Céacht a aonmhac lia agus d'fhill abhaile. Bhí a chroí briste ach b'eol dó riamh is i gcónaí go raibh geasa ann a bhí dochoillte is a bheadh dochoillte go deo na ndeor.

Conlaoch

Conlaoch
Antonia O'Keeffe

Conlaoch

'Aithníonn an fhuil a chéile . . .' Seanrá de chuid Fran é sin, a ritheann isteach i m'aigne anois agus mé ag breathnú ar an fhear atá i ndiaidh teacht isteach ar dhoras an chaife. Ach is éasca é a aithint agus grianghraf de ina luí ar bharr an nuachtáin os mo chomhair agam. Feicim é ag moilleadóireacht ag an doras is ag caitheamh súil ghéar ar fud an tseomra. '. . . mura séanann an fheoil í,' a chuireadh mo mháthair lena ciúta nuair a bhíodh an domlas géar is an deoch chrua inti. Go tobann is gan choinne, nuair a théann sé i gcion orm go bhfuil uair na cinniúna druidte liom, tosaíonn córas feidhmithe mo cholainne ag imeacht ó smacht, mar a tharlódh don láimh ar chompás faoi ollfhórsa maighnéadach. In ainneoin a bhfuil déanta agam chun mé féin a ullmhú, tagann crith ar mo chraiceann agus iompaíonn mo lí. Braithim preabadh tric i mo chroí. Réabann arraing isteach i log mo ghoile. Leathann néal mearbhaill anuas ar mo cheann. Giorraíonn m'anáil. Leathnaíonn an fuarallas ar mo dhroim.

Taom focain croí agus mé *hors de combat* sular buaileadh an chéad bhuille féin! Is é sin an chéad smaoineamh a ritheann chugam. Cuidigh liom! Cuidigh . . . Tá uaim scread a ligean. Ach níl focal ar bith ag teacht amach as mo bhéal . . . Agus in ainneoin na n-airíonna, in ainneoin scanradh m'anama a bheith orm, tá m'inchinn sách beo go fóill go dtuigim nach taom croí é seo. Ní tharlaíonn a leithéid do dhuine scór bliain d'aois a bhfuil sláinte an bhradáin aige, is cuma cén suaitheadh a bhaintear as a cholainn.

Daingním mo ghreim ar an ráille taobh leis an tábla, druidim mo dhá shúil go teann, leagaim m'aghaidh ar an tábla agus cromaim ar m'anáil a ligean amach go mall domhain arís is arís eile. Huigh . . . huigh . . . huigh . . . Fad is nach dtagann scaoll orm, beidh mé ceart go leor, a deirim liom féin. Caithfidh mé guaim a choinneáil orm féin. Guaim! Tá sé sin ródhéanach, faoi mar a thuigim de gheit cad atá orm. Nach bhfeicinn Fran mar seo fadó agus í i mbaol a basctha, í ina luí ina cnap marbhánta ar urlár na cistine nó ar urlár an tseomra chodlata, scaoll ina héadan agus gan í ábalta a dhath a dhéanamh? Taom anbhá is ea é seo.

Huigh . . . huigh . . . huigh . . . huigh . . . Go mall, go rialta, go mall . . . Nach é sin an rud a deirinn féin léi? . . . Comhair go dtí a trí idir gach puth anála . . . Huigh . . . míle is a haon is míle is a dó is míle is a trí . . . huigh . . . míle is a haon is míle is a dó is míle is a trí . . . huigh . . . míle is a haon is míle is a dó is míle is a trí . . . A Chríost, níl sé ag obair . . . Huigh . . . huigh . . . huigh . . . Coinnigh go tomhaiste staidéarach é. Huigh . . . huigh . . . huigh . . . Anois, fág ceithre shoicind idir gach tarraingt tinfidh . . . Huigh . . . huigh . . . huigh . . . Caithfidh mé gan ligean don uamhan mallaithe seo an lámh in uachtar a fháil orm . . . Huigh . . . huigh . . . huigh . . .

Tá m'aghaidh crom ar an tábla agam fós, ar a shon go mbraithim go bhfuil mé ag teacht chugam féin beagán, nuair a mhothaím an lámh ar mo ghualainn.

—An bhfuil tú ceart go leor?

Geitim agus ardaím m'aghaidh ón tábla. Ar feadh meandair, tá meadhrán i mo cheann athuair agus ceo ar mo shúile go n-aithním cé atá ina seasamh ag mo thaobh is cuma na himní uirthi. Cailín rua atá ag tábla eile le fiche bomaite anuas agus í ag léamh irise atá ann.

—An bhfuil tú i gceart? ar sise arís.

—Tá, go raibh maith agat, arsa mise go stadach.

—Ar mhaith leat go bhfaighinn gloine uisce duit?

—Níor mhaith. Is doiligh dom gan labhairt go grod míchéadfach.

—Bhuel, má tá tú cinnte . . .

Bailíonn sí a málaí siopadóireachta le chéile agus déanann ar an staighre. Tar éis di silleadh súl a thabhairt siar thairsti orm, imíonn sí as radharc.

Huigh . . . huigh . . . huigh . . . Ólaim bolgam caife. Tá blas fuar searbh ar an deoch a thiontaíonn mo ghoile. Huigh . . . huigh . . . huigh . . . huigh . . . Arís is arís eile go suaimhníonn mo bholg. Ansin, i m'ainneoin féin nach mór, tugaim speic sciobtha chúramach thar bharr an ráille. Leathshúil agam gur contráilte atá mé. Ní hea. Tá sé luath ach eisean atá ann, ceart go leor. Ní féidir dul thar bhreith an ghrianghraif. Ná thar aithne na fola.

Fairim é ag ól caife thíos fúm anois. Tá tábla roghnaithe aige a ligeann dó radharc ceart a fháil ar an doras mór. Feicim é ag breathnú thart ar an seomra athuair agus ag cur sonrú i gcorrdhuine atá ag teacht is ag imeacht. Tá brú am lóin thart agus dá bharr sin níl mórán daoine fágtha sa chaife. Nach d'aon ghnó a phioc mé an t-am seo is an áit seo? Ansin, tugaim faoi deara é ag breathnú ar a uaireadóir agus ag ardú ruda atá os a chomhair ar an tábla aige. Is ea, mo dhála féin, thug sé an grianghraf leis. Chuir mé ceann chuige tar éis dó ceann de féin a sheoladh chugamsa. Toisc nach raibh aon phictiúr measartha nua díom féin agam nach raibh Fran ann, bhí orm tarraingt ar an bhoth uathoibríoch úd i lárionad siopadóireachta Fhaiche Stiabhna.

Tá sé socraithe againn bualadh le chéile thíos ar an bhunurlár. Ó tharla gur strainséir é anseo, ní fhéadfadh fios a bheith aige gurb ann don bhalcóin bheag thuas staighre. Nár bhain mé an caife amach go breá luath ionas go bhféadfainn gabháil suas ann is an blár a iniúchadh? Cosúil le ginearál cúinseach ag cóiriú catha, is buntáiste straitéiseach dom é na hardáin a bheith i mo sheilbh agam. Is lú i bhfad Éireann an seans go dtiocfaidh namhaid aniar aduaidh orm. Nó go bhféadfaidh sé féin iad a úsáid. Tá leathuair an chloig caite anseo cheana féin agam. Féadaim fanacht anseo tamall eile. Tar éis an oiread sin blianta, cad is fiú cúig bhomaite eile? Nó féadaim caolú liom síos an cúlstaighre. Ach tuigim go gcaithfidh mé an beart a dhéanamh ar an toirt ar eagla go loicfidh mo mhisneach orm. Is geall le geasa orm féin é gan iompú siar.

Éirím ón chathaoir le dua. Beirim ar mo pháipéar nuachta agus ar an ghrianghraf. Déanaim cinnte go bhfuil an guthán póca múchta agam. Imím an staighre síos.

A thúisce is a fheiceann sé ag teacht mé, éiríonn sé ina sheasamh is síneann amach a dhá lámh chun mo dhá lámhsa a fháscadh. A bhuí le Dia, tá a dhóthain discréide aige gan féachaint le mé a phógadh ná le barróg a bhreith orm.

—Heileo, John, a deir sé liom.

Is follas dom féin imir den neirbhís taobh thiar d'aoibh an gháire ar a bhéal aige. Tá orm féin mo dhá ghéag a tharraingt siar uaidh.

—Heileo . . . Níl a fhios agam cad is ceart a thabhairt air. Daid? Caolseans. Toisc nach raibh aithne agam ar aon athair riamh, ba dheacair dom creidiúint gurb ann dá leithéid. Tá siad chomh héadócha lena chéile—coincheap teibí an athar agus an duine seo ina steillbheatha os mo chomhair. Is í sin an chúis, is dócha, nach bhfuil mé chun cur in iúl dó gur 'Jaic' a thugann gach duine orm. Tuigim gurbh fhéidir go dtiocfadh an t-am a rachadh a mhalairt ar sochar dom. Ach fóireann sé dom nach mbeadh an t-eolas sin aige fúm go fóill. B'ionann m'ainm ceart a insint dó is ligean dó a chreidiúint go bhfuil teanntás éigin aige orm. B'fhéidir gurb eisean m'athair ach níl aon aithne aige orm, ná agam air. Agus nílim faoi chomaoin dá laghad aige.

Buailimid fúinn ag an tábla: eisean ar thaobh amháin, mise ar an taobh eile. Cosúil le hathair is lena mhac ionúin a tháinig le chéile chun dreas comhrá a dhéanamh. Cosúil le céilí comhraic ag inleadh bhlár an chatha.

—Ar mhaith leat cupán caife? Nó tae?

—Níor mhaith, go raibh maith agat.

—Rud éigin le hithe?

—Níor mhaith.

—Cad é mar atá do mháthair?

—Tá sí ceart go leor.

Ar nós cuma liom a fhreagraím. Ach ar an toirt braithim drithlíní feirge á mbaint as breochloch an tochta atá ag fadú i m'anam leis na blianta. Tá sé de dhánaíocht ann tuairisc Fran a chur chomh neamhbhalbh sin i ndiaidh na mblianta nuair nár tháinig aon scéala uaidh nó an phingin rua féin. Ba chuma nó bás é ach amháin go mbeadh árachas le fáil dá mbeadh sé marbh, a mhaíodh Fran. Déanta na fírinne, is maith is eol dom gur sheacht measa ná an bás féin an neamhiontas iomlán a rinne sé di le breis is fiche bliain. Beobhás a bhí ann. Ifreann a bhí ann.

Féachaim le m'análú a smachtú. Caithfidh mé gan ligean do na drithlíní seo adhaint. Caithfidh mé an tocht atá orm a shrianadh. B'éasca géilleadh do bhaothspadhar feirge ach ní chuige sin a tháinig mé anseo. Cibé ar bith, a deirim liom féin, agus deann aithrí ag rith tríom, nach bhfuil mé féin i ndiaidh neamhiontas a dhéanamh de Fran? As siocair go bhfuil m'aird ar fad orm féin, bhí dearmad déanta agam air go bhfuil sise ag fanacht sa bhaile go corraitheach neirbhíseach agus í ar bís le fáil amach cad a d'éirigh dom. Is féidir liom í a shamhlú anois agus í ina suí sa chathaoir uilleann os comhair an teilifíseáin, leathshúil fhaiteach ar an doras mór aici agus leathshúil ghrinn ar an tasc atá idir lámha aici. Tá sí ag cogaint a hingne. Ní túisce ceann amháin coganta go dtí an beo aici ná í cromtha ar an dara ceann. Tosaíonn sí ar lúidín a ciotóige, go mac an daba go méar fhada go corrmhéar go hordóg. Ó ordóg a deasóige ar aghaidh. Scamhfaidh sí ionga i ndiaidh iongan agus í chomh himeartha máistriúil le fear seilge ag nochtadh coinín. Faoin am a mbainfidh mé an teach amach, beidh plástair bheaga ar bharr na méar aici chun na fuilteacha mar ar réabadh ingne is feoil a chlúdach go dtiocfaidh maolú ar an phian.

Ní go maith a ghlac sí leis an scéala go raibh mé chun bualadh leis. Tá imní orm go ngortófar thú, a Jaic, a chroí, a dúirt sí arís is arís eile, agus na deora ag sní lena grua. Agus cad chuige a bhfuil sé ag teacht ar ais anois? Caithfidh go bhfuil rud éigin uaidh. Mo dhála féin, tá sí suaite go mór agus is furasta í a phriocadh. Ach murab ionann is an fhearg atá ormsa, is iad an t-éad is an eagla is mó atá uirthise. Tá faitíos uirthi go gcaillfidh sí mé, amhail is go raibh mé chun bailiú liom ina chuideachta is droim láimhe a thabhairt di . . . Mar is dual athar dom é, cé nach gcuireann sí féin friotal ar an chúiseamh. Ná bí buartha,

Fran, a deirim léi agus mé ag féachaint le labhairt go caoin. Ní ag tréigint mo mháthar atá mé, ach ag déanamh athmhuintearais le m'athair. Cuireann sin ag caoineadh arís í.

Bhí orm gealltanas a thabhairt di sular ráinig liom éalú ón teach go gcuirfinn glao gutháin uirthi a thúisce is a bheinn réidh anseo. Agus an mbeidh tú i bhfad, ar sise? An fhadhb a bhaineas le háirithe ama ar leith a lua ná go dtiocfaidh méadú ar an líonrith atá uirthi mura gcloím leis. Orláiste í nach stopann go mbíonn an gráinne deireanach caite. An baol atá ann, ar ndóigh, ná go mbuailfidh taom anbhá eile í. Ba thrua nach raibh sí sásta dul tigh cara léi ach, mar a deir sí féin, cad a tharlaíonn má ghlaonn tusa orm agus mé ar an bhealach? Dheamhan freagra atá air sin. Fran bhocht! Sula dtéim abhaile, ba chóir dom táth bláthanna is buidéal fíona a cheannach di chun ardú croí a thabhairt di. Beidh orm a bheith cáiréiseach go leor faoina ndéarfaidh mé léi mar beidh sí ag cuardach brí fholaithe gach focail is gach abairte. Agus ag iarraidh a fháil amach an mbeidh mé ag bualadh leis-sean arís.

Anois agus smacht agam ar m'fhearg, dírím m'aird arís ar an fhear seo os mo chomhair. Tá sé féin ag cur síos ar an turas anall . . . Go raibh sé i ndiaidh teacht ar bhád farantóireachta na hadhmhaidine . . . Gur fhág sé a ghluaisteán i gcarrchlós láimh le lárionad siopadóireachta Fhaiche Stiabhna . . . Go raibh lóistín curtha in áirithe aige roimh ré i dteach ósta ar Ardán Phort an Iarla . . .

Dheamhan spéis atá agam sna mionsonraí tura seo. Déanta na fírinne, déarfainn nach bhfuil sé ach ag féachaint le mionchaint a choinneáil liom. Nuair a bheidh an bheirt againn ar ár suaimhneas le chéile a thosóidh an t-aicsean i gceart. Cluiche beag atá ann, cosúil le trodaí ag tógáil mhiosúr a chéile comhraic is ag meá an mhiotail atá ann. Agus de réir chód na réamhghleice is chód an chearrbhachais, ní call dom mo lámh a nochtadh. Is leor aoibh an gháire a chur ar m'aghaidh, ligean orm go bhfuil mé ag éisteacht go cúramach agus ligean do chorrfhocal sciorradh uaim. Cleas atá foghlamtha agam i gcaitheamh na mblianta is ea é a bheith ag tabhairt freagraí amhail is go bhfuil mé páirteach sa chomhrá le linn dom a bheith saor chun machnamh a dhéanamh ar cibé ábhar is toil liom féin. Bhí call lena leithéid agus Fran i mbun a cuid monalóg ar a saol agus ar ar tharla di agus ar na céimeanna atá á dtógáil aici chun tús nua a chur le rudaí.

Ar scor ar bith, tugann sé seo deis dom amharc air i gceart, agus é a chur i gcomparáid lena ghrianghraf. Ba é sin an chéad fhótagraf a chonaic mé de. Ní fhaca mé riamh a leithéid le linn dom bheith ag fás aníos. A raibh ag Fran, bhíodar scriosta nó curtha i dtaisce aici. Ní raibh teagmháil dá laghad aici lena mhuintir rud a d'fhág nach raibh aithne agam ar athair mór ná ar mháthair mhór, ar uncailí ná ar aintíní ná ar chol ceathracha ar an taobh sin, ná faill agam dá réir mórán a fhoghlaim faoi.

Áit a raibh cóta is carbhat air sa ghrianghraf, tá geansaí rugbaí air anois. Cóirithe cíortha trasna ar bhlaosc a chloiginn atá a chuid gruaige sa ghrianghraf. Tuigim anois gur seift mhaisiúcháin í sin mar tá sé ag éirí maol (in ainm Dé, an bhfuil a leithéid i ndán domsa?). Agus murab ionann is an aghaidh thuartha mhílítheach os mo chomhair, thabharfainn an leabhar go bhfuil breasal ar a leicne is smideadh ar a bhéal aige sa ghrianghraf. Ritheann sé liom i dtosach go bhfuil rud éigin cam ag baint leis seo os mo chomhair, ach sílim go dtuigim cad a rinne sé. Grianghrafadóir proifisiúnta, gona mhála cleasanna gona mhála draíochta a thóg an grianghraf de.

Is cuimhin liom mé féin a bheith ag muirniú an ghrianghraif chéanna chomh cúramach is a láimhseálfadh saineolaí míleata bobghaiste. Is ea, ní féidir liom é a shéanadh: bhí mé ag iarraidh mé féin a aithint ann. Bhí drogall orm é a thaispeáint do Fran ar eagla go mbeadh sí ar buile. B'fhollas go raibh lionn dubh uirthi agus faobhar ag teacht ar a teanga. Caith an rud mallaithe sin sa tine, in ainm Dé, ar sise, ar theacht don chéad litir. Cad chuige a bhfuil tú ag scríobh ar ais chuige? Ná cuir grianghraf díot féin chuige. An chéad rud eile ná go mbeidh uaidh teacht anseo ar cuairt chun bualadh leat. Ach cad chuige a bhfuil uaitse féin bualadh leis, a Jaic? ar sise. Nach dtuigeann tú gur thréig sé muid agus nár chualamar a dhath uaidh a thabharfadh le fios gurbh fhiú leis dul i dteagmháil leat. Ba cheart fearg a bheith ort leis as a bhfuil déanta aige.

Is iomaí uair ó shin a bhí aiféala orm gur luaigh mé a dhath le Fran ar chor ar bith agus nach ndearna mé na socruithe ar fad ar chúla téarmaí. An difríocht eadrainn ná go ligeann sí dá mothúcháin féin luí uirthi is a croí a chreimeadh. Mise, tuigimse go gcaithfidh mé déileáil leo ar bhonn praiticiúil. Bíodh sin mar atá, tuigim cad chuige a bhfuil sí do mo cheistiú, ag iarraidh a fháil amach cad chuige a bhfuil mé le bualadh leis. Ceist í seo is féidir liom a fhreagairt go héasca. Bain triail as an cheann seo, cuirim i gcás: tá sé san fhaisean na saolta deireanacha seo dul ar lorg gaolta atá imithe gan tásc gan tuairisc. Máithreacha gan phósadh ag aimsiú páistí ar sracadh óna siní iad sa tseanré dhorcha. Páistí atá uireasach i nílafhiosagamfaoithalamhandomhain ar lorg máithreacha chun an tsine sin den slabhra a shlánú. Ní haon eisceacht mise. Níl mé dall ná díonta ar an bhrú thuas is ar an bhraistint chéanna. Ógfhear leochaileach íogair soghonta mé. Tá teastas agam a dhearbhaíonn a leithéid. Is tá dochtúir agam a thabharfaidh an leabhar nach féidir liomsa dul ar aghaidh sa saol go líontar an folús mór domhain sin ionam ó bhailigh m'athair leis.

Freagra bréagach is ea é sin. Más ann don bhrú is don bhraistint thuas, cuirfidh mé faoi chois iad nuair a thagann an chúis go cnámh na huillinne. Ní féidir liom a shéanadh go bhfuil mé pas fiosrach faoin duine seo os mo chomhair ónar shíolraigh mé, ach níl a dhath ag teastáil uaim uaidh, ar leibhéal na mothúchán nó ar leibhéal na maoine. Táim ag bualadh leis chun díoltas a imirt air le cinntiú go n-íocann sé go daor as an fheall a rinne sé ar Fran. Agus tá a fhios agam cad é mar a dhéanfaidh mé é sin. Agus ní gá go míneoinn a dhath do Fran faoi choíche. Ach sílim go mbeidh a fhios aici agus go dtuigfidh sí amach anseo. Ach ní hé an gnáthdhíoltas a bheidh ann. Níl aon uirlis mharfach i bhfolach agam chun é a mharú. Níl mé chun aigéad a chaitheamh sna súile aige mar a tharlódh i seanscéal méaldrámata. Tá an modh dúnmharaithe seo agamsa níos éifeachtaí is níos pianmhaire ná iad sin.

Féach air anois, arsa mise liom féin. Mothaím láidir muiníneach agus gan aon rian den taom anbhá orm anois. Féach air! De réir mar atá sé ag éirí níos compordaí, tá sé ag luí isteach ar an chomhrá. An bhfuil a fhios agat go bhfuil triúr leasdeartháireacha agus leasdeirfiúr amháin agat? ar seisean liom. Nár bhreá an rud é dá bhféadfá bualadh leo roimh i bhfad, John? B'fhéidir gur mhaith leat teacht go Sasana an chéad deireadh seachtaine fada eile? Ar ndóigh, níorbh aon chonstaic an costas, bheinn féin in inmhe é sin a chlúdach. Go maith, bheadh sé sin ar dóigh . . . Cogar, idir an dá linn, tá duine de na buachaillí ag fanacht sa seomra thuas sa teach ósta. Thug mé liom é ar fhaitíos nach n-oibreodh cúrsaí amach agus le nach mbeinn fágtha i mo ghualainn gan bhráthair . . . ná gan mhac, há! há! Nach iontach an rud gur oibrigh! Bhí a fhios agam i mo chroí istigh go n-oibreodh mar aithníonn an fhuil a chéile agus ní féidir an fheoil a shéanadh . . . B'fhéidir gur mhaith leat teacht liom anois chun bualadh le do leasdeartháir . . . le do dheartháir, mar tá súil as Dia agam go mbeidh sibh beirt chomh dlúth dá chéile le cúpla ceangailte Siamach. Níl ach bliain agat air. Is ea, Myles is ainm dó. Rachaimid suas ansin anois agus beidh deoch againn le chéile sa teach ósta. Tá mo theanga chomh tirim le coirt tar éis na cainte ar fad. Seo, buailimis bóthar.

Ligim osna nuair a éiríonn sé, nuair a thagann timpeall an tábla is nuair a chuireann a dhá lámh timpeall orm. Ní thuigeann tú a thábhachtaí is atá sé seo dom, ar seisean. Ní thuigeann tú chomh fada is atá mé ag fanacht leis an lá seo, John.

Ná chomh fada is atá mise ach oiread, a deirim. Díbrím as m'aigne a bhfuil ar siúl, agus ab fhéidir a bheith ar siúl, ag Fran faoi láthair, agus í ag comhaireamh ghráinní gainimh na soicindí. Cuirfidh an turas seo suas go dtí an teach ósta moill nach beag orm ach níl aon neart air sin ná aon éalú ó láthair an dúshláin nó ó gheall comhraic. Cibé ar bith, tá ag éirí i bhfad Éireann níos fearr liom ná mar a chreid mé a d'éireodh.

Tá a fhios agam cad a dhéanfaimid a thúisce is a fhágfaimid an caife seo. Mura luann sé féin é, luafaidh mise é. A Dhaid, a déarfaidh mé— is ea, seo an t-am ceart chun teanntás a dhéanamh air mar leáfaidh sé sin a chroí—a Dhaid, an ndéanfaidh tú gar beag dom? An dtiocfaidh tú isteach sa lárionad siopadóireachta thuas ar Fhaiche Stiabhna liom, tá a fhios agat an ceann in aice leis an áit ina bhfuil do ghluaisteán páirceáilte? Ní thógfaidh sé ach cúig bhomaite.

Ar ndóigh, is le fonn a dhéanfaidh sé rud orm.

Is furasta dom an suíomh a shamhlú. Tathantóidh sé orm ligean dó íoc as. Cuirfidh mé ina choinne go tréan. Ormsa an *treat* beag seo. Ceart go leor, a déarfaidh seisean agus tocht ina mheall brád is tocht ar a chroí aige. Suífidh an bheirt againn go míchompordach sa bhoth bheag uathoibríoch. A lámh thar mo ghualainn aige agus muide dís ag amharc ar an solas dearg os ár gcomhair. Clic . . . clic . . . clic . . . clic . . . Ansin, fanfaimid go foighdeach cuideachtúil lasmuigh go seachadtar an stiall chaol thais ag an taobh. Agus greim agam ar imeall an pháipéir, stánfaimid dís ar na pictiúir. Mura bhfuil an caighdeán féin thar mholadh beirte, is cuma. Mar a déarfaidh sé féin, an t-ábhar is tábhachtaí. Is le cúram a roinnfimid na fótagraif. Dhá cheann domsa; dhá cheann dósan. Is é seo an bronntanas is luachmhaire dá bhfuair mé riamh, a mhaífidh sé agus deora le heireaball a shúl aige. Agus, bíodh a fhios agat, John, gurb ionúin liom tú agus nach bhfuil uaim nó fúm tú a chailliúint arís.

Déanfaidh mé gáire beag. Ná bí buartha, a Dhaid, a déarfaidh mé, beidh mé leat i gcónaí anois.

Agus tá mé lándáiríre. Ní ligfidh mé dó éalú. Greamóidh mé de mar a bheadh bairneach ann. D'fhéach sé le fáil réidh liomsa agus le Fran, lenár gcuimhne a dhíothú is muid a dhíbirt as a shaol, nuair a shéan sé muid, idir chorp agus anam, idir fhuil is fheoil. D'éirigh leis-sean ar feadh i bhfad. Ach bhí drochmhianach ann mar theip air gur tháinig sé ar mo lorg ar chúis éigin. Gearradh coinsiasa, b'fhéidir? An tuiscint go raibh sé féin ag dul in aois agus gur ceart dó a anam a dhéanamh sula dtugann sé aghaidh ar Mhac an Duine, seans? Drochshláinte? Chomh dócha lena athrach atá sé go bhfuil seacht ngalar an tsléibhe air. Is cuma liom. Ach tá a fhios agam go bhfuil mise de dhíobháil airsean anois ó chuir sé de dhua air féin mé a aimsiú. Tá mé aimsithe aige ach ní thuigeann sé go bhfuil seisean i mo shaol le mo chaolchead. Tig liom fáil réidh leis aon uair is mian liom. Tig liom é a mharú aon uair is mian liom. Tig liom é a mharú arís is arís eile trína chroí a bhriseadh is *coup de grâce* a thabhairt dó nuair is toil liom féin é. Ach is fada uaidh faoiseamh na fuascailte sin go fóill mar, trí bhíthin fhaobhar mo chuid fuatha, is é anbhás mall na mílte cneá a bheidh aige.

Anocht, i ndiaidh dom dul abhaile agus Fran a chur ar a suaimhneas, gheobhaidh mé scian bhearrtha, gearrfaidh mé amach a íomhá ón chéad ghrianghraf agus cuirfidh mé an fuíoll chuige sa phost. Samhlaím é cheana agus an chéad chneá air, tar éis dó an clúdach a oscailt. Ní bheidh ann ach an chéad bhuille is an chéad sileadh fola mar maithfidh sé mo bhabhta beag histéire dom. Agus an dara ceann. Agus an ceann ina dhiaidh sin fosta. Arís is arís is arís eile . . . Gan aon agó, aithníonn an fhuil a céile agus ní shéanaim mo chuid feola. Is mise mac m'athar.

Meisce Chrábhaidh

Meisce Chrábhaidh
Antonia O'Keeffe

Meisce Chrábhaidh

—Dar Anú na gcíochán lachtmhar . . . Bhí sé i ndiaidh satailt in ábhar bog éigin lena chos chlé. D'aithin sé ar a bholadh nach cac ainmhí a bhí ann.

—A Thiarna Dia, fóir ar do shearbhónta umhal in am an ghátair . . .

Nuair a chuala sé an guth lag piachánach agus cleatráil na gcrapall iarainn siar uaidh sa doinsiún, tharraing Mogh Ruith a cholg déid. D'úsáid sé a dhá lámh leis an dornchla a shocrú go docht i gcroí bhos a dheasóige.

—Dar Mis an mhearbhaill . . . Cheana bhí bos a láimhe te tais faoi eire amscaí an chlaímh agus bhraith sé bruth allais i gcaol a dhroma. Ar fhaitíos go sciorródh sé óna láimh, dhaingnigh sé greim a dheasóige ar an dornchla. B'fhéidir gurbh fhearr dá mbeadh lámhainn air . . . B'fhéidir gur bhotún é gan tua a thabhairt leis, mar a bhí molta ag Cú Roí dó. Ní raibh sé chomh fíneálta le faobhar claímh, ach bhí sé gach pioc chomh marfach críochnúil leis. Ach chaithfeadh na ceannaithe a bheith inaitheanta . . . nárbh é sin an t-ordú deireanach a tugadh dó? Murach sin, ba leor aon chloigeann crosach leathdhreoite . . .

Ní den chéad uair le cúpla uair an chloig, agus é ag déanamh a mharana ar an tasc seo a bhí roimhe, smaoinigh sé go míshásta nach chuige seo a oileadh é . . . gur ghlasearcach ainbhiosach é a seoladh amach in áit an tsaighdiúra chríonna. B'fhearr leis, má bhí air gníomh suarach mar seo a dhéanamh, a chuid cumhachtaí gintlíochta is asarlaíochta a úsáid. Liosta le háireamh a shainchleasanna gaile: ba réidh aige briochtaí a chanadh a d'fheodh an inchinn nó roth rámhach a chasadh a dhéanfadh smionagar den chloigeann . . . b'éasca dó spalladh triomaigh a leathadh a dhíothódh na mílte agus muirbhrúcht a oibriú a chuirfeadh báirc go grinneall na mara móire . . . scim dhraíochta a leathnú agus cith chaor thine a chaitheamh . . . cochall draíochta a fhí agus rabhadh ródaigh a thabhairt. Nach go hoilte a d'fhoghlaim sé a cheird ag cosa na mórdhraoithe? Ach níorbh fhiú broim chamaill leathchosaigh é sin ag an bhomaite seo mar ní dhéanfadh fiothnaise cúis an iarraidh seo. Ordú is ea ordú is ea ordú . . .

Agus é ina sheasamh go giongach san fhithis dhorcha talún seo, thuig sé anois nárbh ionann ordú a thabhairt is ordú a chur i bhfeidhm. Níor amharc sé air féin riamh mar mhogh a ghlac le horduithe. Is ea, bhí sé i ndiaidh a shaol a chaitheamh leis an chogaíocht ach níorbh aon saighdiúir coise é. Comhairleoir cogaidh ab ea é, a sheoladh lucht an treasa amach chun a orduithe féin a chomhlíonadh agus a d'fhanadh amach ó pháirc an áir. Níor chall dó a lámha féin a smálú le fuil riamh.

Ach bhí air féin an t-ainghníomh a dhéanamh an feacht seo. Mar sin, ba cheart dó é a dhéanamh chomh héifeachtach is ab fhéidir leis. Smaoinigh sé siar ar ar mhínigh Cú Roí dó . . . gur ghá seasamh go daingean staidéarach, greim compordach a choinneáil ar an chlaíomh, caol a láimhe a chasadh go scaoilte réidh ar scáth a leonta, agus buille glan aonair a bhualadh a dhealódh muineál ón chabhail d'aon smíste slachtmhar amháin.

Tháinig pictiúr de Chú Roí isteach ina cheann ag cur síos ar na gluaiseachtaí dó. Toisc nach raibh radharc na súl aige féin, bhí sé i ndiaidh cluas ghéar a thabhairt dá chara de réir mar a thaispeáin sé na céimeanna arís is arís eile.

—Ná fan go dtí an nóiméad deiridh chun do chuid ullmhúchán a dhéanamh, arsa Cú Roí. Téigh isteach go mear, ná labhair leis an duine istigh, déan an gníomh, agus gread leat as an áit. Tá sé chomh simplí sin.

Anois, agus é ag moilleadóireacht go héiginnte sa doinsiún seo, thuig sé nach mbeadh sé chomh furasta sin. Ba mhór aige Cú Roí a bheith ina theannta.

—A Thiarna Dia, tar i gcabhair ar do ghiolla . . .

I dtoibinne, agus liodán guíodóireachta an chime agus cling mhacallach na ngeimhle ina siansa siansánach ina chluasa, mhothaigh Mogh Ruith tocht ina sceadamán agus an brón ina mhoirt ar a chroí. Is ar éigean a shamhlaigh sé, nuair a casadh a sheanchara air le deireanas, nach bhfeicfeadh sé go deo arís é.

Ba nós rialta leis an bheirt acu i gcaitheamh na mblianta bualadh le chéile in Scythia. Mura raibh Mogh Ruith in ann dul abhaile go hÉirinn, ba mhór an sólás dó é na tréimhsí seo i bhfearann dúchais a shinsear ar imeall na Mara Duibhe. Bhí sean-nósanna áirithe ag baint le cuairteanna na díse, idir spánna, bhia, dheochanna agus mhná. Ach, ar ndóigh, níorbh fhada go gcromaidís ar labhairt ar Éirinn.

Níorbh aon eisceacht an uair dheiridh. Bliain nó mar sin a bhí ann ó bhí Cú Roí sa bhaile agus d'éist Mogh Ruith go cúramach cíocrach leis agus é ag cur síos ar imeachtaí ann . . . cé a bhí beo . . . cé a bhí marbh . . . cérbh iad na hógdhraoithe nua . . . an mbeadh feidhm ag aon duine le seandraoi dall . . . Mar a tharla i gcónaí le seal de bhlianta anois, agus glincín maith sa ghrágán aige, d'éirigh sé súgach maoithneach agus tháinig cumha as cuimse ar Mhogh Ruith agus é ag éisteacht lena chomrádaí, cumha a bhí measctha leis an éad ó bhí Cú Roí in ann filleadh abhaile sách rialta . . .

—A Thiarna Dia atá le teacht . . .

Ní raibh uaidhsean riamh imeacht ó Inis Dairbre ach ba chuid dá chinniúint mar dhall is mar dhílleachta é go gcaithfeadh sé ceird a fhoghlaim agus gur ghá dó imeacht chun sin a dhéanamh. Ba chuimhin leis Roth, a athair altrama, ag plé cá gcuirfí é . . . go Banbhuana Bandraoi ag Sí Charn Breachnatan na Mumhan . . . nó go Buanann Bandraoi Laighean. Go Laighin, ambaiste! Feall a bheadh ann mac macánta Muimhneach a chaitheamh isteach i gcraos dearg na bhfaolchon sin, a d'fhreagair a sheanbhuime,

Muirne, le tréan fíochmhaire.   Ba go Sí Charn Breachnatan a seoladh é.

Dalta seacht mbliana bheaga ab ea Mogh Ruith nuair a d'fhág sé féin slán ag a mhuintir.   Chaith sé seacht mbliana fhada ag Sí Charn Breachnatan agus é ag foghlaim a cheirde, ag fáil máistreachta ar an asarlaíocht, ag cur teangacha is ealaíona na mbriochtaí sí de ghlanmheabhair, ag déanamh piseog, ag triail a chuid fiosaíochta agus ag promhadh a chuid séanaireachta, gur tháinig an lá ar bhain Banbhuana geit as.   D'fhógair sí nárbh fhiú dó moilliú léi sa Sí i ndiaidh na Samhna mar nach raibh sí in ann a dhath eile a theagasc dó.   Chreid sé riamh go bhfillfeadh sé abhaile nuair a bheadh a dhintiúir aige.   Ach, má chreid féin, thuig sé anois diaidh ar ndiaidh agus Féile na Samhna ag teannadh leis gur bheag seans a bhí ag ógdhraoi a raibh cáim air, agus nach raibh de thaithí phraiticiúil aige ar an saol mór ach a chuid glasoiliúna, dul chun cinn sa saol. Dheamhan réiteach a bhí ar an scéal ach dea-chleasanna a fhoghlaim agus fíorbhuanna a fhorbairt nach raibh ag a chomhghleacaithe sa bhaile.

Ba mhinic ainm Scáthach nUanaind na hAlban cloiste aige ó Bhanbhuana.   Nach raibh sé amuigh uirthi go raibh cumhachtaí aici nach raibh ag aon draoi eile i gCríocha Fáil?   Chiallódh sé go mbeadh air dul thar Shruth na Maoile anonn ach cinnte, d'fhillfeadh sé abhaile ansin.   Ar aon nós, ní constaic ach ciseach a bhí san fharraige riamh.   Agus bheadh sé ar oileán, amhail a oileán ionúin féin, Inis Dairbre.

Chaith sé bliain is lá le Scáthach ar inis dhorcha sceirdiúil arbh ar éigean a d'éirigh an ghrian ann i gcaitheamh an gheimhridh fhada agus arbh ar éigean a bhearnaigh gathanna na gréine clúdach trom an cheo ann i rith an tsamhraidh féin.   Is ea, fuair sé saineolas ar ghlanrúin agus ar dhomhainchleasanna, ar orthaí ársa troma agus ar gheasa droma draíochta.   Ach ba é an rud ba ghéire is ba nimhní dár fhoghlaim sé nárbh fhéidir leis scor den léann anois mar bhí ógdhraoithe is óglaochra eile ag tarraingt go tiubh ar dhaingean Scáthaí.   Bheadh air oide samhaildánach a aimsiú a mhúinfeadh dó ealaíona agus scileanna nach raibh teacht orthu ó Oileán Chléire go hInis Cad.

Tar éis dó caolú leis ó Scáthach, chaith sé bliain is lá ag taisteal siar timpeall an domhain mhóir, ag fiosrú mháistrí móra na gintlíochta. Ba nós leis seal a chaitheamh le gach asarlaí, ag meá a chumhachtaí, ag fiosrú a chuid déithe. Chaith sé tamall le mórdhraoi an dé 'Alae-a-Hina i Haváí; stáir le draoi Angob sna hOileáin Fhilipíneacha; seal le hasarlaí Begawati i mBali; dreas ama le fear feasa Bhairu sna Himiléithe; achar le draoi Harnuptis na hÉigipte; scaitheamh le draoi Prakagorri na mBascach . . . D'fhoghlaim sé rud anseo is ansiúd. Ach ceileadh go leor air toisc nach raibh sé sásta géilleadh gur ag gach duine de na déithe éagsúla ar a sheal a bhí tús áite ó thaobh cumhachtaí agus réimeasa de.

Faoi dheireadh, bhain sé Iarúsailéim amach gur bhuail sé leis an draoi Giúdach, Elymas.

—Ní fiú moilliú abhus, arsa Elymas nuair a mhínigh Mogh Ruith a scéal dó. Breathnaíonn na Fairisínigh orm mar eiriceach ach má scamhann tú faoi dhromchla an chraicinn Ghiúdaigh seo . . . Ba cheart duit labhairt le Síomón, más féidir leat cur suas leis na Samáraigh phiseogacha sin.

An fhiosracht a thóg go Sebaste, príomhchathair na Samáire, é. Síomón féin a choinnigh ann ar feadh trí bliana is tríocha, trí ghorta agus trí thriomadh, trí phlá is trí aicíd, é. Níor fhéach sé le déithe ar leith a bhrú air . . . as siocair nár chreid Síomón ina dhath diomaite dá ghairm féin.

—Is í an asarlaíocht an t-aon dia a adhraím, a mhaígh Síomón ar bhualadh leis do Mhogh Ruith. Tá sé de dhualgas ar an draoi creidbheáil i ngach dia sách fada le heolas agus le cumhachtaí a chruinniú óna lucht leanúna. Tá sé de dhualgas ar an draoi gan glacadh le haon chonstaic ná le haon teorainn ar an rús rúnda gintlí. Agus ní mór don draoi blaiseadh de gach eispéireas.

Ba mhúinteoir dian Síomón a leag amach clár leathan oidis is oiris dá mhac léinn nua. Cuireadh Mogh Ruith ag déanamh staidéir ar theangacha marbha agus ag foghlaim amhraí ársa; ag cur eolais ar an luibheolaíocht agus ar an réalteolaíocht; ag reic orthaí agus ag cleachtadh hiopnóise. Gach lá, bhí air teacht os comhair Shíomóin le taispeáint cad a bhí foghlamtha aige. I dtosach, coinníodh Mogh Ruith i suanlios leis féin go dtí—faoi mar a thuig sé féin ó shin—gur measadh go raibh sé iontaofa. Ansin, tugadh isteach faoi fhraitheacha theach Shíomóin é. Níorbh fhada ann é gur fhoghlaim Mogh Ruith gur tháinig teoiricí fealsúnachta agus taithí phraiticiúil a oide le chéile i modhanna maireachtála an teaghlaigh chéanna. Bhí feadhain bheag dhíbhirceach ó na ceithre leathaibh cruinn thart ar Shíomón, idir dhraoithe agus dhrúith, idir dhruncaeirí agus dhonáin. Ní raibh aon mheascán de chógais chun na céadfaí a ghríosú nó chun mearú súl a chur orthu nó chun gach srian ar ainmhianta na colainne a réabadh nach gcaithidís go rialta. Ba nós le Síomón upa a dhéanamh ina mbíodh síol ainmhí measctha le fuil mhíosta . . . agus díneach ina mbíodh mún camaill agus climirt bó tórmaí . . . agus posóid ina mbíodh púdar mionaithe déanta as inchinn mharbhghine agus as magairlí pocáin. Nuair a bhíodh mothúcháin na buíne prioctha claochlaithe go histéire chomhchoiteann, leagtaí na múrtha coinbhinsiúnta idir fear agus bean, idir uasal agus íseal, idir fear agus déghnéasach, idir bean agus beithíoch, agus iad ag cur na n-áthán amach agus á gcasadh isteach arís go dtí nach raibh aon ghníomh collaí, ba chuma chomh haclaí anghrách a bhí sé, nach raibh déanta is athdhéanta acu mar a d'fhéachadar le tumadh go bun an angair agus le dreapadh go barr an áineasa . . .

Aisteach go leor, in ainneoin na dtrialacha agus na tástála gintlíochta, níor fhéach Mogh Ruith le radharc na súl a lorg. D'fhéadfadh sé comhbhruith a mheascadh agus orthaí a chanadh a leigheasfadh an ainimh, arsa Síomón. Bhí tráth ann nuair a thairgfeadh Mogh Ruith ollshaibhreas an Oirthir faoi choinne a leithéide. Ach chuir sé ina choinne anois. I gcaitheamh na mblianta, ba mhinic é feicthe aige gurbh áis úsáideach an mháchail súl a ligeadh dó teacht aniar aduaidh ar a naimhde nach bhfaca os a gcomhair ach caoch bocht gan splinc. Agus de réir a chéile, thuig sé gur sórt feathail a bhí sa daille, ag cur i gcuimhne dó nach bhféadfadh sé féin ná a chomrádaithe a bheith uilechumhachtach choíche, go mbeadh rúndiamhra ann nach dtuigfidís is cruashnaidhmeanna nach scaoilfidís go deo . . . Cibé ar bith, b'fhada a bhí a dhaille cúitithe ag na céadfaí eile, agus faobhar chomh géar le scairt an dúchais ar chéadfa an bholaidh go háirithe, gurbh ar éigean a d'amharc sé uirthi mar chis.

I gceo modartha faoi smál na gcógas is na drúise a shleamhnaigh na blianta leo . . . I gceo nár éirigh ach amháin nuair a d'ordaíodh Síomón dó cuidiú le ríthe is le prionsaí, le tiarnaí is le tíoránaigh . . le haon duine a bhí saibhir go leor le híoc as amhas de dhraoi . . . Uaireanta, i gcaitheamh na 33 bliain sin, ritheadh sé le Mogh Ruith gur mhithid dó dul abhaile ach mhaolaíodh deoch suain eile an bhraistint sin go dtí gur dhócha nach bhfillfeadh sé go deo . . . is é sin, go dtí gur bhuail sé le Cú Roí an iarraidh dheiridh seo . . .

Bhí siad ina suí ar a suaimhneas i spá breá sócúlach agus Cú Roí ag líonadh a gcorn fíona óna choire draíochta. Chrom a chara ar chuntas ar an bhliain mhaslach fheanntach a bhí caite aige sna hAlpa is é ag troid leis na Norici nár réitigh le réimeas na Rómhánach. Nuair a tháinig briseadh sa chomhrá, thosaigh Mogh Ruith ar insint dá chomrádaí go raibh Síomón i ndiaidh iarraidh air lámh chuidithe a thabhairt do Héaród Antipas, Teatrarc na Gailílí is Peraea, agus an ceann feadhna ar éirí amach a dhícheannadh . . .

—Dar Creag liath Aoibhill, arsa Mogh Ruith agus ceann faoi air, níor mharaigh mise aon duine riamh le mo lámha féin, gan trácht ar chloigeann a thamhnadh . . .

Thosaigh Cú Roí ag gáire agus ag fachnaoid faoi churaidh chaithise . . . Ansin chrom sé ar scéilín a insint faoin uair dheiridh dá raibh sé sa bhaile nuair a bhí ceathrar gaigí as Ultaibh in iomaíocht le chéile le fáil amach cé a gheobhadh an churadhmhír agus gur fágadh faoi féin teacht ar chomórtas a dhealódh laoch an fhíormhisnigh ó leiciméirí na baothchainte. Comórtas aisteach a bhí ann fosta, ambaiste: ghléas Cú Roí é féin i riocht bodaigh agus thug dúshlán na ngaiscíoch, ag rá go mbeadh cead acu é a dhícheannadh duine ar dhuine ar a sheal, fad is go mbeidís féin sásta géilleadh don chinniúint chéanna ar a sealsa. Cad iad na hainmneacha a bhí orthu arís . . . is ea . . . Muinreamhar . . . Laoghaire Buadhach . . . Conall Cearnach . . . agus Cú Chulainn, a chaith seal le Scáthach? . . . Is ar éigean a bhí Cú Roí in ann scor den seitgháire agus é ag cur síos ar an dóigh, an chéad oíche, ar lig sé do Mhuinreamhar é a bhrú síos ar a ghlúine, an ceann a thalladh, gur éirigh Cú Roí ina sheasamh, gur rug greim ar a chloigeann, gur chuach faoina ascaill é, agus gur ghread sé leis . . .

—An oíche dár gcionn, arsa Cú Roí le Mogh Ruith agus é sna trithí dubha gáire anois, nuair a d'fhill mé chun an comhar a dhíol, dá bhfeicfeá cár leathan an dubhiontais ar Mhuinreamhar an chloiginn chaoil agus boladh bréan na buinní uaidh . . .

Ba ar an oíche seo, tar éis do Chú Roí cuntas a thabhairt ar Chú Chulainn an mhisnigh a bhí sásta beart a dhéanamh de réir a bhriathair, agus tar éis dó cur síos a dhéanamh ar an bhealach ceart le fear a dhícheannadh, a shocraigh sé féin agus Cú Roí go rachadh an bheirt acu ar ais go hÉirinn le chéile a thúisce is a bheadh an jab beag seo déanta ag Mogh Ruith. Thiocfadh Cú Roí chun bualadh lena chara sa tSamáir. Idir an dá linn, bhí ar Chú Roí bailiú leis chun a leannán sí, Bláthnaid, a fheiceáil . . .

—Ní fada go mbeidh an dís againn ar ais le chéile ar an seanfhód, arsa Cú Roí le Mogh Ruith nuair a bhí siad ag fágáil slán ag a chéile in Scythia.

Inné, sular fhág sé an tSamáir, a fuair Mogh Ruith an scéala go raibh Cú dochloíte Roí marbh . . . é curtha chun báis go cladhartha ag gaiscíoch an fhíormhisnigh, ag curadh an dobhuille . . . tar éis do Bhláthnaid feall a imirt air . . .

—A Thiarna, cabhraigh le do sheirbhíseach umhal . . .

Ba ansin a chuala sé an glór gluair ina aice, agus gach casacht is cáithíl ina dhiaidh sin. Ba leor sin chun Mogh Ruith a dhúiseacht as an mhearbhall pianmhar a bhí air, agus a aird a dhíriú ar a raibh le déanamh aige.

Ghluais sé chun tosaigh go mall cúramach. Diaidh ar ndiaidh, bhí sé ag dul i dtaithí ar leagan amach na prochóige. Bhí boladh ghardaí an pháláis, agus iad luchtaithe le fíon saor is le gairleog, ag laghdú de réir mar a dhruid sé siar ó gheataí iarainn na ndoinsiún. An marbh-bhréantas ó chac an chime is na gcreimirí agus an fuarbholadh ón easpa aeir úir ba mhó a bhuail é. Ach bhraith sé fosta an teas a thagann ó allas colainne agus ó sheithe chamaill.

Stop sé athuair chun an claíomh a ísliú is an t-allas a ghlanadh óna dheasóg. Os a chionn, bhí an t-oirfide le cloisteáil sa phálás. Níor cheadmhach do na Giúdaigh breithlaethanta a chomóradh, ach ba ríchuma le Héaród Mór, athair Antipas, faoin chosc sin. Faoi dheireadh a ríochta, bhí a bhreithlá ina ábhar cáinte i measc na bhFairisíneach. Ach bhí sé ina ábhar cainte i measc na gnáthmhuintire—agus an rá 'chomh scóipiúil le breithlá Héaróid' ar rinn theanga an phobail.

Ba dhual athar don mhac leanúint leis an nós. Agus thuas os a chionn faoi láthair, bhí na céadta, idir thiarnaí áitiúla is oifigigh Rómhánacha, agus más fíor a ríomhtar, corr-Fhairisíneach fimíneach féin, i ndiaidh taisteal go pálás Machaerus in Peraea ar an airde os cionn na Mara Mairbhe. Dála an Teatrarc, a d'ealaigh ó theas plúchtach an tsamhraidh ag Tiberias ar Mhuir Ghaililí, ba mhór leis na haíonna an faoiseamh a bhí le haireachtáil anseo ón mheirfean dearg a shéid an ghaoth leiveantach isteach is a d'fhan sna hísleáin agus é ag guairneáil gainimh is deannaigh, cré is smúite, a líon tithe is scamhóga, bia is deochanna . . . Thuig Mogh Ruith dóibh. Nach raibh sé féin tar éis trí bliana is tríocha a chaitheamh ag Sebaste? Creideadh go forleathan san áit sin gur chuir draoi darbh ainm Éilias mallacht ar an tSamáir sna seanlaethanta, ag rá go rithfeadh gorta agus triomadh, támh agus seisce ann go deo na neamhdhíleann. Bhí a shliocht ar Mhogh Ruith. Ba ghráin go smior leis an teas scólta seasta sin agus blas goirt síoraí an ghainimh ina bhéal. Agus a chuid seile chomh tirim le sponc seargtha, b'amhlaidh ba ghéire is ba nimhní a chronaigh sé uaidh fionnuaire an Aigéin Atlantaigh ag béal

Inis Dairbre, áit ar leor an cúr bán ó na maidhmeanna toinne chun beocht a chur in aon ábhar ógdhraoi . . .

Ach anocht ó fhuineadh go turgbháil na gréine, ar airde fhéithuar Machaerus, d'fhéadfadh aíonna an Teatrarc luí siar go sáil, dearmad a dhéanamh ar mhíchompord Ghaililí agus blaiseadh d'fhéile aithnidiúil Antipas in oíche mhór scléipe is mhéadlála nach loicfeadh ar oineach a athar. Thiocfadh leo iad féin a phulcadh le húr gach bia agus le sean gach dí. Chuirfí ógha íona a tugadh isteach d'aon oghaim ón tSiria ar fáil chun ligean do na fir mianta a gcroí is a ngabhail a shásamh trína maighdeanas a mhilleadh—cé gur dhoiligh dósan féin a chreidbheáil go raibh trí scór maighdean le fáil ar fud na Siria, gan trácht ar thrí chéad acu. A fhianaise sin líon na bhfear a mbeadh an bholgach Arabach orthu ar ball . . . Agus ba dhual do Héaród Antipas nós a shinsear a leanúint ar bhealach reibhléiseach eile, ainneoin nach raibh ann ach Teatrarc umhal ar ghualainn na ríthe tréana a tháinig roimhe sa seanreacht. Nach raibh gaol aige le Alexander Jannaeus na staire? Oíche, agus é ag déanamh fleá lena chuid ban luí, d'ordaigh Alexander go gcéasfaí ar an chros ocht gcéad ceannairceach os comhair lucht na fleá agus go gcuirfí chun báis mná is clanna na gceannairceach os comhair na n-aíonna . . . Anocht, ceannairceach suarach amháin a chuirfí chun báis agus ní fheicfeadh na haíonna corp iomlán fiú . . .

—Bain an cloigeann den fhear mioscaise agus tabhair anseo ar mhias óir é, a d'fhógair an Teatrarc dó.

Cúpla uair an chloig roimhe sin a bhuail Mogh Ruith le hAntipas den chéad uair nuair a tugadh os comhair an Teatrarc ina ghairdín príobháideach gona fhuaráin chaiseacha é. Ba shainbhua dá chuid riamh é, dar le Mogh Ruith, go bhféadfadh sé duine a thomhas ón bholadh a bhí uaidh agus óna ghlór. Ní fhéadfadh an phailin ó na ceapóga bláthanna agus an chumhracht ó na crainn boladh an fhaitís a d'éirigh ó cholainn allasach is ó anáil throm an Teatrarc a cheilt. Ní thiocfadh le caise an uisce sna fuaráin an bréagdhearbhú i nguth an Teatrarc a mhúchadh. B'fhollas gan ach leathaird aige ar Mhogh Ruith agus a ghlór ardaithe aige ionas go gcloisfeadh duine éigin eile i bhfolach sa ghairdín a chuid cainte. Bhí Mogh Ruith in ann an duine sin a bholú. Bean a bhí ann.

Ó shin i leith, agus é ag meilt cúpla uair an chloig timpeall dhaingean Machaerus, bhí blúirí comhrá cloiste aige ó shaighdiúirí agus ó fhreastalaithe. B'údar grinn aigesean an dóigh shaonta a raibh a dtromlach tógtha cheana agus iad ag dúil lena mbeadh fágtha dóibh ag deireadh na fleá, idir iarmhaighdeana briste ceansaithe agus shólaistí bia is dí. Toisc nach raibh spéis dá laghad aige i ngnóthaí cúirte ná i gcúrsaí polaitíochta, níor chuir Mogh Ruith sonrú i ndálaí an phríosúnaigh. Ba chuma leis-sean go raibh an ceannaireach Iúdách i gcarcair ag Antipas le bliain nó gur ghnách le hAntipas gabháil ag caint is ag cabaireacht leis nuair a d'fhóireadh sin dó. Bhí sé sách siúlach is sách saolach le tuiscint go raibh modhanna machnaimh is oibre na n-uaisle thar chumas scagtha draoi féin. Níorbh fhiú dó fiafraí cad chuige a mbreathnódh Antipas ar cheannaireach mar athair spioradálta de shaghas, go háirithe nuair nach raibh ann ach aonmhac feirmeora bhoicht aineolaigh ó bhun Shliabh Orah. Ná níorbh fhiú dó fiafraí cad chuige a raibh an Teatrarc chun an diúlach mí-ámharach céanna a dhícheannadh anois. Níorbh earráid go cumhacht . . .

Tar éis tamaill, tháinig giolla an tí a threoraigh go cúinne cistine é mar ar cuireadh os a chomhair mias sríobúin, canta sambó agus ciota fíona thámáilte. Níor bhac aon duine de na mná a bhí ag giollacht bia leis agus é ag déanamh a choda. Mar an gcéanna, ba bheag aird a thug sé ar a gcomhrá leamh. Dála na bhfear amuigh, bhí dea-aoibh ar na mná seo agus iad ag plé cad é mar a rachadh an chóisir chun tairbhe dóibh. I dtoibinne, thit na mná ina dtost ar theacht isteach sa seomra do dhuine. Fiú sular labhair an cuairteoir, d'aithin Mogh Ruith boladh dearscnaitheach na mná a bhí mothaithe aige sa ghairdín.

Ba léir cleachtadh ag an bhean ar an údarás agus í ag tabhairt orduithe gonta ar a mbeadh le cur i gcrích ag an fhoireann le linn an fhéasta . . . nár mhór dóibh babhlaí níocháin méar agus tuáillí láimhe a thabhairt isteach i ndiaidh gach cúrsa . . . gurbh fholáir dóibh na seileadáin a athrú go poncúil . . . gurbh éigean dóibh gan cur isteach ar an obair thábhachtach a bheadh idir lámha ag na haíonna . . . Stop sí. De gheit, thuig Mogh Ruith go raibh an bhean ag stánadh air. Ar labhairt di arís tar éis meandair, bhí a fhios aige gur airsean a bhí a cuid focal dírithe.

—Beidh daor ar aon duine a loiceann ar an Rí anocht, ar sise go dorrga.

Ghread sí léi chomh grod is a tháinig sí.

Níor thúisce imithe í gur chrom na mná ar chúlchaint le chéile go borb.

—Éist leis sin, arsa an chéad bhean. Ba bhreá léi rí a dhéanamh d'Antipas bocht . . .

—Agus an Bhanríon Héaróidias a dhéanamh di féin! An bhitseach ghránna! arsa an dara bean.

—Níl inti ach bean choibhche ardnósach! arsa an tríú bean. Murab ionann is í, is le hallas ár gcnámh a shaothraímidne ár gcuid.

—Tá dóigh eile aicise le hallas a chur di, arsa an ceathrú bean.

—Is ea, agus anois tá sí chun striapach a dhéanamh dá hiníon, arsa bean eile.

—Is ise an obair thábhachtach a bheidh idir lámha ag na haíonna thuas staighre anocht . . .

—Chuala mise ar ball beag go bhfuil an t-amadán sin, Antipas, i ndiaidh leathchuid dá shealúchas a thairiscint d'iníon Héaróidias chun rince a dhéanamh . . .

—Nach go seoigh a thaispeánann sé sin go bhfuil inchinn na bhfear idir an dá chos acu . . .

—Beidh sí ar an striapach is saibhre sa Phalaistín mar sin—agus gan trí bliana déag slán aici go fóill . . .

—Nuair a dhéanann sí a cúrsa rince anocht, ní dhéanfaidh sí é faoi choinne an tsaibhris . . .

—Is ea, is í Héaróidias a dhéanfaidh an margadh di . . .

—Agus is cuma léi airgead is ór fad is gur féidir léi an tIúdách sin amuigh a chur ina thost . . .

Phrioc cluasa Mhogh Ruith agus é ag éisteacht go géar leis an chomhrá anois. Is cosúil go raibh nimh san fheoil ag Héaróidias don Iúdách as siocair é a bheith ag cáineadh Antipas is ag gríosú an phobail ina choinne. Ba é a tharraing an cáineadh ná gur phós Antipas bean chéile a dhearthár, Héaród Pilib, in ainneoin Héaród Pilib a bheith beo i gcónaí. Ba leor ag Antipas an fear achrainn a choinneáil as an tslí i bpríosún, ach bhí Héaróidias meáite ar é a mharú ar ais nó ar éigean. Bhí eagla uirthi go gcuirfeadh sé isteach ar an stocaireacht a bhí ar siúl aici, féachaint le hAntipas a aithint ina rí dleathach ar Iosrael, amhail a shinsir roimhe . . .

—Tá Antipas chomh dallta ag an drúis dá leasiníon nach dtuigeann sé go mbeidh gach mac adharcach acu ag crúbáil ar a mhaighdean bheag faoin am a mbeidh an oíche thart . . .

—Is ea, agus ní féidir leis a thuiscint nach bhfuil ann féin ach puipéad atá á stiúradh ag Héaróidias . . .

Ar an toirt, tháinig Bláthnaid isteach ina chloigeann . . . Bláthnaid a ligeadh ceann sreinge le Cú Roí is a tharraingíodh is a theannadh na sreanga stiúrtha nuair ba thoil léi féin . . . Bláthnaid an deargbhraith a d'fheall ar a chara. Bláthnaid, ar thug Cú Roí a chroí di agus ar fhan sé dílis di ina chroí istigh in ainneoin a liachtaí uair a chodail sé le mná eile. Gan aon amhras, ní leis an chorp a bhaineann an dílseacht, ach leis an aigne agus leis an chroí, sa dóigh chéanna gur fhan Mogh Ruith dílis dá dhúchas i gcaitheamh bhlianta fada na deoraíochta. Ba í an fhírinne shearbh í nach raibh aon bhean, ó Bhláthnaid Fhir Fálgha go Héaróidias na Gailílí, intrust . . .

D'éirigh sé ón tábla go gasta garbh, leag idir mhias agus chiota, bhrúigh thart leis na mná gan forrán a chur orthu agus amach faoi aer úr an ardtráthnóna leis.

Anois, cúpla uair an chloig ní ba dhéanaí, bhí sé thíos sa doinsiún agus ba mhithid dó a chuid oibre a dhéanamh.

Má ba mhall féin é, bhí síolta an amhrais ag fabhrú ann agus ceisteanna cráite nár smaoinigh sé orthu roimhe seo, ag borradh ina inchinn . . . Cad chuige ar roghnaíodh é? . . . Cén socrú a bhí ag Síomón le hAntipas? . . . Gan aon éirí amach nó ceannairc ann, níor ghá mórdhraoi chun fear aonair amháin a mharú . . . Agus cad chuige ar ghlac seisean féin leis an tasc?

Dheamhan freagra a bhí aige ar an chéad ná ar an dara ceist go fóill. Ach bhí tuairim mhaith aige cad chuige ar ghéill sé d'iarratas Shíomóin.

Le tamall, bhí sé ag éirí dúthuirseach de Shíomón agus dá thánaistí: an cuitléir mí-úr sin Heilean—Heilean na Traoi ina hathsteillbheatha, dá gcreidfí Síomón—a raibh an chuma uirthi gur lainseáladh gach ceann de na míle long sin ar a haghaidh rocach ghránna, dá gcreidfeadh Mogh Ruith gach duine eile; agus Menander, coillteán beag leathan a raibh dúil amplach mhífholláin in íobairt ainmhithe aige. Ba é oighear an scéil é go raibh Síomón ag éirí aosta. Agus de réir mar a bhí sé ag dul in aois, bhí sé ag éirí corr aingí. Na laethanta seo, ní raibh ach rud amháin ag dó na geirbe aige. Bhí sé ag cur amú airgead agus fhuinneamh na buíne de réir mar a d'fhéach sé le deoch dhraíochta nó le hinneall nó le cumhacht éigin a aimsiú a ligfeadh dó eitilt cosúil le héan na spéire móire . . .

—Nach cuimhin leat cad a tharla d'Icarus na díchéillí? arsa Mogh Ruith leis le teann tarcaisne.

Ar cheistiú a oide dó, thuig Mogh Ruith go raibh a sheal le Síomón ag druidim chun deiridh. Ní bheadh aon slí dó a thuilleadh i gciorcal Shíomóin. Ach bhí meas ag Mogh Ruith ar a oide go fóill. Bhí níos mó ná sin ann fosta. Ba é Síomón an t-athair nach raibh aige riamh. Ba dheacair é a admháil anois, ach chreid sé ann ar bhealach nár chreid sé ina dhath eile nó in aon duine eile riamh. Agus nuair a d'iarr Síomón air lámh chuidithe a thabhairt d'Antipas, rinne sé rud air. Ba é seo an seans chun an comhar a roinnt lena sheanchara sular fhág sé slán aige.

Ach cad a dhéanfadh sé féin feasta tar éis bhás Chú Roí? . . . Ní raibh a fhios aige go fóill. Ba leor a mhachnamh a dhéanamh air sin ar ball. I dtosach bheadh air an cime dearóil seo gan ainm a mharú . . .

Dhruid sé i leith an phríosúnaigh a bhí ag urnaí go fóill. B'fhollas do Mhogh Ruith óna ghuth go raibh a dhroim leis.

—A Thiarna na bhfíréan, cabhraigh liom mar a chabhraigh tú le hÉilias Tisbíoch . . . faoi mar a leag tú Acháb mac Omraí, rí Iosrael, a d'adhraigh Bál an bhréagadhartha, leag Héaród Antipas . . .

Ba léir gur dhuine de lucht leanúna Éiliais draoi é a chuir mallacht an ghorta is an triomaigh ar an tSamáir . . . Ba leor sin chun é a chur chun báis . . .

—A Thiarna Dia, mar a chriog tú Ízeibil iníon Eatbál rí na Siodónach, lig do na madraí feoil Héaróidias a ithe. Bíodh a conablach mar aoileach ar an ithir i dtreo nach bhféadfaidh aon duine a rá: Ba í seo Héaróidias . . .

Nár thuig an donán nach raibh a dhia, Cibé-Ainm-Atá-Air, chun é a theasargan? Roimh dheireadh na hoíche, bheadh na madraí fiáine amuigh ag lí a chuid fola agus ag cogaint a chnámh . . .

—A Thiarna Dia, mar a d'ardaigh tú an fáidh suas chun na bhflaitheas i gcarbad gleadhrach spéire, ardaigh do shearbhónta umhal . . .

Bhí sé ag éirí bréan de rámhaille an fhir agus é ag caint ar charbaid ag eitilt tríd an aer . . . Bhí sé seo gach pioc chomh scaipthe le Síomón . . .

—A Thiarna, faoi mar a sheol tú Eilíseá chun leanúint d'obair Éiliais, cuir an fíréan, Íosa, chun na fuarthéanna a shárú, chun a mbréagdhéithe a smísteáil agus chun lucht na peacúlachta a dhíobhadh . . .

Bhí Mogh Ruith ag féachaint leis an allas a ghlanadh dá dheasóg, nuair a thit an claíomh go talamh. Bhain an torann macalla domhain as ballaí an doinsiúin.

—Dar Badhbh an eirligh . . .

—Cé atá ann?

Bhí an cime dúisithe ón dreas guíodóireachta aige. Go fraochta, thosaigh Mogh Ruith ag méaradóireacht thart ar an talamh gur aimsigh sé an claíomh. Bhí faitíos air go dtapódh an fear eile a dheis le léim air, ach d'aithin sé ón dóigh nár mhéadaigh ar an bholadh ná ar thorann na slabhraí nár chorraigh an fear ar chor ar bith.

—Tá orthu dall bocht a chur chun mé a mharú . . .

Tháinig fearg ar Mhogh Ruith nuair a chuala sé an dímheas i nguth an phríosúnaigh. Cuireadh le cuthach é nuair a chuala sé na chéad fhocail eile.

—A Thiarna Dia uilechumhachtaigh, a dhearlacann manna ar an fhear amplach is fíoruisce ar an fhear íotmhar, tabhair radharc na súl don dall . . .

An straidhn agus an teannas a bhí ag oibriú taobh istigh de Mhogh Ruith ó fuair sé an scéala faoi oidhe Chú Roí . . . ó thuig sé gurbh uirlis i gcluiche mór polaitíochta de chuid na mban é, tháinig siad in aon mhaidhm phléascach amháin, ar thagairt don daille is dá dhia uilechumhachtach don Iúdách. Sheas sé os comhair an chime agus é ag béicíl in ard a sciúiche.

—Dar Áine na gCliach, más ann don tiarna dia uilechumhachtach seo agatsa, tugaim a dhúshlán radharc na súl a thabhairt domsa anois díreach . . .

—A Thiarna, déan creidmheach den phágánach . . .

—Dar Mór Mumhan, ordaím do do dhia-sa radharc na súl a thabhairt dom go gcreidfidh mé ann . . .

—A Thiarna Dia, impím ort solas a chur i súile an chaoich ionas go bhfeicfidh sé an fhírinne gheal . . .

—Dar Brighid na gléigile . . . Ba ar éigean a bhí sé in ann labhairt le meisce mhire. Leiciméir ab ea é seo os a chomhair nach raibh aon trócaire tuillte aige . . . leiciméir, a dhála féin, a bhí i ndiaidh a shaol a chur amú le hasarlaíocht a mharaigh an daonnacht ann. Níorbh ann d'aon dia, níorbh ann d'aon ollchumhacht. Ní raibh ann ach an duine féin. Ba é sin an t-aon rud arbh fhiú creidbheáil ann . . .

—A Thiarna Dia, las solas geal i súile dorcha an phágánaigh . . .

Ba chuma anois faoi Héaród . . . faoi Héaróidias . . . faoi Shíomón. Ba chuma faoin pholaitíocht fholamh, faoin asarlaíocht bhaoth, faoi chiolmamúta na mban féin. Dhéanfadh sé gníomh ar son a chomhdhuine, gníomh a scaoilfeadh é féin agus an súmaire sotalach seo os a chomhair saor ina ainneoin féin. Dhéanfadh sé leas an eascoinn bhoicht seo a bhí dallta ag a chreideamh dúr i ndéithe uilechumhachtacha is i meisiais bhréige agus i bhfáithe mallachtspréite agus i bhfeartaigh chleasacha. Ligfeadh sé dó éalú ón saol seo. Dar fia is fiolar, ní fhágfadh sé aon rogha aige, ach é a chur de dhroim an tsaoil dá dheoin nó dá ainneoin. Shábhálfadh sé an t-amadán seo ón bhriseadh croí is ón éadóchas a bhí fulaingthe aige féin agus ag gach spreasán eile a chreid go raibh freagraí ann ach iad a iarraidh.

Den chéad uair riamh ina shaol, bhí sé in ann gach rud a fheiceáil go gléigeal. Bhí a raibh le déanamh aige feasta chomh soiléir leis na Saighneáin ag fear an radhairc sna críocha thuaidh. Rinne sé mar a thaispeáin Cú Roí dó: ghluais sé i dtreo an chime, stop os a chomhair, d'ardaigh an claíomh os cionn a ghuaillí, tharraing anuas go teann mear é gur bhuail miotal le feoil, gur réab matáin, gur mhionaigh cnámha. Agus é ag déanamh iontais den dóigh ar dhealaigh an faobhar an cloigeann ón chabhail, níor éirigh leis cúlú sách gasta ón tuile a smear a chuaráin. Mhothaigh sé an silteach ar a chraiceann. Fuil a bhí ann, ba dhócha, mura raibh an cime i ndiaidh fual a dhéanamh le tréan an bhuille . . . Is ea, mhothaigh sé boladh an fhuail agus na fola measctha le chéile.

Lig sé don chlaíomh titim is chuardaigh gur aimsigh sé an ceann fuilteach ar urlár fliuch an doinsiúin. Rug sé ar fholt an chloiginn is chroch leis an ceann. D'fhágfadh sé faoi fhoireann an pháláis é a chóiriú ar an mhias óir. Gan dabht, chuirfidís péitseog sa bhéal leata sula dtabharfaí an mhias os comhair na n-aíonna súgacha thuas.

—Dar Bóinn na caoiche . . .

Bhí sé féin ag gabháil abhaile go hInis Dairbre anois.

Síle Ní Ghadhra i dTalamh an Éisc

Síle Ní Ghadhra i dTalamh an Éisc
Antonia O'Keeffe

Síle Ní Ghadhra i dTalamh an Éisc

Aréir ar mo leabain is mé a' machtnamh trém' néaltaibh,
Ar an ríghbhean dob'aoibhinne thuirling ó Éabha;
Bhí a cuacha léi scaoilte go triopallach, péarlach,
Is a cnis mar an lile a fhásann gach féile.
Bhí a gruaidh mar na caora is a gné mar an rós;
A dhá mala claon is a glé-rosc gan cheo;
Is í ag seinm a véarsa ar théadaibh go meadhrach,
Go raibh Éire arís buaite ag Síle Ní Ghadhra.

Ach ní raibh. Dheamhan dóchas a bhí ann ach oiread go mbeadh, in ainneoin fháistine is fháidheadóireacht na bhfilí. Bhí siad mar a bheadh dream ann a mbeadh púicíní ar a súile acu, faoi mar a bhíodh bolláin ar a mbolg acu sa seanam. B'olc an barántas iad ar chríochnúlacht na filíochta, gan trácht ar fhíorú na haislinge. Níorbh fhéidir leis an aos dána an dúfhírinne a chur ina gealbhréagadóireacht uirthise. Bhí Críocha Fáil creachta bánaithe faoi mhámas Gall, gach ríbhean bhánchnise ina banabhraiseach gharbh, agus scoth na n-uaisle á ndíspeagadh ag Clann Liútair is ag cóip mhic Lóbais.

Chonaic sí cheana cad a bhí i ndiaidh tarlú dá comhríona féin.

Bhí Cáit Ní Dhuibhir imithe le meirleach de dhragún.

Bhí Móirín Ní Chuilleanáin ina meirdreach gan náire.

Bhí Róisín Dubh ar chúl an easa ar chúla téarmaí agus í ag luí go trom ar fhíon na Spáinne.

Bhí Caitlín Ní Uallacháin meallta ag rannaire an tSacs-bhéarla.

Bhí Bean Dhubh an Ghleanna éalaithe le spreas gan mhaith.

Thug Síle an leabhar nach raibh a leithéid i ndán dise. Ó maraíodh grá a croí, Feidhlimidh Mag Uidhir, ag Briseadh Chionn tSáile, mhionnaigh sí an leabhar nach rachadh sí faoi chuing an phósta choíche ar ais nó ar éigean. Ó theith an dá Iarla blianta roimhe sin, bhí sé ag dul idir a bhog is a chrua orthu siúd a d'fhan abhus anseo a n-oidhreacht a chaomhnú. Agus a muintir ag féachaint lena gcuid fearainn a choinneáil, thuig sí go ndéanfadh a hathair cleamhnas di le crónphoc Gallda. Chuir daigh na dáimhe in iúl di gur chóir di fanacht is a dualgas a dhéanamh ach cad ab fhiú an comhar a íoc nó íobairt an duine bhig nuair a bhí na taoisigh tháisc i ndiaidh imeacht thar toinn amach is an ceart dúchais a thréigean. Bhí snaidhmeanna troma na dílseachta scaoilte réabtha agus gach duine ar a chonlán féin. Bhí an tseanré thart.

Mheáigh sí an mhaith is an t-olc is tháinig ar an tuairim nach raibh ach rogha an dá dhíogha aici. B'fhearr rith maith ná drochsheasamh. Chrom sí ar ullmhú faoi choim. Gach deis dá bhfuair sí, chuireadh sí i dtaisce sciar de mhaoin a hathar, idir spré chnoic a bhí díolta aici os íseal agus sceanra tí a bhí sciobtha aici os ard. Níor bhuairt di an chreach a bhí á déanamh ar a muintir féin. Choimeádfadh sin cuid d'ionnlas an tí saor ó chrúba na bhfaolchon Gallda. Toisc nach raibh aon chlann ar a muintir ach í, ba é seo an spré a bhí le tabhairt léi aici ar ócáid a pósta. Ní chuige sin a d'úsáidfí é choíche anois.

Chnuasaigh Síle a stór agus d'fhan agus d'éist go foighdeach.

Tháinig an chéad suiríoch, Albanach breacliath is tiarna ón oíche aréir ar bronnadh fiche baile fearainn air mar chúiteamh ar a chuid treascartha ar son Rí Shasana. Ba dheacair comhrá d'aon saghas, idir chonnaltráth cainte is iomarbhá cháinte, a choinneáil leis-sean agus é gan Ghaeilge, gan Laidin, gan Fhraincis. Gan salacharaíl Sacs-bhéarla a bhí sé fosta, dar le Síle, mar gheall ar an dóigh nár thuig sé an t-eiteach dearg in aon cheann ná i ngach ceann de na ceithre theanga. Bhain sé searradh as a ghuaillí, tar éis dó a thuiscint faoi dheireadh go raibh an t-athair ag tabhairt an droimdhiúltaithe dó. Ling sé ar a stail dhubh agus ghread leis go dtí an chéad bhaile fearainn eile mar a bhfuair sé a dhíol de bhean gan náire d'aon iarraidh.

Scag Síle a stór agus d'fhan agus d'fhair go súilaibí.

Tháinig an dara suiríoch, sirriam strútach Sasanach a raibh sé de mhíchlú air gur éignigh sé féin agus a chuid trúpaí bantracht dúiche cois farraige. Ba le dua a chuir a hathair ón doras é. D'imigh sé leis ar a stail bhreac agus é á bhfógairt in ainm an diabhail. Níor dheacair a chuidsean Sacs-bhéarla a thuiscint.

Scag Síle a stór a thuilleadh is d'fhan agus mhoilligh go géarchúiseach.

Ar theacht do thriath Sasanach eile, a raibh cuma an struis ar a chuid éadaí agus smidín Fraincise ina phluc aige, thuig Síle gur mhithid di ullmhú i gcóir an teite. Sa tráthnóna beag, rinne sí ar a seomra is mheil an t-am gur imigh a muintir a chodladh agus í ag scagadh a stóir arís eile. An oíche dhuibhré sin san earrach 16—, chuir sí uimpi a fallaing uaine, bhailigh le chéile a cuid ciútraimintí is a fáltas bóthair, mhúch an breo tine agus d'fhág an seanbhaile gan beannacht a fhágáil ag a muintir nó beannacht a chur leo.

Bhí a fhios aici cá raibh a triall agus cad a bhí i ndán di. Ó d'earb aingeal i dtaibhreamh di dul le gairm chrábhaidh, ní chuirfeadh sí i gcoinne thoil Dé. Rachadh sí chun na Fraince is chaithfeadh an chuid eile dá saol i gclochar i measc na bhfíréan. Shirfeadh sí Dia na Glóire, thoirbhreodh sí a beatha is a hanam Dó agus d'ofrálfadh í féin mar bhean rialta Dá chuid in éiric pheacaí phobal a tíre a tharraing an phlá Ghallda anuas orthu uilig.

I ndiaidh di fanacht siar ó na bóithre de shiúl lae ar fhaitíos an gharastúin Ghallda is ó na coillte de shiúl oíche ar fhaitíos na dtóraithe Gaelacha, ba ar chairt tuí a bhain sí Port Láirge amach. Shiúil sí na duganna agus í ag éisteacht le caint ghraosta na mairnéalach. Níor thuig sí an teanga gharbh i gcónaí, ach b'fhollas óna gcuid geáitsíochta gáirsiúla cad a bhí uathu. Tar éis di a bheith amuigh faoin aer le cúpla lá anuas, ba dhócha go raibh sí chomh scifleogach le haon sraoill

91

chúlsráide a ligfeadh do na mairnéalaigh a gcuid a bheith acu di ar luach cianóige rua. Den chéad uair ó d'fhág sí an seanbhaile, tháinig beaguchtach uirthi gur smaoinigh sí gurbh fhéidir gurbh fhusa allúrach Gallda a phósadh ná a laethanta a chríochnú ina striapach mhantach di ar ché Phort Láirge. Chas sí siar i dtreo lár an bhaile mhóir gan an pasáiste chun na Fraince a fhiosrú.

Fuair sí lóistín i dteach ósta gur chaith uaireanta fada na hoíche ag faire an dorais, ag éisteacht leis an cheol thíos staighre is leis an ragairne sna seomraí ar gach taobh di, agus ag cuimhneamh ar bhealaí chun a stór is a maighdeanas a chosaint ar na griollairí amuigh. In ainneoin a seacht ndícheall, thit a codladh uirthi faoi dheireadh. Tháinig tromluí uirthi ina raibh a hathair ag ligint do gach Sasanach a raibh stail agus claíomh aige gabháil in airde uirthi chun a chuid fearainn a shábháil. Chuir sí i gcoinne na bhfear ach b'fhuar aici é mar bhí ceangal na gcúig gcaol uirthi agus bhí sí in ann na lámha a aireachtáil ag déanamh láfairte uirthi . . .

—Lig dom, a bhéic sí.

—Éist, a bhean! Tá sé in am éirí. Bean an tí ósta a bhí ann agus í ag croitheadh ghuaillí Shíle.

D'fhill sí ar na duganna an mhaidin sin. Bhí sí athmheáite ar imeacht thar sáile anois trí bhíthin an tromluí. B'ionann agus striapachas pósadh ar Ghall. In ainneoin gháirí drúisiúla na mairnéalach, chuaigh sí ó árthach go bárc, ó cheannaí go trádálaí, ó ghníomhaí allmhaire go gníomhaí onnmhaire, ag fiosrú is ag ceistiú is ag meá a gcuid tairiscintí. Rinne sí socrú ar airgead mór boise le captaen caraic trí chrann a bheadh ag tógáil ancaire an oíche sin agus lánlucht feola ar salann ar bord aige le tabhairt go Bordeaux na Fraince.

Agus í ag fágáil chósta na hÉireann ina diaidh faoi sholas na gealaí, ghuigh sí ar son a muintire agus thug aghaidh ar an ré nua os a comhair. Le cabhair an Choimdheadh, bheadh saol fada seirbhíse agus bás in Éirinn amach anseo mar chúiteamh ar a saothar.

Bhí sí ag míogarnaigh thíos faoin deic adhmhaidin an dara lá nuair a chuala sí an bhéicíl os a cionn.

—*Man of war* soir ó dheas uainn ar thaobh an fhoscaidh!

Bhrostaigh Síle suas ar an deic. Bhí únfairt agus útamáil ar siúl agus foireann an charaic ag féachaint leis na crainn seoil a ardú.

—Cad tá ar siúl? ar sise leis an Chaptaen a bhí ag gríosú a chuid fear is ag caitheamh leathshúile ar bhun na spéire.

—Tá long chogaidh ag déanamh orainn de luas nimhe is gan teacht againn ar chóir ghaoithe nó ar an phuth ghaoithe féin.

—Ach b'fhéidir nach bhfuil ann ach long de chuid Chabhlach Shasana, ar sise.

—Ní mór an sólás é sin, ar seisean go giorraisc. Ó chríochnaigh an cogadh idir an Spáinn is Sasana, agus na máistrí ag féachaint lena bhfoirne a bheathú, is beag idir Cabhlach Shasana is foghlaithe mara.

—Foghlaithe mara! Chuir na focail féin an croí ar crith inti.

—A bhean, imigh síos, téigh i bhfolach agus abair paidir nach dtiocfaidh siad suas linn!

D'imigh, chuaigh, dúirt agus tháinig.

Bhí bord den ghaoth leis an long chogaidh. Ba leor di a gunnaí móra *Culverin* a scaoileadh uair amháin le cur in iúl do chaptaen an charaic nach raibh aon éalú i gceist. Dá mbeadh sé gan lasta . . . D'ordaigh sé dá chuid fear na seolta a ísliú mar chomhartha stríoctha.

Peter Easton . . . Peter Easton . . . Peter Easton . . .

Thíos faoi deic, agus í ag guí go dtiocfaidís slán, mhothaigh Síle an t-ainm sin arís is arís eile ina liodán doiléir os a cionn is chreid go raibh an fhoireann ag impí cuidiú ar Pheadar Naofa, iascaire is éarlamh na maraithe.

Peter Easton . . . Peter Easton . . . Peter Easton . . .

—A Pheadair, éist linn . . . A Pheadair, éist linn . . . A Pheadair, éist linn . . . Chuir sí a guth féin leis an liodánacht. A Pheadair, éist linn . . .

Go tobann, réab beirt fhear an doras isteach agus iad ag ligean liúnna dothuigthe astu. Rug siad ar Shíle agus tharraing aníos go dtí an deic í mar a raibh foireann an charaic faoi gharda armtha.

—Cad tá againn anseo? arsa fear beag téagartha a bhí ina sheasamh go móiréiseach os comhair na bpríosúnach. Bhí éide smálaithe is hata trí bheann air agus claíomh ar a choim aige.

—Bhí sí seo thíos faoin deic, a Chaptaein.

—Bean luí mo charad í, arsa captaen na loinge cogaidh, is é ag pointeáil i dtreo chaptaen an charaic. Ní bheidh sí de dhíth air feasta.

Rinne sé féin is a chuid fear gáire grod a chuir creathanna fuachta trí Shíle. Ansin thiontaigh sé chuig na príosúnaigh athuair agus labhair de ghlór ard mórtasach.

—Iad siúd nár chuala trácht orm go fóill, is mise Peter Easton, fear uasal is foghlaí mara.

Baineadh an anáil de Shíle nuair a thuig sí an naomhaithis a bhí déanta aici ar ball. D'ísligh sí a súile agus chrom ar Ghníomh Dóláis a reic gur bhris caint Easton isteach ar a cuid paidreoireachta.

—Seirbhíseach umhal de chuid na Banríona Eilís ab ea mé lá dá raibh, ar seisean agus an tseirbhe ag barraíocht ar an mhórtas ina ghuth anois. Throid mé faoi choinne mo thíre is faoi choinne mo Bhanríona i gcoinne fhórsaí an Ainchríost . . . Ag Puerto Rico, Hispaniola, Santo Domingo, Vera Cruz, San Juan d'Ulloa, Cartagena, San Antonia, rinne mé mo dhualgas ar son an chreidimh. Bhí mé ann nuair a scaoil an Tiarna Dia saor na ceithre dúile chun Armáid Mhór na Spáinne a dhíothú. Bhí mé le Drake ag Puerto Bello nuair a leag an Tiarna Dia an tréanbhile sin. Bhí mé ag Cadiz na Spáinne nuair a scriosamar cabhlach na Spáinne. Agus cén cúiteamh a fuair mé dá mbarr sin?

Stop Easton go tobann is thug a dhroim leis na príosúnaigh go mall drámata. Mhair an ciúnas leathbhomaite gur chas sé thart go grod, agus de réir mar a thuig Síle gur chleas is gurbh óráid é seo a d'úsáideadh sé ar gach deis chun a ollchumhacht a chur in iúl do phríosúnaigh, lean sé dá mhonalóg.

—Cén cúiteamh a fuair mé, a deirim? Ó tháinig ann do na

94

Stíobhartaigh, is ó rinneadh síocháin leis na Spáinnigh dhiabhalta, níl aon ghá ag na taidhleoirí is ag na cúirteoirí liomsa is le mo leithéid. Ní mise seirbhíseach aon duine anois. Is mé mo mháistir féin agus ní ghéillim d'aon duine. Mar is sibhse, idir long agus lasta, mo chúiteamh . . . Ransaígí gach cearn is gach clúid ar an long seo, ar seisean lena chuid fear.

Níorbh fhada go bhfuaireadar siúd amach nach raibh ar bord ach bairillí feola ar salann. Dóbair gur phléasc Easton le teann buile. Oibríodh lasc na naoi gcraobh ar dhroim lom an chaptaein. Sular thit sé siúd i bhfanntais, nocht sé dóibh an áit a raibh ciste beag óir i bhfolach aige. Teilgeadh an captaen thar shlios na loinge. Ba leor bagairt na fuipe chun meall sabhran a chrú ón ardmháta. Brúdh é siúd thar taobh.

—Fágaim de rogha agaibh, arsa Easton leis an chuid eile den fhoireann, imeacht i ndiaidh na beirte siúd nó teacht liom. Ach bíodh a fhios agaibh gurbh é an t-anbhás a gheobhadh aon fhear is gach fear agaibh má dhéanann sibh feall orm. Ach má leanann sibh mé go dílis dúthrachtach, déanfaidh mé fir shaibhre díbh.

Níor dheonaigh aon duine den fhoireann gabháil i ndiaidh na beirte a bádh.

—Beidh sibh faoi cheannas Gilbert Pike.

Chas Easton thart agus é ar tí imeacht leis. Stop sé i dtoibinne agus d'iompaigh chuig Síle.

—Is do Pike atá an chéad bhean eile dlite. Tugaim tú mar áilleagán dó go socróimid cad is cóir a dhéanamh leat.

Gilbert Pike . . . Gilbert Pike . . . Gilbert Pike . . .

—Is eisean an leascheann feadhna faoi Easton . . .

—Foghlaithe mara ab ea iad dís sular bhronn Eilís coimisiúin orthu i gCabhlach Shasana . . .

—Deirtear go raibh sé le hEaston sna hIndiacha Thiar . . .

—Chuala mé gur mharaigh sé ceathrar Spáinneach lena lámha féin . . .

—Seisear, a mhothaigh mise . . .

95

—Bhí sé i gcuan Chionn tSáile nuair a sáinníodh arm na Spáinne ar an mhórthír . . .

Cionn tSáile . . . Agus na príosúnaigh a ndearnadh foghlaithe mara díobh in aon phreasáil amháin ag fanacht go dtiocfadh a gcaptaen nua ar bord, luigh an cás ina raibh sí go trom ar Shíle. In ainneoin a hiarrachtaí le héalú ó ghreim na bhfaolchon, bhí sí ina gcrúba anois agus gan aon chosaint aici ar ainmhianta ainmhíocha an anduine a bhí ann nuair a múchadh léaró dóchais a muintir is nuair a maraíodh grá a croí. Ba chuma nó bás é.

Cad a d'fhéadfadh sí a dhéanamh ach lámh a chur ina bás féin trí léim an ghaiscígh a thabhairt thar thaobh na loinge. D'fhéach sí le corraí. Ina ionad sin, agus troscadh na maidine is straidhn an lae ag goilliúint uirthi, is amhlaidh a thit sí i laige.

Nuair a tháinig sí chuici féin athuair, bhí sí sínte ar na ceithre boinn ar an leaba i gcábán an chaptaein, a béal fúithi is a gúna ardaithe agus fear ag dul in airde uirthi ar nós beithígh agus gach gnúsacht ghránna uaidh agus é á treá arís is arís eile le teann fórsa. Bhí tromluí an truaillithe á fhíorú ar dhóigh ní ba mheasa ná a shamhlaigh sí riamh. Bhris an gol uirthi.

Mhéadaigh ar a caoineadh mar a mhaolaigh ar a chuid treaghdta is gnúsachta. Tharraing an fear siar uaithi, gur thit sí anuas ar an leaba, gur chlúdaigh a haghaidh i súisín na leapa, gur chrap sí fúithi. D'airigh sí an fear ag cóiriú a threabhsair sular imigh sé an doras amach.

Níorbh eol di cá fhad a chaith sí mar sin. Ba dhócha gur chodail sí néal. An chéad chuimhne eile a bhí aici ná gur dhúisigh sí de gheit nuair a chuala sí doras an chábáin á oscailt taobh thiar di.

—Ól é seo, arsa guth fireann go deas múinte.

Níor fhreagair sí é nó níor thug sí aon aird air.

—Ól é seo, ar seisean arís. Ba ag colbha na leapa a bhí sé an iarraidh seo.

—Níl sé uaim, ar sise agus í ag ardú a cloiginn píosa ón leaba chun amharc ar an fhear.

—Seo, tóg é, cibé ar bith.

Nuair a leag sé lámh ar a gualainn, chúb sí siar uaidh ach bhrúigh sé cuach isteach ina láimh. Bhí an miotal sách te gurbh éigean di casadh thart chuig an fhear go mbéarfadh sé ar an soitheach.

—Go maith, ar seisean. Tóg bolgam den cheirtlis seo.

Ghlac sí leis an chuach an iarraidh seo. Nuair a chuir sí lena béal é, bholaigh sí leann na n-úll.

Bhlais sí den deoch; d'amharc sí faoina fabhraí ar an fhear.

D'ól sí an dara súimín; d'amharc sí air athuair.

Shlog sí an tríú bolgam; bhí go leor feicthe den fhear aici anois le tuiscint go raibh sé éagsúil ar fad le hEaston. Áit a raibh Easton íseal, bhí an fear seo ard; áit a raibh Easton téagartha, bhí sé seo seang sna guaillí; áit a raibh Easton glanbhearrtha, bhí meigeall ar an fhear seo.

—An mothaíonn tú níos fearr anois?

Ba é glór réidh ceolmhar an fhir seo an difríocht ba shuntasaí idir é agus Easton an mhórtais.

Ba ansin, nuair a chuaigh an deoch mheisciúil ag oibriú ar a bolg folamh, agus nuair a nocht an fhírinne ghlan chuici gurbh é seo an nathair a d'éilligh í, a d'fhreagair sí é ar an aon bhealach spíonta gurbh fhéidir léi. Chaith sí aníos ar an leaba.

I gceo bán codlata a mhair sí sna laethanta tar éis an éignithe. De réir cosúlachta, lig long Easton is an carac faoi Gilbert anuas ancairí ag camas iargúlta ar Oileán Jersey chun soláthar fíoruisce a thabhairt ar bord. Dheamhan cuimhne a bhí aicise air sin. Bhí fiabhras uirthi a chiap a colainn agus a d'fhág í ag bárcadh allais is ag rámhailligh ar feadh dhá lá is trí oíche.

Níor aothaigh sí go ndearnadh cuisleoireacht uirthi ar bhonn rialta ar feadh ceithre huaire fhichead is gur cuireadh súmairí fola lena sciatháin chun an fiabhras a chur di. Bhíodar ar ais ar an fharraige mhór faoin am ar dhúisigh sí. Chuala sí os comhair a súl druidte an glór séimh ar gheall le ceol sí é.

—Ól bolgam den rum seo.

I bParthas na nGrás a bhí sí, cinnte, ar sise léi féin, agus í i ndiaidh scaradh le Long seo na nDeor.

Ach an Sacs-bhéarla ag slua sí, gan trácht ar na haingil féin!

Ba le dua a d'oscail sí a súile is d'fhéach isteach i gcraos na nathrach nimhe a thug fios an oilc di.

Bhí sí rófhann le cur ina choinne. Agus í spalptha leis an tart, d'ól sí an rum is thit ina codladh arís.

Ba go mall a d'fheabhsaigh sí. Agus in ainneoin a rúin daingin nach mbeadh baint dhíreach ná páirt cham aici le Pike, bhí uirthi a admháil gur chaith sé léi go séimh cineálta is gur mhothaigh sí í féin ag téamh leis diaidh ar ndiaidh. Eisean a thugadh a cuid bia isteach, a thógadh an t-árthach leithris amach, a bhailíodh leis a cuid éadaí le ní. Níor bhrúigh sé é féin isteach léi nó aniar uirthi. Ní dúirt sé mórán ach oiread.

An tríú hoíche, i ndiaidh dó tráidire a béile a chur síos os a comhair, shuigh sé ar cholbha na leapa. Tháinig teannas inti ar an toirt.

—Tá doineann air agus seans go mbeadh an fharraige rud beag garbh amach anseo.

Bhí an fharraige chomh socair sin amuigh, nó b'fhéidir nach raibh ann ach go raibh a haird is a fuinneamh dírithe inti féin, is í ag téarnamh agus ag teacht ina neart athuair, go raibh dearmad déanta aici air go rabhadar ar bord loinge.

—Nach féidir linn déanamh ar chuan dídine?

Chonaic sí gáire fann ar a bhéal.

—Ní bhfaighimid dídean ar an taobh seo den aigéan anois.

—Ní thuigim cad tá i gceist agat.

—Tuigfidh tú níos déanaí. Caithfidh mé a chinntiú anois go bhfuil an trealamh seolta in ord.

Níorbh fhada imithe é gur airigh sí an mórtas farraige amuigh a luasc an long anonn is anall is a chuir masmas uirthi. Nuair a neartaigh an ghaoth, d'fhreagair an chrith i gcláir adhmaid na loinge do na creathanna faitís ina craiceann féin. Nuair a thosaigh na múrtha báistí amuigh, mhothaigh sí beophian bhuan ag pléascadh i lár a hinchinne istigh is ghuigh nach bpollfadh an chlagarnach slios na loinge. Nuair a d'éirigh an fharraige ina mothar os cionn na loinge, bhí a croí ag dul amach ar a béal agus bhí sí lánchinnte de go n-iompódh an carac béal faoi. Dar léi nach stopfadh an t-anfa mara seo choíche agus go raibh Dia ag cur pionóis uirthi mar gheall ar a pheacúla is a bhí sí. Ba mhór an faoiseamh di gur fhill Pike agus gur cheadaigh sí dó a sciatháin a chur uimpi chun í a mhisniú.

I mí na hoíche, agus é ag séideadh ina ghála amuigh, nuair a shnaidhm siad ina chéile ar urlár fliuch an chábáin istigh agus nuair a chreid sí ina croí nach raibh i ndán dóibh ach an bá mínaofa gan ola gan aithrí, chas sé chuici is dúirt de ghlór íseal:

—An bhfanfaidh tú liom má thagaimid slán as seo?

—Fanfaidh agus rachaidh mé leat go hura an domhain fosta.

—Go hura an domhain a rachaimid mar sin.

An mhaidin dár gcionn shíothlaigh an stoirm, shuaimhnigh an fharraige agus rinne Síle a bealach guagach suas go dtí an deic. D'fheann fuacht an aeir go smior í.

Chonaic sí an damáiste a bhí déanta ag an stoirm do chrainn seoil an charaic. Chonaic sí Pike agus cairt phortalach spréite os a chomhair aige ina raibh cuntas ar thaoidí is ar chóstaí agus airde an chompáis. Chonaic sí fear eile ag oibriú steafóg chúil, gléas loingseoireachta chun airde na gréine a thomhas. I bhfad uaithi, chonaic sí cnoc oighir ar uachtar an uisce. Ach ní fhaca sí long chogaidh Peter Easton.

Ba ansin a fuair sí amach faoin eachtra mhór a tharla le linn di a bheith gan aithne gan urlabhra. Thug Pike dúshlán Easton nuair a choimeád sé Síle ar bord ag Jersey, agus bhí ó Easton í a chur ar fáil chun freastal ar mhianta collaí fhoirne an dá long. B'fhearr í a choimeád ina brá gill is airgead fuascailte a lorg ar a hathair, a d'fhreagair Pike. Ní raibh sé chun gabháil go hÉirinn, arsa Easton. Comhréiteach a bheadh ann í a dhíol mar sclábhaí. Chuir Pike ina choinne sin agus bhagair Easton air dá bharr. Níor ghéill Pike ach bhí a fhios aige gurbh é seo scaradh na gcompánach. Nuair a d'éirigh idir dhá fhoghlaí mara, ba dheacair tearmann is coimirce an dlí a lorg. Ba é an troid go himirt anama é.

Ní bheadh an carac in ann ag an long chogaidh, ó thaobh luas taistil ná cumhacht ghunnaí de, faoi mar a thuig Pike. Ba ansin a d'éirigh an mórtas farraige is a thapaigh Pike an deis lena sheolta a ardú is déanamh ar an bhóchna. B'fhearr dul i nguais mhór an bháite ná fanacht le cóir chinnte Easton.

—Ach cá rachaimid anois? Tar éis di a fháil amach cad a bhí déanta aige ar a son, bhí a fhios ag Síle go raibh siad beirt i dtaobh lena chéile feasta.

—Go dtí 'The New Found Lands,' ar seisean.

—Cén áit? ar sise.

—Seo, ar seisean, agus a mhéar ar oileán mór i lár an Aigéin Atlantaigh ar a chairt aige.

—'The New Found Lands,' ar sise.

—Is ea, ag ura an domhain mhóir.

De réir an traidisiúin, ba ag Musquito ar Conception Bay ar chósta thoir theas 'The New Found Lands' a tháinig siad i dtír is a chuir siad fúthu. Ba ann a saolaíodh John Pike, mac le Síle Ní Ghadhra is le Gilbert Pike, an chéad leanbh geal a saolaíodh ar an oileán sin. Ba ann a cuireadh snaidhm na cléire orthu nuair a tháinig long i dtír ar a raibh ministir ón Ísiltír.

Chloígh Gilbert Pike le gairm an fhoghlaí mhara go ndearnadh iascaire de, nuair a chonaic sé gur mhó gustal a bhain leis an iascaireacht ná leis an phíoráideacht. Bhí sé sa dúchas aige féin nach rachadh sé i bhfad ó ghlaoch na farraige móire. Ar scor ar bith, níorbh fhearann maith inchurtha 'The New Found Lands.' Bhí an talamh chomh lom leis an leac, diomaite de na foraoiseacha nach bhfacthas a macasamhail in Éirinn ó leagadh na coillte chun cabhlach Shasana a thógáil. Ba é seo talamh an éisc gan aon agó, agus báirí trosc ar bhráite cois cladaigh is ar an mheá mhór féin. Mar sin féin, bhí contúirtí ag roinnt leis an saol sin. Ní raibh deireadh le hEaston na héadála ach oiread. Scrios sé baile beag Musquito i ngníomh díoltais is thug ar an teaghlach teitheadh go Carbonear sula bhfuair sé pardún is ridireacht ó Rí Shasana is chuir isteach an chuid eile dá shaol sa Mheánmhuir. Bhí saol crua ag muintir Pike i gcaitheamh na mblianta. Ba dheacair cur suas leis an sneachta, leis an fhuacht is leis an eanglach ó Shamhain go Bealtaine. B'iomaí uair a mhallaigh Síle an t-oileán sceirdiúil seo ar imeall an domhain ach tháinig sí ar an tuiscint diaidh ar ndiaidh gurbh é Talamh seo an Éisc croílár a domhain bhig féin.

Mhaíodh sí ag deireadh a saoil, blianta fada tar éis do Gilbert Pike bás a fháil nuair a chuir stoirm a bhád go tóin poill, nárbh ábhar aiféala di bualadh leis is teacht go Talamh an Éisc agus gur lean sí gairm a bhí chomh huasal leis an cheann nach raibh deis aici a leanúint sa Fhrainc.

Bean dhílis ab ea í, de réir gach cuntais. Fear dílis ab ea é, de réir a teiste air.

—Murab ionann is Easton, fear uasal is foghlaí mara a bhí i Gilbert, a deireadh sí go minic.

Ní hé nach bhfaca sí é ag cleachtadh na láimhe láidre. Nár chaptaen loinge é a bhí i dtaobh leis an bhagairt agus cad ab fhiú í siúd mura mbeadh ann ach faighneog fholamh? Chonaic sí é ag marú mairnéalaigh a d'ardaigh a chlaíomh chun buille a bhualadh tar éis dá chaptaen géilleadh. Chonaic sí an dianchóras smachta, bunaithe ar Dhlíthe ársa Oleron, á chur i bhfeidhm aige trínar gearradh pionós corpartha, an tarraingt faoin chíle, an lascadh go cnámh, orthu siúd a chuir an long i mbaol trí bheith ag ól ar diúité nó ag lasadh coinnle nó ag deargadh tobac gan chead thíos faoin deic. Ach bhain siad siúd le leas is le sábháilteacht na loinge is na foirne i gcoitinne.

Chaith sé léi i gcónaí go mánla cúirtéiseach. Tháinig maolú ar an chuimhne phianmhar féin, ach ní dhearna sí dearmad ar an éigniú. Níor chas sí an eachtra le Pike riamh. Ní dúirt seisean a dhath faoi. Ní dócha go ndúirt sise maithín ná graithín ina thaobh le haon duine riamh. Uaireanta, ritheadh sí léi nárbh é Gilbert Pike ach duine éigin eile a mhill a maighdeanas. Easton, b'fhéidir, a thapaigh an deis chun an t-áilleagán nua a thriail is a dhúlsáith a bhaint aisti. Ar ócáidí eile, nuair a d'admhaíodh sí di féin gurbh é Pike a d'éignigh í, ritheadh sé léi go raibh oineach Pike i measc a chuid fear ag brath ar a thaispeáint dóibh go raibh siad faoina ghreim is nach raibh aon teorainn lena chuid cumhachta. Faoi dheireadh, tháinig sí ar an tuairim nach ann do shibhialtacht is do chúirtéis an fhir go mbíonn sé faoi thionchar mná agus gurb ann do mhná chun maolú ar bhrúidiúlacht na bhfear.

Cibé ar bith, nach raibh orthu dís teacht ar a gcuid comhréiteach féin i gcaitheamh na mblianta? Gael is Gall, Pápaire is Protastúnach, Críostaí is Ainchríostaí, bean is fear, Gaeilgeoir is Sacs-bhéarlóir, brá is foghlaí mara. Ba theifigh iad beirt óna dtíortha dúchais is óna muintir. Ba de thaisme a tháinig siad le chéile; ba de rogha a d'fhanadar le chéile. Theilgeadar agus tharraingíodar. Chuireadar agus chúitíodar. Shaothraíodar agus bhuadar. Bhaineadar agus chailleadar. Más aigesean a bhí an chumhacht ar fad sna laethanta luatha, cothromaíodh an mheá diaidh ar ndiaidh go dtí gur fhóir an tost di féin fosta.

Chonaic sí fás is forbairt ag teacht ar Thalamh an Éisc. Chonaic sí na Beothuk, Indiaigh Dhearga an oileáin, á ndíothú go dtí nach raibh fágtha ach dornán acu. Chonaic sí Gaeil is Sasanaigh, Bascaigh is Francaigh agus daoine ó gach cearn den sean-Domhan ag seoladh isteach chun a gcearta iascaigh a dhearbhú is chun brabach a dhéanamh ar an trosc. D'fhaigheadh sí scéala ó na Gaeil faoina tír dhúchais. Ba arraing trína croí é an lá a chuala sí go raibh a bhfearainn caillte ag a muintir is iad díbeartha go fásach Chonnacht, dála Chlann Iosrael rompu a chaith daichead bliain i bhfásach na hÉigipte. Is chloiseadh sí na hiascairí Éireannacha ag canadh a gcuid amhrán ag tuar go mbláthódh Críocha Fáil arís nuair a thiocfadh Síle Ní Ghadhra abhaile chun a muintir a shlánú, mar a shábháil Maois na hIosraelítigh.

Ach ní rachadh sí abhaile.

De réir an traidisiúin chéanna, thabhaigh Síle Ní Ghadhra clú is cáil ar feadh Thalamh an Éisc mar bhean chrosach. Maíodh go forleathan go raibh sí oilte ar chaileantóireacht na haimsire. Ba mhinic daoine a bhí ag lorg céile ar thairseach an dorais aici. Ba mhinic iadsan a bhí tinn ag impí uirthi go gcuirfeadh sí gach galar, ó na scoilteacha go putha patha, díobh. Cumadh dán fúithi:

Last night on my couch, I dreamt that there came
A winsome young colleen of glorious fame
Her skin like the lily, so lovely of hue
Her tresses aflowing right down to her shoe
Her cheeks like the roses, her lips red and bold
This vision of beauty so grand to behold.
Then spoke the fair Sheila in voice meek and calm,
I bring thee glad tidings of old New Found Land.

Agus an té a thugann cuairt ar Carbonear sa lá atá inniu ann, fiafraigh de mhuintir an bhaile mhóir cá bhfuil teach mhuintir Pike ar Pike's Lane. In iarthar an bhaile mhóir atá sé seo. Aimsigh an teach agus imigh siar go dtí an gairdín ar chúl an tí. Thíos ag bun an ghairdín faoi scáth crainn ghiúise, tiocfaidh tú ar lia ar sheanleacht. Crom síos. Tá an scríbhinn creimthe ag an tsíon agus maolaithe ag an doineann, ach amharc go géar agus rianaigh na litreacha: 'Sheila Na Geira Pike, wife of Gilbert Pike, and daughter of John Na Geira, King of County Down, Ireland, died August 14, 1753, at the age of one hundred and five years.'

Mura bhfuil na mionsonraí féin intrust, dheamhan bréag atá sa scéal.

Meisce Bhruíne

Meisce Bhruíne
Antonia O'Keeffe

Meisce Bhruíne

Faoi fhaonsolas na lampaí ola, ba gheall le múr deataigh os cionn an tseomra an t-aer trom plúchtach. Chuir toit na tine is an tobac greadfach i súile an strainséara. Phrioc boladh na gcolainneacha allasacha is na n-éadaí taise polláirí a shróine. Ar an toirt, mhaolaigh suarachas an tábhairne an gliondar a tháinig air nuair a chonaic sé lóchrann lasta i bhfuinneog an tí os a chomhair ar an ród. Ach ba é an rogha a bhí aige imeacht amach faoin ráig bháistí athuair nó teacht isteach anseo ar fothain. Dá mbeadh an rogha sin féin aige anois . . . bheadh air moilliú go slíocfadh an buachaill sna stáblaí an capall is go mbeadh a scíste déanta ag an bheithíoch is mála coirce ite aige.

—Dia anseo isteach, ar seisean, ag baint de a hata ard is ag croitheadh an uisce de.

—Hé! . . . Ba mhó de ghnúsacht ná de bheannacht a chuir fear an tábhairne de, é ina sheasamh taobh thiar den chuntar íseal, gan bacadh le féachaint ar an strainséir fiú amháin.

Sheas an strainséir go míchompordach ag an doras. Bhí sé báite go craiceann. Ina mórdhíle anois, dar leis, a bhí na deora beaga fearthainne a thosaigh ag sileadh anuas ar a dhroim i bhfad roimhe sin. Bhí a bhuataisí ag sú an uisce. Bhí a stocaí is osáin a threabhsair ar maos. Bhí a chlóca ina líbín báite. Ba gheall le lochán na linnte beaga uisce faoi ar an urlár cheana féin. Ní thabharfaí de shamhail dó ach seanmhadra dúchais leathbháite. Ba phráinn dó é féin a théamh cois tine sula gcnagfaí le fuacht is le fiabhras é. Dá gcaillfí é, bheadh a sheacht mallacht ar Signor Bianconi is ar a chóistí gan mhaith is ar an bhodach sin de shúdaire a thug lán an leabhair go raibh bun ar an aimsir . . .

—Druid an doras damanta sin, a bhéic guth grod ó íochtar an tseomra.

Ní raibh mórán Gaeilge ag an strainséir, seachas an rois bheannachtaí is an radadh mallachtaí a bhí foghlamtha aige sna seachtainí a bhí caite aige ag taisteal ardbhealaí is ag treabhadh chúlbhóithre na hÉireann, ach ba leor nod don aineolach. Ba le dua a tharraing an strainséir an chomhla bheag chuige. Níor leor sin chun torann na báistí amuigh a mhúchadh, ach laghdaigh sé air beagán.

Diaidh ar ndiaidh, bhí súile an strainséara ag dul i dtaithí ar an bhreacdhorchadas is a chluasa ag dul i dtaithí ar an mhonabhar cainte sa seomra. Chonaic sé go raibh níos mó daoine anseo ná mar a thuig sé i dtosach. Ina suí ag táblaí fada ísle in aice leis an tine, siar ó chomhla an fhoscaidh bhí grúpaí beaga fear agus ban, agus corrpháiste fiú.

Rinne an strainséir a shlí chuig an chuntar. Mhothaigh sé roinnt péirí súl á n-ardú is ag stánadh air ach ba léir gur chuma lena bhformhór é a bheith ann nó as.

—Cad tá uait? arsa an tábhairneoir go giorraisc.

—*Good day.*

D'athraigh port an tábhairneora ar iompú boise ar aithint bhlas ardnósach an Bhéarla dó.

—*Good day to you, sir, and how can I help you?*

—*I would like a tumbler of hot whiskey and some cheese and bread. Please bring them over to me beside the hearth.*

D'iompaigh an strainséir thart chun féachaint ar na daoine. Chonaic sé tábla amháin cois tine ag a raibh beirt fhear ina suí agus iad ag caint le chéile, thug a aghaidh air, bhain de a chlóca, chroch ar thairne ar thaobh an teallaigh é is bhuail faoi ar an bhinse trasna an bhoird ón dís.

—Is é bhur mbeatha, arsa an strainséir leo.

—Go maire tú, arsa an chéad duine. Fear beag rua a bhí ann,

thart ar scór bliain d'aois, dúidín ina bhéal aige, agus é gléasta de réir fhaisean an tuathánaigh gona chóta bréid.

Dheamhan rud a dúirt an dara duine, fear meánaosta a raibh cóta air a bhí déanta as paistí ildathacha, ach bolgam leanna a dhiúgadh. Chrom an bheirt thuathánach ar a ngnóthaí féin.

Ag tábla eile siar ón tine, bhí beirt fhear ina suí ag ól caife is iad ag caint le chéile go beoga.

—Fan go bhfeice tú. Beidh milliún againn cruinn le chéile amárach agus géillfidh na Sasanaigh gan chuntar, arsa an chéad fhear. Strapaire ard fionn ab ea é a raibh iarracht d'fhiarshúil ann.

—Nach é sin an rud a dúradh i ndiaidh na mórchruinnithe eile? arsa a pháirtí, fear beag dubh féasógach.

—Ní féidir le Peel cur inár gcoinne má sheasaimid le chéile.

—Ráth Luirc, Corcaigh, Caiseal Mumhan, Aonach Urmhumhan, Longfort, Droichead Átha, Cill Chainnigh, Mala Ealla, an Clár, Inis Córthaidh, Dún Dealgan, is Cnoc na Teamhrach féin. Sheasamar le chéile ag gach ceann acu is ag scór eile agus cad tá againn dá mbarr ach cosa tinne is pócaí folmha?

—Tá a fhios ag Dan cad tá le déanamh chun Repéil a fháil. Géillfidh na Sasanaigh.

—Ní ghéillfidh siad go dtuigeann siad nach bhfuil an dara rogha acu.

—Beidh na Sasanaigh ar crith le heagla nuair a fheiceann siad ár muintir ag teacht le chéile.

—Má ligeann siad dúinn teacht le chéile.

—Ní thig leo muid a stopadh. Ní thig leo Dan a stopadh. Is é Brian Bóroimhe ina steillbheatha arís é.

—An t-aon chosúlacht idir Mac Uí Chinnéide is Mac Uí Chonaill ná an cháin a leagtar orainn.

—B'fhéidir gurbh fhearr tarraingt siar tar éis an mhórchruinnithe amárach go bhfaighimid amach cad tá ar tairiscint ag Peel.

—Má tharraingímid siar ansin, ní bhfaighimid Repéil go deo.

Tuigfidh Peel nach bhfuil aon ghoile ag O'Connell don troid. Caithfidh O'Connell dúshlán an Rialtais a thabhairt.

—Ach cad faoi sheans a thabhairt dóibh tairiscint a thabhairt dúinn?

—Ní bheidh a dhath fiúntach ar tairiscint acu. Mar sin, ná ligimis dóibhsean an lámh in uachtar a fháil. Anois an t-am chun a thuilleadh brú a chur ar na Sasanaigh.

—Ach mura ndéanfaidh Dan sin . . . ?

—Ní dhéanfaidh Dan é . . . Caithfimid plean a chur le chéile nach mbeidh ag brath airsean beag ná mór.

Ba mhór ag an strainséir an teas ón tine bhreá mhóna. A bhuí le Dia nár thine bhuaráin é dála na dtinte i mbotháin shuaracha na dtuathánach.

Thóg sé amach an beartán beag a bhí i bpóca ascaille a bhunchóta aige. Chuir sé grainc ina éadan nuair a thuig sé go raibh an clúdach cadáis fliuch. Bhí súil aige nach raibh a chín lae luachmhar millte. Scaoil sé an clúdach a bhí fillte ar an leabhar. Bhí ciumhais na leathanach tais ach ní raibh aon damáiste buan déanta dóibh. Chuir sé an leabhar síos ar imeall an tábla go dtriomódh teas na tine é.

Ar theacht don tábhairneoir leis an bhéile, thug an strainséir dhá thoistiún dó agus d'iarr air scéala a chur chuige a thúisce is a bheadh an capall réidh don ród. Is ea, agus d'iarr fuisce te eile.

B'aoibhinn leis an strainséir bogtheas an fhuisce ina bholg, ach ba leor sracfhéachaint amháin ar an cháis is ar an arán le hinsint dó nach raibh aon ghoile aige d'aon cheann acu. B'fhéidir nach coincleach a bhí orthu ar chor ar bith ach b'fhearr gan dul sa seans. Chaithfeadh sé foláireamh a chur isteach sa chín lae ag comhairliú don taistealaí beadaí an broc i dtábhairní na hÉireann a sheachaint ar mhaithe lena shláinte.

Nuair a bhí sé ag brú an phláta siar uaidh, thug sé faoi deara go raibh an dís in aice leis i ndiaidh scor dá gcomhrá is go rabhadar ag stánadh air.

—*It's a grand evening, your highness,* arsa an fear óg.

—*It is, indeed,* a d'fhreagair an strainséir, agus gan é in ann an íoróin ina ghlór a mhúchadh ar fad.

—*I'd wager it will be grander still to-morrow,* arsa an fear óg. Chas sé chuig a chomrádaí agus dúirt rud éigin i nGaeilge a bhí thar chumas tuisceana an strainséara. Thosaigh an bheirt acu ag gáire go híseal ansin.

D'fhéach an strainséir orthu go géar, féachaint an raibh siad ag magadh faoi. Ar a shon go raibh sé i ndiaidh dhá mhí a chaitheamh in Éirinn, ba dhoiligh dó go fóill a mheas cén uair a bhí na daoine seo d'fhíor nó d'ábhacht, nó idir fhíor is ábhacht féin. Cad é mar a mhaífeadh aon duine a bhí ar a chiall go raibh a dhath maith sa tuile bháistí sin amuigh? Ach, ar seisean leis féin, b'fhéidir nach raibh an t-ógfhear ag caint ar an aimsir ar chor ar bith. D'fhéadfadh sé a bheith ag tagairt don mhórchruinniú an lá dár gcionn.

Agus, ansin, bhí cúrsaí teanga ann . . .

Lig an strainséir osna chléibh. Anois, dá mbeadh John leis go fóill . . . Tríd is tríd is beag deacracht a bhí aige ó thosaigh sé ar a thaisteal is ar a thaighde. Bhí agallaimh curtha aige ar na huaisle: tiarnaí talún, feisirí, an chléir bhunaithe, breithiúna, póilíní, Bíoblóirí i gCiarraí, gan trácht ar chorrshagart de chuid na Róimhe féin. Bhaineadh sé úsáid as John nuair a thugadh sé cuairt ar bhothain na dtuathánach is ar cheann de Thithe na mBocht, a bhí á n-oscailt ar fud na tíre san am, go labhródh sé le cuid de na háitreabhaigh. Bhí go leor nótaí breactha síos aige faoi nósanna na dtuathánach, bunaithe ar aistriúcháin John. In ainneoin ar tharla le John ó shin, ní raibh aon fhianaise aige go fóill nach raibh na nósanna is na haistriúcháin iontaofa. Bhí ábhar leabhair aige nach mór, ábhar leabhair a shásódh pobal léitheoireachta Shasana. Ach ní raibh a raibh uaidh féin faighte aige go fóill. Nach raibh sé curtha roimhe aige, ar theacht anseo dó, craiceann i ndiaidh craicinn a scamhadh mar a dhéanfaí le hoinniún go dtiocfadh sé ar chroí na fírinne faoi staid na hÉireann sa bhliain 1843? Cad é mar a d'fhéadfadh sé sin a dhéanamh mura raibh teanga na dtuathánach aige agus má ba

111

chaimiléir cruthanta an fear teanga? Ach, i ndáiríre, níorbh fhiú míol mór a dhéanamh de mhíoltóg. Bhí leabhair na gcuairteoirí eile a raibh cuntais taistil scríofa acu faoi Éirinn léite aige: Binns, an Bantiarna Chatterton, De Beaumont, James Fraser, imleabhair mhuintir Hall, Samuel Lewis, Madden, Atkinson, Barrow, is leabhar nua Thackeray féin. Dheamhan cur amach a bhí ag aon duine acu ar theanga na dtuathánach, dheamhan bá a bhí ag a bhformhór leis na tuathánaigh chéanna, agus níor chuir constaicí beaga dá leithéid as dóibhsean. Níor ghá dó a bheith ródhian air féin.

Chríochnaigh an strainséir an chéad fhuisce is d'ól bolgam as an dara ceann a bhí curtha os a chomhair ag an tábhairneoir. Bhí fíorchonstaic cheart amháin le sárú go pras anois aige. Bheadh bearna ina leabhar mura mbeadh cuntas ann ar mhórchruinniú de chuid O'Connell. An ceann seo ag Cluain Tarbh an seans deireanach a bheadh aige sula bhfillfeadh sé ar Shasana. Anois nó choíche! Ach, anois, ní fhéadfadh sé a bheith cinnte go mbeadh sé i láthair in ainneoin a chroídhíchill. Bhí sé i ndiaidh Ceatharlach a fhágáil ar Chóiste Bianconi go luath an mhaidin sin. Gealladh dó nach dtógfadh an turas go Baile Átha Cliath níos mó ná seacht n-uaire. Ní thógfadh, is dócha, ach gur bhris fearsaid deiridh an chóiste agus iad faoi chúpla uair an chloig den bhaile mór. Ná bíodh puinn corrabhuaise ort, a mhaígh an tiománaí. Is iomaí cóiste eile, idir chóiste an phoist is chóistí an Iodálaigh a bheidh ar an bhóthar aneas. Bhí an ceart ag mo dhuine. De réir a chomhairimh féin, bhí ocht gcinn acu ann. Tháinig siad ar luas lasrach. Mhaolaigh ar a luas go bhfacadar nach raibh aon duine gortaithe. Is d'imigh siad de luas nimhe. Ar an drochuair, bhí achan ceann acu pulctha go doras le daoine ag brostú go Baile Átha Cliath.

Bhí deabhadh air, a mhínigh an strainséir dá thiománaí. Chaithfeadh sé a bheith i mBaile Átha Cliath faoin tráthnóna beag. Rinne fear an chóiste gáire fada. Nár ghá dóibh go léir a bheith i mBaile Átha Cliath faoi sin? Ach ní raibh aon neart air. Sheolfaí cóiste eile amach chucu a thúisce is a gheobhadh an comhlacht an scéala ó dhuine de na tiománaithe eile . . . dá mbeadh cóiste saor . . . tá a fhios agat, is dócha, go mbeidh an Cunsailéir ag labhairt i gCluain Tarbh amárach?

Tar éis uair an chloig agus gan aon chomhartha ann go dtiocfadh cóiste folamh dóibh choíche, d'fhág an strainséir a chuid málaí faoi chúram an tiománaí, d'ordaigh dó iad a sheachadadh chuig a lóistín i mBaile Átha Cliath agus chuir chun siúil. Dá ráineodh leis an chéad bhaile eile a bhaint amach, gheobhadh sé marcaíocht go Baile Átha Cliath ar ais nó ar éigean. Cá raibh an chéad bhaile eile? a d'fhiafraigh sé den tiománaí. Ní raibh sé ach míle uathu.

Míle! Nach go daor a d'fhoghlaim sé nárbh ionann míle mar a thuig seisean é is míle mór Éireannach. Tar éis shiúlóid uair an chloig, agus gan aon tásc ná tuairisc ar bhothán uiríseal, gan trácht ar an bhaile mór féin, bhí an strainséir taghdach tuirseach agus é den tuairim go raibh sé sa chinniúint aige bás a fháil in iargúltacht na tíre mallaithe seo.

Faoi dheireadh, d'éirigh leis marcaíocht a fháil ar chúl trucail súdaire gona ualach bréan is gona chuileoga.

—Tar ar ais an bhliain seo chugainn, a dhuine uasail, a dúirt an súdaire leis. Tá caint ar bhóthar iarainn a thógáil idir Ceatharlach is Baile Átha Cliath ar a ngluaisfeadh carr gaile den sórt atá acu i Sasana. An gcreidfeá é, agus é ag taisteal suas le deich míle fhichead in aon uair amháin!

Níor bhac an strainséir le fiafraí cé acu an míle reachtúil nó an míle Éireannach a bhí á mhaíomh aige. Níor luaigh ach oiread go raibh seantaithí aige ar bheith ar thraenacha i Sasana. Ach mheabhraigh sé go molfadh sé go daingean ina leabhar go dtógfaí gan mhoill córas traenacha in Éirinn a bheadh inchurtha leis an cheann sa bhaile.

Ar bhaint amach sráidbhaile suarach éigin gan ainm dó, d'éirigh leis an strainséir capall a fhruiliú ar chostas trom. Thug sé aghaidh an bheithígh ar Bhaile Átha Cliath, theann na spoir is scaoil na srianta. Thabharfadh sé buille faoi thuairim go raibh sé faoi níos lú ná fiche míle de Bhaile Átha Cliath. Cúpla uair an chloig eile, agus bheadh leis . . . Scaoil sé na spoir is theann sé na srianta bomaite sular ghríosaigh sé an t-each chun tosaigh ar an bhóthar athuair.

Ba ghairid ina dhiaidh sin gur casadh sluaite tuathánach ar an bhóthar air. Iad ag spágáil leo nó ag taisteal ar chairteanna i dtreo Bhaile Átha Cliath . . . Iad ag treabhadh a gcúrsa go mall ar nós seilidí . . . Iad ag cur moille ar chuairteoirí measúla ar uaire na práinne . . . Ba le dua a rinne sé foighid leo siúd agus nár oibrigh an fhuip orthu.

Agus, ansin, mar bharr ar an donas, thosaigh na múrtha fearthainne . . .

Ag tábla eile, bhí beirt fhear agus bean ina suí, iad ag ól leanna, is cogar is mogar ar siúl eatarthu.

—An bhfuil a fhios agat go bhfaca mé Dan ag gabháil ar Aifreann lá agus go gcaitheann sé go fóill an lámhainn dhubh ó maraíodh d'Esterre? . . .

—Agus dhiúltaigh Peel do chomhrac aonfhir le Dan seo againne . . .

—Orange Peel an chraicinn bhuí! . . .

—Bheadh péire lámhainní dubha de dhíobháil ar Dan ansin, ambaiste . . .

—Ní féidir leo Dan seo againne a bharraíocht . . .

—Is eisean an bile, an gile mear . . .

—Nach bhfuil Dan istigh leis an Sár féin? D'inis fear dom a bhí ina chuideachta go ndeachaigh Dan go dtí an Rúis gur thug an Sár a bheannacht don Repéil . . . Arsa Dan le mo dhuine, mura bhfuil an Róimh chun tacú linn, tá mé breá sásta géilleadh do Chathair Chonstaintín . . .

—Tá Rí na Baváire i bhfabhar Repéil fosta. Gheall sé go gcuirfeadh sé saighdiúirí go hÉirinn chun cuidiú le Dan . . .

—Agus dúirt na máisiúin go gcuideoidís leis ós ball é Dan.

—Dúirt, agus tá siad ag íoc an Chíosa Repéil fosta, ár ndála féin . . .

—Nár mhaith leo Rí na Beilge a dhéanamh de? . . .

114

—Ní nach ionadh ach gur dhiúltaigh sé dóibhsean . . .

—Bheimis caillte gan é. Níl a dhiongbháil againn . . .

—Nach bhfuil an tAthair Maitiú againn . . .

—An tAthair Maitiú! Togha fir! . . .

—Nár thóg mé féin an Pleids óna láimh bheannaithe tar éis dom an *Farewell to whiskey* a ól? . . .

—Thóg sé trí lá ort é a ól . . .

—Is trí lá eile an Pleids féin a bhriseadh . . .

—Sin deargéitheach! Níor bhlais mé den phoitín ná den fhuisce ná de na *ardent spirits* eile sin ó shin . . .

—Ach cad faoin leann seo? . . .

—Á, a dhuine shaonta, nach bhfuil a fhios agat nach bhfuil aon chosc ar leann ná ar bheoir? . . .

—Nach breá leis an Athair Maitiú féin gloine bheag choirdiail a bheith aige le linn dó a bheith ag ithe a dhinnéir? . . .

—D'inis fear a bhí leis dom go ndúirt an tAthair Maitiú go socraíonn sé a bholg . . .

—Sheas mé os comhair an Athar bheannaithe agus d'aithris ina dhiaidh: '*I promise, with the Divine assistance, as long as I will continue a member of the Teetotal Temperance Society, to abstain from all intoxicating drinks, except for medicinal or sacramental purposes; and to prevent, as much as possible, by advice and example, drunkenness in others*' . . .

—In ainm Chroim, cad a chiallaigh an charcair focal sin? . . .

—Bealach fada ardnósach is ea é le rá go bhfuil tú ag éirí as uisce beatha, a deir an sagart seo againne . . .

—Cad é mar a bheadh a fhios aige siúd? Na trí rud is aistí ar domhan: sagart gan bholg; sagart gan chapall; sagart gan phóit . . .

—Thug an sagart paróiste an Pleids dom ach bhí sé chomh héifeachtach le tarbh gan bhod . . .

—Ní fíor-Phleids é mar sin. Caithfidh tú é a fháil ón Athair Maitiú féin . . .

—Nár thóg an Pápa féin an Pleids uaidh? D'inis fear a bhí ina chuideachta dom go ndeachaigh an tAthair Maitiú chun na Róimhe gur bhronn *Temperance Medal* ar an Athair Naofa . . .

—Agus nár bheannaigh an Pápa an *Medal* céanna sa tslí nach leagfadh piléar féin an té atá á chaitheamh? . . .

—Agus chuala mise go bhfuil an Pápa i bhfabhar Repéil fosta . . .

—Tá, cinnte. D'inis fear dom a bhí ann nuair a ghlac an Pápa leis an Phleids gur mhaígh sé go raibh sé ar son an Repéil.

—Chuala mise gur thóg Dan an Pleids ón Athair Maitiú . . .

—Ach gur bhris sé i ndiaidh bliana é . . .

—Nach ar ordú a chuid dochtúirí a bhris sé é, a bhean chóir? . . .

—Is gan ag an chréatúr ach deoch chógais an chéad rud ar maidin agus roimh dhul a chodladh dó . . .

—Is mhaígh Dan go dtógfaidh sé an Pleids arís nuair a thiocfaidh Repéil . . .

—Tháinig Dan go dtí an baile seo againne aimsir an toghcháin. Bhí sé chomh hólta le sean-Norbury na cnáibe . . . Rinne an tiarna talún píosa cainte go ndearnamar go léir beithé de. Ansin sheas Dan suas, d'oscail a bhéal agus chaith aníos ar an ardán . . . 'Gach uair dá n-éistim le mo *honourable opponent*,' ar seisean, 'cuireann sé múisc orm' . . .

—Nach maith is cuimhin liom an lá nuair a bhí Dan agus an sagart beannaithe sa bhaile seo againne . . .

—Nach raibh mé féin ann an lá céanna? . . .

—Tháinig Dan isteach sa Chearnóg is thuirling den chóiste. Ar ghabháil thart do Dan, rug seanbhean ón cheantar seo againne nach raibh lúth na ngéag inti leis na blianta, rug sí ar eireaball a chóta gur éirigh sí de léim ina seasamh is go ndearna cúrsa rince le Dan is í chomh folláin le fia . . .

—Agus ansin tháinig an tAthair Maitiú agus girseach bheag leis . . .

—Nach bhfaca mé é seo le mo dhá shúil féin? Cailín deich mbliana d'aois a bhí inti. Bhí meall chomh mór le *Lumper* ar bhlaosc a cloiginn aici, ach a thúisce is a bhronn an sagart *Temperance Medal* uirthi, d'imigh sí léi is í chomh folláin le Rí na Spáinne féin . . .

—Is ansin a thosaigh an rí-rá agus an ruaille buaille is an rileo ró . . .

—Is dream amháin ag maíomh go raibh cumhachtaí ní ba mhó ag an churadh seo acusan ná mar a bhí ag an ghaiscíoch eile . . .

—Na *Dannites* ag rá go gcuirfeadh an fear féin spuaic ar theanga a namhad . . .

—Is na staonairí ag rá go dtabharfadh an sagart fear ar ais ó mhairbh . . .

—Is na tábhairneoirí ag tairiscint naigín fuisce saor in aisce d'aon duine a bhrisfeadh an Pleids . . . is cead isteach ag comhrac coileach . . .

—Thug *Dannite* broicneáil a bheatha do staonaire . . .

—Thug staonaire léasadh a leasa do phótaire . . .

—Thug tábhairneoir liúradh Chonáin do staonaire . . .

—Teilgeadh carn cloch . . .

—Scoilteadh corrchró baithise . . .

—Cuireadh fios ar na saighdiúirí . . .

—Dóbair go raibh sé ina scliúchas ceart eatarthu . . .

—Gur tháinig Dan agus an sagart os comhair an tslua agus labhair . . .

—'Cuireadh mise chun sibh a dhéanamh staidéarach,' arsa an sagart . . .

—'Agus cuireadh mise chun sibh a scaoileadh saor,' arsa Dan . . .

—Gur lig gach duine gártha molta . . .

—Go ndearnadh síocháin idir *Dannites* is staonairí . . .

—Nach ar buile a bhí na tábhairneoirí? . . .

—Is d'imigh gach duine chun rúisc chloch a chaitheamh ar an bheairic . . .

—Ólaimis sláinte Dan is an Athar Maitiú, arsa duine de na fir a d'éirigh ina sheasamh agus chrom ar an reacaireacht go bríomhar biorbach:

—*May God bless you, Father Mathew,*
You brought peace into all places

—Scoiltfidh mé do chloigeann, a chunúis! a scairt fear ag tábla eile ar leagadh a chuid beorach.

—In this our Irish nation
Is fuair faoiseamh dár gcúis.
That the scourge of toxication
Was our ruin and despoliation
—Tóg anuas crocán leanna eile go beo, a fhir an tí.
—Ach thugais faoi le héifeacht,
Míle buíochas dod thrúp.
—Nár lagaí Dia thú, a bhéic duine láimh leis.
—Tabhair bleaist eile dúinn, a Thomáis, go n-ólaimis sláinte an tsagairtín chaoin.
—Many a pleasant homestead
Was ruined by whiskey and porter
—Is iomaí ceann a milleadh ina n-éagmais fosta!
—Is mó fear breá a leonadh
Ar an bhóthar ag bruíon.
—Up Cúm na bhFathach!
—For the curse of drink is woeful,
But the temperance sound was noted
Ag sagart a thug dúinn comhairle,
Do leanamar gan aon mhoill.
—Is ea, lean sibh é chomh fada leis an chéad síbín eile!
—Agus chrom ar an ól gan mhoill.

Sa chúinne cois teallaigh, bhí an strainséir i ndiaidh an fuisce te a chríochnú is a chomharthú don tábhairneoir ceann eile a thabhairt anonn chuige. Cheana, níor bhraith sé chomh dearóil is a bhraith ar theacht isteach dó. Bhí sé in ann an ghal a mhothú ag éirí óna bhalcaisí taise is an tine ag téamh a ghéag. Fothain bhreá chompordach í seo, go deimhin, in ainneoin na toite is an tobac . . . Ní hé go raibh drogall air imeacht amach faoin fhearthainn arís ach, toisc nach raibh an capall réidh go fóill, ba cheart dó é féin a neartú sula leanfadh sé ar an turas.

Nuair a bhí bolgam ón timbléar úr ólta aige, thóg an strainséir an

118

leabhar beag trom ina lámha is d'oscail é. D'aimsigh sé peann luaidhe a bhí ar slabhra istigh is thosaigh a bhreacadh nótaí faoi dhroch-chaighdeán an bhia is faoin ghá le córas iompair d'ardchaighdeán a chruthú . . . Is ea, b'fhiú cuntas iomlán a thabhairt ar na cúrsaí sin, ar seisean, agus é ag lí bhior an phinn luaidhe . . .

Briseadh isteach ar smaointe is ar obair an strainséara nuair a chuala sé glórtha á n-ardú is binsí á mbrú siar ar an taobh eile den seomra.

May God bless you, Father Mathew . . .

Bhioraigh cluasa an strainséara. Agus thosaigh sé ag scríobh go deifreach bisiúil. Ba thrua gan John leis chun na blúirí Gaeilge a aistriú ach bhí sé in ann ciall go leor a bhaint as an amhrán. Nach raibh Father Mathew in Deptford London i Mí Iúil na bliana sin nuair a tháinig na mílte Éireannach chun éisteacht leis an sagart is chun glacadh le móid na Measarthachta? Mac léinn a bhí ann féin ar saoire sa chathair mhór ó Ollscoil Oxford san am. Chuala sé muintir na cathrach ag magadh faoi na hÉireannaigh fhiáine seo a raibh lé acu leis an chraosól ó dhúchas. Bheadh sé chomh maith acu a bheith ag caint ar an fhuil ina bhféitheacha a ligean le sruth agus a bheith ag caint ar éirí as an bhiotáille. Smaoinigh air! Na hÉireannaigh ag caint ar staonadh ón deoch! Há! Há! Há! Nach mór an spórt a bhí ag ealaíontóirí léaráidí *Punch* leis an saobhsmaoineamh céanna.

Le teann fiosrachta, bhí an strainséir i ndiaidh dul síos chuig Deptford. Bhí an áit dubh le daoine. Chuala sé buíonta ceoil na Measarthachta. B'fhollas ón tsian gur mhó an spéis a bhí ag a dtromlach callán na mbannaí eile a mhúchadh ná atmaisféar an chrábhaidh a chothú. Chonaic sé seastáin is boird is puaill mar ar dhíol mangairí Corónacha Muire is boinn shaora is scabaill is daighsíní piseogacha eile de chuid na Róimhe. Nár tairgeadh taisí naomh uile na hÉireann dó ar leathghine ag trí sheastán dhifriúla? Agus ar naoi scillinge ag ceann eile. Ag ionaid eile, bhí potaí móra ar suanbhruith agus gach boladh milis samhnasach astu. Agus, chonaic sé tábhairneoirí cíocracha ag carnadh airgid ó dhaoine deoracha a bhí ag diúgadh na ndeochanna deireanacha sular ghlacadar leis an

Phleids. Ní thabharfá de shamhail dó ach ardteampall na gceannaithe is na gcneámhairí! Ach ba é an rud ba mhó a chuaigh i gcion ar an strainséir ná an claochlú a tháinig ar aghaidheanna na nÉireannach sin tar éis dóibh éisteacht leis an sagart aonair. Ní leomhfadh an strainséir freastal ar sheirbhísí an tsagairt ná dul chun cainte leis. Ba dheacair don strainséir friotal a chur ar an chúis ag an am, ach gur dhócha gur chreid sé nach raibh ar siúl ina thimpeall ach cleasaíocht shuarach is gleacaíocht phiseogach agus nach raibh uaidh go bhfeicfeadh aon duine dá lucht aitheantais ansin é. Ach ba léir gur imir an sagart draíocht ar an bhrúisc daoine sa dóigh gur thugadar mionn go n-éireoidís as an deoch mheisciúil agus gur chlóigh a dtromlach leis go cróga dúthrachtach in ainneoin sheacht ndícheall na dtábhairneoirí. Ar a shon go raibh sé beartaithe ag an strainséir go gcaithfeadh sé míonna an tsamhraidh le cairde ollscoile san Iodáil, rinne sé athchomhairle go mear. D'fhógair sé dá pháirtí go raibh sé ag gabháil go hÉirinn chun leabhar a scríobh faoin tír dheoranta sin. Bhain sé Éire amach taobh istigh de thrí seachtaine.

Anois, is ar éigean a chreid an strainséir an t-ádh mór a bhí air a bheith i láthair nuair a thosaigh an t-amhrán faoi Father Mathew agus an bhéicíl dá bharr. Ní chuirfeadh sé lá iontais air dá mbeadh troid anseo roimh i bhfad. Ba thrua sin, ach ag an am céanna, ba mhór aige—ar son ealaín a leabhair, ar ndóigh—a bheith in ann suí anseo ina fhear féachana dó agus blaiseadh den fhaicseanacht Éireannach úd a raibh cur síos déanta ag údair eile uirthi ach nach raibh feicthe aige féin go fóill. Ba ar ócáidí mar seo ba nimhní a ghoill sé air nach raibh teacht aige ar cheann de ghléasanna nua Monsieur Daguerre a raibh an-ráchairt orthu i bPáras agus i Londain faoi láthair ach bheadh air féin an t-atmaisféar a léiriú trí neart a phinn.

—Slán go fóill.

Tháinig díomá ar an strainséir, ar thuiscint dó nach mbeadh aon troid ann agus go raibh an fear a reic an dán ag bualadh bóthair go staidéarach síochánta.

Dhruid an strainséir an chín lae. Bheadh air féin a bheith sásta leis an athchuntas a bhí faighte aige ó John.

John . . . Ní raibh a fhios aige cá raibh an fear teanga anois. B'fhéidir go raibh sé ag obair do thaistealaí Sasanach eile cheana is á fheannadh. Nach íorónta gur mhinistir a bhí sa té a chuir John in aithne dó? Seo duine a bheidh in ann teanga na dtuathánach nach bhfuil aon Bhéarla acu a aistriú duit, arsa an ministir. Aon mhionfhaisnéis atá uait ar a gcuid nósanna is ar a gcuid piseog, níl le déanamh agat ach ceist a chur ar John. Fear maith é John. Fear iontaofa é John. Fear macánta é John.

Níorbh fhada an strainséir i gcuideachta John gur fhoghlaim sé nárbh ionann ceist a chur is freagra a fháil. Is mian liom freastal ar aonach, a dúirt sé leis an fhear teanga. Aonach? Beidh aonach amárach i gContae an Chláir, a d'fhreagair John is stop. Thóg sé leathuair an chloig is breab scillinge air sula bhfuair an strainséir na mionsonraí. Is ea, tógadh chuig an aonach é agus d'aistrigh John caint dhothuigthe na dtuathánach. Agus chosain sé scilling eile air sular tugadh chuig tórramh é. Cluiche iománaíochta . . . scilling. Síbín . . . scilling. Tobar beannaithe . . . scilling. Comhrac coileach . . . scilling. Scilling i ndiaidh scillinge. Fear maith macánta ab ea John, gan dabht.

Ach b'fhiú scilling babhta faicseanachta, a dúirt an strainséir leis féin ag an am agus rinne réidh leis an bhreab a bhronnadh ar John. Chuir an fear teanga cár air féin agus mhínigh go raibh sé deacair teacht ar throid mhaith faicseanachta na laethanta seo ó tharla go raibh na daoine i ndiaidh glacadh leis an Phleids. Tharraing an strainséir flóirín amach as a thiachóg. Ach, arsa John, agus é ag cur an dá bhonn isteach ina phóca, is cuimhin liom go maith an oíche . . .

Shlog an strainséir siar an chuid eile den fhuisce te is d'oscail a leabhar nótaí athuair, áit a raibh cuntas John scríofa aige. Bhí cur síos fada ann ar an mhaíomh is ar an mhórtas, ar an fhuisce is ar an leann, ar na gaiscígh is ar na gaigí, ar shaileanna éille is ar speala, ar chamáin is ar chlocha, ar ghunnaí foghlaeireachta is ar phící faobhracha, ar scoilteadh cloigne is ar dhoirteadh fola. Nach bhfaca

John lena dhá shúil féin fir á leagan, mná á gcniogadh, páistí á léasadh? Leanadh leis an troid ar feadh trí lá agus ar feadh trí oíche. Agus sa deireadh, arsa John agus a anáil i mbarr a ghoib aige amhail is go raibh sé féin i ndiaidh scor den troid mhór seo, chroith an dá thaobh lámha lena chéile, phógadar a chéile go dil, is chuaigh gach duine abhaile go sona sásta . . . Cuntas breá drámata a bhí ann a rachadh chun sochair dá leabhar taistil, faoi mar a dúirt an strainséir leis féin san am. Is bhronn scilling sa bhreis ar John mar chomhartha beag buíochais.

Anois, dá mbeadh a thuilleadh mar sin ag John . . . Bhí. Fad is a bhí na scillingí ag titim chomh flúirseach leis an phráta ar bhord an tuathánaigh Éireannaigh, bhí scéalta eachtra ag John faoi Father Tack-em a dhéanadh póstaí ar chúla téarmaí, scéalta grinn faoi Thadhg an Bhata, scéalta gaile faoi *Terry Alts*, scéalta aiféise faoi Fireball MacNamara, scéalta ainnise faoi Tom the Devil gona *pitch-cap*, scéalta míchrábhaidh faoin Mhinistir Hickson (nárbh fhéidir leis a fhoilsiú choíche) . . .

Stop! a dúirt an strainséir le John, tá mo dhóthain agam anocht. Tar ar ais maidin amárach, má tá aon cheann eile agat. Bhailigh John leis, crobh airgid aige agus cling na scillingí le cloisteáil ag cleatráil go ceolmhar ina phócaí.

Ba de thaisme a tháinig an strainséir ar John i gcúlchistin an tí lóistín an mhaidin dár gcionn. Bhí sé ag ransú leabhair na dtaistealaithe Sasanacha, Binns, an Bantiarna Chatterton, De Beaumont, James Fraser, imleabhair mhuintir Hall, Samuel Lewis, Madden, Atkinson, Barrow, is leabhar nua Thackeray féin, agus é ar lorg a thuilleadh faisnéise chun a thuilleadh scillingí a shaothrú. Faoi dheireadh, d'admhaigh sé nach raibh sna scéalta a bhí inste aige ach rudaí a bhí cumtha aige féin nó a bhí léite aige sna leabhair chéanna. Chúisigh an strainséir é agus dúirt gur ag scilligeadh éithigh a bhí sé ó thús deireadh. Ag soláthar duit a raibh uait a bhí mé, a d'fhreagair John.

Is ea, arsa an strainséir nuair a dhiúil sé an braonán deiridh den fhuisce te is d'ordaigh ceann eile, bhí ábhar leabhair mhóir ar Éirinn aige anois, gan aon agó.

—Ní féidir linn brath ar O'Connell . . .

—Is eisean an duine a bhainfidh Repéil amach dúinn . . .

—Tá sé truaillithe ag saol bog Londan . . .

—Ach tá fios a ghnóthaí ag Dan. Eisean atá in ann lámh in uachtar a fháil ar na Sasanaigh gona gcuid cleasanna is caimiléireachta . . .

—Tá O'Connell chomh holc leis na Sasanaigh anois agus é ag teacht i dtír orainn cosúil le seadán brocach . . .

—Ach tá ár gcuid airgid de dhíobháil air chun gabháil go Londain is cur i gcoinne na Sasanach . . .

—Seadán is ea é, a deirim, agus é ag diúl ár gcuid fola is ár gcuid fuinnimh is ár gcuid fearúlachta asainn . . .

—Ach cad faoi Fhuascailt na gCaitliceach? . . .

—Bhí sí sin ag teacht ar aon nós . . . Níos measa ná an Sasanach nó an tiarna talún féin atá O'Connell mar is duine dínn féin é atá ag déanamh tíorántachta orainn . . .

—Ach cé eile atá againn? . . .

—Caithfimid seasamh ar ár mbonnaí féin . . .

—Ach cé tá againn chun labhairt ar ár son i Londain? . . .

—Labhairt ar ár son i Londain? . . . Ní hí an chaint bhaoth i Londain a dhéanfaidh gnó dúinn feasta . . .

—Ara, cad eile atá ann ach na Buachaillí Bána buile a théann thart ag martrú beithíoch is ag scaoileadh urchar le tiarnaí talún de shiúl na hoíche? . . .

—Nach fearr i bhfad Éireann é sin ná an chaint gan mhaith gan tairbhe? . . .

—Caint mhire í sin. Go Van Diemen's Land a chuirfear tú mura mbíonn tú cúramach . . .

—Nach go héasca a ligeann tú uait go raibh do mhuintir amuigh '98? . . .

—Nach go héasca a dhearmadann tú barbarthacht na bliana sin? . . .
—'*Who fears to speak of Ninety-eight?*' . . .
—Caint í sin a thabharfadh na *yeos* anuas sa mhullach orainn . . .

Chríochnaigh an strainséir an fuisce te. Ba mhithid dó fáil amach an raibh an capall slíoctha cothaithe is é faoi réir faoi choinne an róid. Nuair a sheas sé suas, mhothaigh sé pas súgach is an deoch ag éirí ina cheann. Níorbh eol dó go beacht faoin am seo cá mhéad fuisce a bhí ólta aige. Ba chuma. Chaithfeadh sé imeacht. Dá mbrostódh sé anois, bhainfeadh sé Baile Átha Cliath amach sula mbeadh sé ródhéanach sa tráthnóna. Agus, dá mbeadh sé ag cur de dhíon is de dheora féin, b'fhiú dul i mbaol a bháite go mbeadh fíorchuntas dá chuid féin ar mhórchruinniú O'Connell ag Cluain Tarbh istigh ina leabhar. Ar a laghad, bheadh sé in ann a rá go raibh cur síos ionraic amháin ann ar shaol an ghnáthphobail nach raibh truaillithe ag fear teanga cam gan scrupall a raibh teacht aige ar leabhair na dtaistealaithe eile. Anois, bhí sé réidh le himeacht. Ach chaithfeadh sé a chín lae a chlúdach go cúramach arís sula rachadh sé amach.

—Maois ina steillbheatha is ea Dan . . .
—Maois ina steillbheatha is ea an tAthair Maitiú . . .
—Nach méanar dúinn an dá Mhaois againn chun sinn a fhuascailt.
—Ólaimis sláinte an dá Mhaois! . . .
—'Cuimhnigh mar tháinig an dá Mhaois' . . .

Bhí an strainséir ag feadaíl is ag déanamh fuail go healaíonta íseal agus go healaíonta ard ag taobh-bhallaí na stáblaí nuair a dheifrigh marcach isteach is scéala práinneach le leathadh aige. Crochadh forógraí ar bhallaí na cathrach móire ar a trí a chlog an Satharn sin, ar seisean, agus gach aon gha seá ann . . . Agus . . . agus tá cosc curtha

124

ag an Chaisleán ar an mhórchruinniú amárach agus . . . agus tá longa cogaidh i gcuan Bhaile Átha Cliath agus saighdiúirí is canónacha acu lonnaithe ag Cluain Tarbh cheana . . . Is ea, agus . . . agus tá Dan O'Connell ag moladh dá lucht leanúna gabháil abhaile go séimh síochánta is gan déanamh ar Chluain Tarbh. D'éirigh na daoine sa teach tábhairne corraithe teasaí. Ach sa tréimhse ghairid ó chríochnaigh an strainséir a ghnóthaí gur éirigh leis brí na cruachainte uilig a thabhairt leis, bhí an bheirt fhear a bhí ag ól caife i ndiaidh imeacht doras an tí tábhairne amach agus bhí cúpla *Repeal Wardens* i ndiaidh cuairt a thabhairt ar an teach le cinntiú gur míníodh an scéala i gceart agus go scaipfeadh na daoine go ciúin. Ordaíodh don fhear tábhairne glas a chur ar a dhoirse is gan ligean d'aon duine eile teacht isteach. Oíche a bhí ann a mbeadh gá le guaim is le gaois . . .

Ar a aithint dó, cheadaigh an tábhairneoir don strainséir teacht isteach sular druideadh na doirse go daingean. D'fhill an strainséir ar an bhinse is ar an bhord íseal cois tine is d'ordaigh fuisce eile is thosaigh ag ól go mall réidh. Níos déanaí an oíche chéanna, tar éis dó cúpla fuisce te eile a shlogadh siar, a chín lae a chaitheamh sa tine bhreá mhóna is bruíon a bheochan leis an bheirt shibhialta neamhurchóideacha ag an tábla céanna, bhí ar an tábhairneoir greim sciatháin a bhreith ar an strainséir agus é a tharraingt isteach i gcúlseomra.

—*Come on, your worship, let me find a bed for you for the night,* ar seisean.

Ossian i dTír na hOidhe

Ossian i dTír na hOidhe
Antonia O'Keeffe

Ossian i dTír na hOidhe

D'éirigh sé le tréan corraitheachta agus theilg an t-úrscéal isteach sa ghríosach dhearg.

—Tug istigh . . . Tabhair isteach buidéal Chambertin, a scairt sé go caolghlórach míchéadfach. Ar ócáidí mar seo, d'fheictí dó go raibh a ghreim ar an dara teanga seo chomh scaoilte neamhdhaingean le hancairí *L'Inconstant* ar ghaineamh bog chuan Portoferraio Oíche na Gaoithe Móire.

Sheas sé go postúil cois teallaigh, a dhá lámh snaidhmthe go teann le chéile taobh thiar dá dhroim aige agus é ag amharc ar na bladhmanna ag lí chlúdach an leabhair. Níor chúlaigh sé chuig a chathaoir, an t-aon chathaoir sa *salon* lom, go dtí go bhfaca sé go raibh cló órga an teidil millte ag an teas. *Corinne!* Mhothaigh sé na freangaí ina mhéara ag maolú beagán. Má ba mhairg a thosódh ag léamh leibideachta le tréatúir, ba mhairg a chríochnódh úrscéal maoithneach mothúchánach le tréatúir a raibh féith na scríbhneoireachta inti.

Ábhar breá tine a bhí sa leabhar a chabhródh leis an ruaig a chur ar fhuacht Mhí Feabhra, a dúirt sé leis féin anois. Agus é i ndiaidh fáil réidh leis an leabhar i ngníomh siombalach, bhraith sé mar a bheadh ualach ardaithe óna dhroim aige agus faoiseamh, dá réir sin, ar ailt mhéara a dhá lámh. Agus lig sin dó a aird a dhíriú ar a raibh ar siúl ina thimpeall.

Is ea, bhí a shraith seomraí bioránach fuar ó ordaíodh do na searbhóntaí gan ach a mbeadh de dhíobháil air an oíche sin agus an lá dár gcionn a fhágáil in Villa Mulini. Ní raibh fágtha de throscán sa

129

seomra seo ach an chathaoir, tábla beag mahagaine agus deasc. Agus mainicín plástair ar a raibh a chuid éadaigh iarnáilte crochta. Ba shábháilte istigh anseo iad ná amuigh, áit a raibh na searbhóntaí ag rith thart. Cheana, bhí na searbhóntaí i ndiaidh an leaba mhór théastair a iompar as an seomra codlata. Anocht, dá gcodlódh sé ar chor ar bith, luífeadh sé sa leaba champa iniompair chéanna a bhí in úsáid aige ar láithreacha cogaidh na hEorpa. Bhí sólás ag baint leis an smaoineamh sin anois agus é ag déanamh réidh leis an chath ba chinniúnaí a bhí buailte aige go nuige seo.

Mhothaigh sé cogarnaíl fheargach chomhrá amuigh san fhorhalla. Bhí ar na searbhóntaí dul ag cuardach cúinní agus ag ransú boscaí ar lorg stóras an fhíona ó ordaíodh dóibh an siléar thíos staighre a fholmhú. Níorbh fhiú an oiread is buidéal dá neachtar neamhaí féin a fhágáil d'oileánaigh aineolacha thíriúla nach raibh cleachtadh acu ach ar bhainne géar gabhar.

Tháinig an seomradóir ar ais. Bhí tráidire óir aige ar a raibh an buidéal fíona, caraf uisce ornáideach de Chriostal Víneach greanta le séala Impire na hOstaire agus gloine aonair den déantús céanna ar chuid iad d'fhoireann scóipiúil luachmhar ocht gcéad píosa a tháinig mar bhronntanas pósta ó athair a chéile (agus foireann ghloine a d'fhágfaí le haghaidh na dtuathánach a bheadh in ann cac iontu!). Lig sé don seomradóir leathghloine fíona a líonadh dó. Nuair a thug an seomradóir faoi deara leathanaigh losctha de chuid an leabhair ag titim amach ón teallach, ghluais sé i dtreo na tine, gan focal a rá, ghlan na duilleoga isteach sa ghráta athuair agus chuir a thuilleadh connaidh ar an tine. Ba léir é a bheith cleachtach ar mhodhanna léirmheastóireachta an Impire.

—An bhfuil aon rud eile uait, a Shoilse?

—Níl. Imigh a chodladh anois. Tá obair le críochnú agam.

Ní bhfaigheadh an seomradóir ná aon duine eile mórán codlata anocht. Ba go maith a thuig an tImpire gur mar sin a bheadh má bhíodar le bheith réidh lena seolta a ardú an oíche dár gcionn. Ach in ainneoin na tuirse is an tsaothair, d'oibreodh an seomradóir agus na

searbhóntaí eile ar a seacht ndícheall anois, agus iad ag pacáil is ag
cóiriú, ag réiteach is ag ullmhú, agus iad á ngríosú in am marbh na
hoíche ag an smaoineamh go raibh an tImpire ina shuí go fóill . . . Is
ag an smaoineamh go raibh siad ag fágáil slán ag an oileán mallaithe
seo. Ar a shon nár insíodh a dhath do na saighdiúirí faoina dtriall—
de réir thuairiscí an Ghinearáil Bertrand, bhí ráflaí ag guairneáil i
measc na bhfear nach chun na Fraince a bheidís ag dul ar chor ar bith
ach go Meiriceá, nó go dtí an Iodáil, nó go Sasana féin—bhí an tuiscint
go raibh siad ag imeacht áit éigin, tar éis dóibh na míonna díomhaoine
a chaitheamh anseo, i ndiaidh bealadh a chur faoina n-ioscaidí, luas is
léim a chur ina gcéim agus aoibh leathan an fhaoisimh a chur ar a
mbéal. Ní ba luaithe an tráthnóna sin, agus an tImpire ag obair ina
sheomra staidéir, mhothaigh sé cipe de *Les Grognards*, a
sheansaighdiúirí dílse ionúine sa *Garde impériale*, ag portaireacht agus
ag canadh 'La Marseillaise': '*Allons, enfants de la patrie/ Le jour de
gloire est arrivé!*' Bhuel, bhí sé geall le bheith ann, ar aon nós . . . Agus
é ag smaoineamh siar air anois, bhí air a admháil gur botún a rinne sé
cosc a chur ar an mhóramhrán sin de chuid na Muirthéachta i bhfad
siar. B'fhada é foghlamtha aige ó shin gurbh fhéidir leis siombailí de
chuid na Muirthéachta is na hImpireachta a cheangal le chéile chun a
leasa féin. Ar an téad áirithe sin, shocraigh sé a intinn ar mheamram
a scríobh chuig an Ghinearál Cambronne ar ball go mbronnfaí *Légion
d'honneur* orthu siúd sna *Grognards* nach bhfuair cheana é.

D'fhan an tImpire ina shuí go dtí gur thosaigh an seomradóir ag
cúlú go righin foirmiúil. D'éirigh sé ansin agus shiúil chuig an tábla
mahagaine ar a raibh an tráidire. D'ól sé súimín dá Bhurgúin
craorag as a neart, cheap an fíon idir a theanga is a choguas gur
bhlais sé deirge mhilis lánsaibhir na dí go sócúlach mall sular shlog
é. Ansin chomh cúramach staidéarach leis an mheisceoir sin de
Bhiocáire Ginearálta, L'Abbé Arrighi, agus é ag cur deoir spárálach
amháin uisce leis an fhíon sa chailís ar an Aifreann thíos ag
Portoferraio, dhoirt an tImpire steall thomhaiste uisce isteach sa
ghloine leathlíonta agus thosaigh ag blaisínteacht ar an deoch

mheasctha sular fhill sé ar an chathaoir os comhair na tine. A bhuí le hIsis na hÉigipte nach raibh airsean riamh an fíon logánta, an *aleatica*, a ól! Is níor ghá dó a bheith buartha feasta go mbeadh air é a dhiúgadh choíche ach oiread. Údar beag grinn i measc leadrán marfach na deich mí a bhí imithe thart ab ea freagairt na gcuairteoirí Sasanacha a chaitheadh an dinnéar leis anseo ag an Villa Mulini nuair a sholáthraíodh seisean an fíon garbh logánta dóibh—le linn dá chuid searbhóntaí a bheith ag doirteadh leathghloiní Chambertin dó i gcónaí, ar ndóigh—agus eisean ag maíomh as chomh bocht is a bhí sé. Is ar éigean a cheileadh sé a dhraothadh gáire nuair a thosaíodh na Sasanaigh chéanna ag cáineadh cheacharthacht na mBúrbónach nár íoc an pinsean a bhí dlite don Impire de réir airteagail Chonradh Fontainebleau . . .

Chuir an chuimhne seo ar Shasanaigh ag smaoineamh ar Campbell é. In Firenze a bhí an Coirnéal le deich lá anuas agus é in ainm is a bheith ag seachadadh a chuntais rúnda ar imeachtaí an oileáin le cur go Londain ar chóiste luais. Ag baint suilt as cuideachta na Cuntaoise Miniacci a bhí sé i ndáiríre. Níor thóg an tImpire an dúil a bhí ag an Choirnéal sa Chuntaois air, ná ar aon fhear ar mhó a dhúil i gcluiche beag an toill ná i gcluichí móra na cumhachta is na cinniúna. Bean bhreá dhóighiúil ab ea í a raibh tarraingt súl inti. Cad é mar a bheadh a fhios ag an Choirnéal cóir go raibh lánchiste francanna saothraithe aici ó ghníomhaithe an Impire chun a briocht draíochta a imirt ar Campbell agus é a choinneáil as an tslí? Nó go raibh cóipeanna dá thuairiscí curtha ag an Chuntaois go dtí an Ginearál Drouot ar an oileán ó shin? Faoin am a sroichfeadh na cóipeanna eile Sasana, bheadh an buille buailte agus an gaiste scaoilte.

Ar a shon gurbh fhada ó d'fhuaraigh an fháilte roimh Campbell féin in Portoferraio, bhí ar an Impire a admháil gur thaitin na Sasanaigh leis ar bhealach cam barrúil go fóill. Bhíodh a eolas orthu bunaithe ar a chuid léitheoireachta, ar an phortráidíocht orthu a bhí déanta ag scríbhneoirí, amhail Madame de Staël. Chun cothrom a thabhairt di siúd, bhí a raibh feicthe aige féin de Shasanaigh le bliain anuas chomh lionndubhach dúnárasach neamhphaiseanta leis an Tiarna Oswald Nelvil, laoch *Corinne*. Ach murab ionann is an Tiarna Oswald, níor tháinig siadsan chun blaiseadh den Iodáil ach chun stánadh ar ainmhí allta a bhí loctha i gcaighean . . .

Ag Pálás Fontainebleau Mí Aibreáin an mheabhail roimhe sin, nuair a bhí a chuid Marascal leithleasach i ndiaidh fealladh air, bhí an tImpire ag bualadh leis na hionadaithe ó airm na gComhghuaillithe a thionlacfadh is a threoródh é go St. Raphael, mar a rachadh sé ar bord *HMS Undaunted* go dtí an t-oileán beag seo. Chuir an tImpire ceist ar an Choirnéal an raibh cur amach aige ar shaothar an fhile *scozzese*, Ossian.

Bhain freagra lom an Choirnéil geit as an Impire.

—Ossian, file Albanach! arsa Campbell agus é ag caint le teann díspeagtha. An caimiléir brionnaithe sin, Macpherson, atá á mhaíomh agat!

—Mise a scaip clú agus cáil an mhórfhile, Ossian, ar fud na hEorpa, a d'fhreagair an tImpire le teann mórtais.

Sna laethanta tosaigh ar an oileán, d'fhóireadh sé don Impire go bhfanfadh Campbell. Fad is a bheadh sé sna bólaí seo, bhí barántas neamhoifigiúil ag an Impire go raibh sé féin faoi choimirce Rialtas na Breataine agus gurbh fhéidir leis cabhair Chabhlach Shasana a iarraidh dá mbagródh namhaid éigin ar ionsaí a dhéanamh ar an oileán: ó Chorsacaigh a lean Pasquale Paoli, a chuir i gcoinne údarás na Fraince riamh, is a raibh móid fola tugtha acu nach gcláróidís a ndeirfiúracha arís go mbeadh díoltas imeartha acu ar an tréatúir sin de shliocht Carlo Maria Buonaparte, go lucht leanúna na mBúrbónach nach gcláródh a gclann mac ina leapacha clúimh go mbeadh búistéir Duc D'Enghien ag iompar na bhfód.

I dtosach ba chuairteoirí rialta ag Villa Mulini an Coirnéal agus an Captaen Ussher ón *Undaunted*. Fear groí léannta a bhí sa Chaptaen, a raibh tuairimí meáite tomhaiste aige faoin pholaitíocht is faoi na healaíona araon. Ba mhór idir eisean agus Campbell, saighdiúir dúr gan samhlaíocht a chaitheadh níos mó ama ag éisteacht ná ag caint. Bíodh sin mar atá, chuir an tImpire spéis ar leith i ngeáitsíocht na beirte seo tráthnóna amháin a raibh glincín maith sa ghrágán acu.

Mar a tharla go minic cheana, bhí an tImpire ag caint ar ghnéithe éagsúla de stair na hEorpa le scór bliain anuas. Thosaigh sé ag moladh Shasana, agus é ag rá gur mhaith leis dul chun cónaí ann, go raibh dáimh aige leis na Sasanaigh riamh . . .

—Ní Sasanach mise. Albanach mé . . . Ní thuigeann na Sasanaigh muid, arsa Campbell go fíochmhar agus é ag cogaint a chainte.

—Ní Sasanach mé. Éireannach mé . . . Is fuath leis na Sasanaigh muid, arsa Ussher agus a theanga á ramhrú air.

Níor thuig an tImpire a meon siúd ag an am ná ó shin. Corsacach ó dhúchas ab ea é a thug dílseacht d'idéil Mhuirthéacht na Fraince. Idéil ab ea iad seo a sháraigh is a thrasnaigh teorainneacha náisiúnta. Níorbh ann do na seandílseachtaí seanbhunaithe seanchaite a thuilleadh. Nár throid Prúisigh taobh leis-sean? Nár tháinig comhlacht Lansaí Polannacha go hElba leis? Cinnte, léirigh stair na Fraince nár leor an Mhuirthéacht agus buile is gilitín na Seacóibíneach, ach go raibh géarghá le fear, agus le córas a bheadh in ann síocháin agus ord a bhuanú ar fud na hEorpa. Ach níorbh ionann an méid sin a admháil agus filleadh siar ar an seanchóras lofa a mholadh. An té a d'éistfeadh le Campbell is le hUssher agus iad ag caint ar sheanchoimhlintí suaracha na Breataine Móire, cheapfadh sé nár bhain scéala is anáil na Muirthéachta cósta Shasana amach riamh.

Bhí na Sasanaigh eile a tháinig go dtí an t-oileán le deich mí anuas gach pioc chomh dothuigthe céanna. I dtús báire, ábhar grinn ab ea é gur chuigesean a bhíodar ag teacht, a sean-namhaid, agus iad ag cúlchaint agus ag déanamh béadáin ar a chéile. Uaireanta, ba dheacair cur suas leis an lionn dubh mar ní dhearna sé ach méadú ar a mhíshásamh féin. Ach b'fhiú an t-am agus an fhéile a chaitheamh leis na cuairteoirí seo. Bhí a dtromlach chomh haineolach sin ar an fhíon gur ól siad go leor den *aleatica* chun an tsnaidhm ar a dteangacha a scaoileadh. Thug a gcuairteanna seans don Impire fáil amach cén dearcadh a bhí chun tosaigh i Londain. Lig sé dó cur ina luí ar na cuairteoirí nach raibh aon chontúirt ag baint leis-sean, Impire gan ríocht, gan arm, gan chabhlach . . . ach dá mba rud é gur impigh an náisiún Francach airsean am éigin amach anseo filleadh is seirbhís a dhéanamh ar a son, gur dhuine réasúnta é a bhféadfadh na Sasanaigh comhoibriú leis . . . Bhí fir stáit i Sasana, an Tiarna John Russell agus an Bíocunta Ebrington, báúil leis, agus ba lú a n-eagla roimhe féin ná roimh bhagairt na Rúiseach ná roimh uaillmhian na nOstarach. Bheadh a gcabhair de dhíth ar an Impire anois chun na Sasanaigh a choimeád amach as aon chomhghuaillíocht nua.

B'fhoinse eolais ar a raibh ar siúl amuigh na cuairteoirí, ach ní raibh an tImpire dall air riamh go raibh siadsan ag féachaint le faisnéis a bhleán uaidh faoina raibh á bheartú aige: an bhfanfadh sé ar Elba? . . . an raibh sé ag cur lena arm agus lena chabhlach? . . . an raibh sé i dteagmháil le Murat is lena dheirfiúr féin, Caroline, in Napoli? . . . an raibh sé ag déanamh réidh le srán a thabhairt ar an Fhrainc nó ar an Iodáil? . . . I gcónaí gcónaí, d'aithin sé an cheist nár cuireadh riamh laistiar de stánadh súgach na Sasanach: cad é mar a chuirfeadh fear, ar shín a Impireacht ghlórmhar ó Elbe na Prúise go hEbro na hIbéire, a chaith leathchuid dá shaol mar phríomhaisteoir ar ardán na hEorpa mar ar stáitsíodh eipic mhór na staire, cad é mar a chuirfeadh sé suas choíche le mionpháirt bhídeach i bhfronsa den tríú grád ar Elba an bheobháis?

Dóbair go dtachtadh an cheist cheannann chéanna é go minic i gcaitheamh na deich mí anseo. Ach ba é fírinne an scéil é nach raibh a fhios aige, ar theacht dó i dtosach, cad a dhéanfadh sé feasta. *'Je suis un homme mort,'* a deireadh sé go rialta liodánach. Dá bhféadfaí a áiteamh nach raibh ansin riamh ach cleas cliste chun maolú ar amhras a naimhde agus an dubh a chur ina gheal orthu faoina raibh beartaithe ag an Impire, cuntas lom fírinneach ar a shaol is ar a staid is ar a stádas anois ar an oileán beag seo a bhí ann fosta.

135

Uaireanta, chreideadh sé gur thrua nár tugadh an Chorsaic féin dó mar áit ionnarbtha. Ó mhullach Monte Capanne, d'fhéadadh sé a oileán dúchais a phiocadh amach siar uaidh ar lá glé glan. Thuig sé nach mbeadh sé slán sábháilte ansin ó agairt fhíoch bunaidh na gCorsacach. Ach b'fhearr dul sa seans agus bás glórmhar an laoich a fháil agus claíomh is muscaed ina láimh aige ar bhlár catha ná seargadh is críonadh anseo. Ar an drochuair, ba mhó an dúil a bhí ag a shinsir riamh sa deoch nimhe agus i sá obann mhiodóg an fheallmharaithe de shiúl na hoíche ná san ionsaí oscailte. Chreid an tImpire i dtólamh nár dhual dó titim faoi láimh an fheallmharfóra agus b'fhearr dá bhrí sin a áit dhúchais a sheachaint is gan dúshlán na cinniúna a thabhairt.

Ina ionad sin, bronnadh Elba air. Ar theacht ann dó Bealtaine na bliana roimhe sin, thug sé cúrsa an oileáin. Níor thóg sin mórán ama ar an Impire, nuair nach raibh an t-oileán ach sé mhíle dhéag ar a fhad is níos lú ná deich míle ar a leithead. Is ea, ar an chéad, agus ar an dara radharc, oileán beag suarach ab ea é ar imeall an domhain mhóir. Ach, nuair a ráinig leis an beaguchtach a chur de, rith sé leis go bhféadfadh sé trí mheán a phearsantachta, a chlú, agus a mheabhair chinn, lárionad domhanda ealaíon is eolaíochta a dhéanamh de. Is chrom sé ar scéimeanna feabhais is ar phleananna forbartha a dhréachtú. D'eagródh sé Elba mar a d'eagraigh sé an Éigipt cúig bliana déag roimhe sin.

Ba í an chéad chéim ná an Chúirt Impireachta a athchruthú. B'fhéidir nárbh ionann Villa Mulini is Palais des Tuileries ó thaobh maorgachta agus taibhseachta de. B'fhéidir nach raibh San Martino, an díseart samhraidh, is Palais de Fontainebleau inchomórtais ó thaobh compoird de. Ba chuma faoi sin. Ba leor mar chúiteamh spiorad is atmaisféar agus timpeallacht na hImpireachta. Agus searbhóntaí agus seomradóirí agus oifigigh agus feidhmeannaigh gona dteideal cúirte gona n-éidí snasta mar a bhíodh i bpáláis na hImpireachta i bPáras.

B'iontach an fuinneamh a chaith sé sna laethanta luatha sin agus é ag scríobh meamram is ag iniúchadh pleananna chun córas uisce is

136

séarachais a shuiteáil in Portoferraio an bhréantais, chun gréasán bóithre agus daingne míleata a thógáil timpeall an oileáin, chun na mianaigh iarainn a fhorbairt agus tuathánaigh an oileáin a chur ag fás cruithneachta is crann úll agus fíonchaora den scoth. Agus é ag smaoineamh siar anois, thuig sé gurbh ionann an fuinneamh seo agus an histéire amhail is nach raibh sé sásta stopadh sách fada chun ligean don fhírinne ghlan ghránna dul i gcion air. B'fhearr a bheith ag gluaiseacht agus é féin a thuirsiú idir aigne agus chorp chun an ruaig a chur ar smaointe faoi cé chomh dearóil is a bhí a shaol anois. In ainneoin na scéimeanna forbartha uilig, ní fhéadfadh sé éalú go huile is go hiomlán ar chúpla buncheist. Cad ab fhiú Cúirt Impireachta Phárais a athchruthú nuair nach raibh ann ach cur i gcéill gan substaint gan tathag? Cad ab fhiú Gairdín Pharthais a dhéanamh den sceir sceirdiúil seo a raibh dearg-ghráin ifreanda aige air?

Diaidh ar ndiaidh, lig sé na scéimeanna feabhais i ndearmad. Chuir sé roimhe a chuid Cuimhní Cinn a bhreacadh. Nárbh eisean an duine ab fhearr—an t-aon duine oilte—a bheadh in ann glóir na Ré *napoléonienne* a ríomh. Is ea, ba gheineas míleata é dála Alastar Mór na Macadóine roimhe. Ach eisean amháin a thuig an fear ina iomláine. Eisean ab fhearr a thuigfeadh an bhéim cheart le cur ar na heachtraí míleata seachas an *Code Napoléon*: . . . an phátrúnacht a bhí déanta aige ar na healaíona . . . an dóigh ar maisíodh Páras le foirgnimh a tógadh faoina stiúir . . . na bóithre thar na hAlpa is na cuanta is na canálacha is na báisíní ó cheann ceann na hEorpa . . . Dá mbeifí ag iarraidh an fear is a ghníomhartha a thuiscint is a mheas go beacht, ba ghá na codanna éagsúla den Impire a aithint: fear cogaidh ab ea é ceart go leor ach fear dlí, fear cultúrtha, fear fealsúnachta, fear tógála, fear riartha a bhí ann fosta. Leis an díograis ba dhual dó, luigh sé isteach ar thasc seo na gCuimhní Cinn, dhréachtaigh scéim mhór is sceideal don chomóradh scóipiúil buan seo ar a Ré Ghlórmhar . . . Comóradh ar a Ré Ghlórmhar! . . . Comóradh ar ré! . . . Ba go mall a thuig sé cad a bhí idir lámha aige, cad a chiallaigh na focail sin . . . Admháil a bheadh ina leithéid go raibh an Ré sin thart, nach raibh i ndán dó ach a bheith ag breathnú siar . . . Ní fhéadfadh sé a chreidbheáil go raibh a ré thart. Níorbh fhéidir go raibh sé sa chinniúint aige bás a fháil den spadántacht ar oileán beag iargúlta. D'éirigh sé as scéim na gCuimhní Cinn chomh hobann beo is a tréigeadh na scéimeanna feabhais.

Ó tharla nach raibh sé ag gabháil d'aon mhórthionscadal, thosaigh sé ag titim chun feola. Bhí laethanta ann nuair ab ar éigean a d'fhágadh sé Villa Mulini, laethanta nach bhfeiceadh sé ach corrdhuine dá fhoireann. An chuid eile den am, bhíodh sé ag caint ar na seanlaethanta. Nó mheileadh sé na tráthnónta ag imirt *écarté* agus *reversi* nó dúradán lena mháthair, Madame Mère, nó ag freastal ar choirmeacha ceoil nó ar dhrámaí. Ach i ndeireadh na péice, d'imíodh gach duine eile agus d'fhágtaí leis féin é ina shraith seomraí, agus gan aige ach buidéal maith Chambertin, a chuid leabhar agus a chuid cuimhní.

Ba í an oíche an t-am ba mheasa leis: oíche i ndiaidh oíche nuair a chorraíodh sé ina chodladh is gan é in ann titim ina thromshuan. Faoi dheireadh thiteadh míogarnach chodlata air go músclaíodh brú tobann nimhneach sa lamhnán é agus go mothaíodh sé an leaba ina líbín báite faoi. 'Tá fuacht ar an Impire,' a mhíníodh an lia, Foureau de Beauregard. Agus oícheanta eile ina dhiaidh sin nuair a d'fhliuchtaí an leaba athuair, bhréagnaíodh de Beauregard é féin tríona fhógairt go raibh fiabhras cnámh ar an Impire anois . . . Ba mhairg a bheadh i dtaobh le brealsún a bhí ina thréadlia i stáblaí an Impire tráth . . . De réir thuairiscí an Ghinearáil Bertrand, bhí scéalta grinn le cloisteáil i measc na searbhóntaí go mbáfadh an tImpire é féin i linn mhór mhúin oíche de na hoícheanta seo mura mbeadh sé cúramach . . .

Agus é sínte ar a leaba, ina lándhúiseacht, bhí neart ama ag an Impire a bheith ag cuimhneamh siar: ar Josephine bhocht, a sheas leis go dílis trí ghlacadh leis an cholscaradh is, fiú, trí impí air ceadú di pianta na deoraíochta a roinnt leis go bhfuair sí bás le déanaí . . . Ar na botúin a bhí déanta aige . . . trí bhacadh leis an Spáinn an chéad lá riamh nuair nár chónaigh sa tír shuarach sin ach tuathánaigh mhallaithe a bhí ró-uiríseal róphiseogach chun fiúntas a Chóid Shibhialta a thuiscint is chun an tsaoirse a bhí á bronnadh orthu ón tíorántacht a aithint . . . trína fhuinneamh is trí am a chur amú ag féachaint le *Le Blocus continental* a chur i bhfeidhm . . . trí gan an gaige de phéacóg Phrúiseach sin, Freidric, a phiocadh go smior nuair a bhí sé faoi bhois an chait aige féin . . . trí ligean d'Alsandar na Rúise a arm is a chumhacht a atógáil i ndiaidh Austerlitz agus Friedland . . . trí chead a chinn chealgaigh i gcuibhreann na taidhleoireachta a thabhairt do Talleyrand, Easpag Autun lá dá raibh, an stoca síoda sin lán le cac nach raibh de dhia aige riamh ach a chuid uaillmhéine míchráifí dímhorálta féin . . . trí gan diansmacht a choinneáil ar a chuid Marascal, Bernadotte agus Murat agus Ney agus Marmont, ar beathaíodh agus ar ramhraíodh ar chreach a bhuanna féin iad agus a thréig é chun an chreach sin a chosaint . . .

In ainneoin a ghaoil ghairid le Murat, ba ar Bernadotte ba mhó a dhírigh sé arraingeacha a fheirge. Ba é an fealltóir sin ba mhó a threaghd an Impireacht trí thaobhú leis na Comhghuaillithe tar éis don Impire ceadú dó imeacht is a bheith ina Phrionsa Corónach ar an tSualainn . . . Is ea, an Prionsa Corónach Charles mar a thug an bastard air féin anois! . . . Cuir *alaetica* i gcorn óir agus mún camaill is ea é i gcónaí . . . Nárbh eisean, an tImpire, athair baiste Oscair, mac Bernadotte? Is ea, Oscar. Mac an mhórfhile *scozzese*. An t-ainm oirirc a bhí ceaptha ag an Impire faoi choinne a oidhre in ómós d'Ossian, ach amháin gur sciob an nathair nimhe é faoi choinne a bhastairdín soipín féin. Ní ina Impire ar an Fhrainc a bheadh aon Oscar feasta ach ina rí ar thundra reoite tuaisceartach. Ní ina Impire ar an Fhrainc a bheadh aon Oscar feasta . . . ach chaithfeadh sé a chinntiú go mbeadh a mhac féin, Joseph-François-Charles, Rí na Róimhe, ina Impire Napoléon II, go mbuanófaí clann a chlainne i gceannas ar an Fhrainc.

Ní raibh a mhac feicthe aige ó Eanáir na bliana roimhe sin nuair a d'fhág sé slán aige is chuir roimhe na Comhghuaillithe a dhíbirt ó fhearann na Fraince. Ó tháinig sé go dtí an t-oileán seo, bhí sé i ndiaidh scríobh chuig an Bhanimpire ag tathant uirthi a mac a thabhairt go hElba. Ar feadh na deich mí, na trí chéad lá ar an oileán, bhí sé ag feitheamh le scéala ó Marie-Louise go raibh sise agus Rí na Róimhe ar an tslí chuige. B'fhada ó d'fhreagair an Banimpire aon chuid den chomhfhreagras agus í ag meilt a cuid ama ina gnáthóg suirí i Vín le Cunta von Neipperg na leathshúile. Ba mhéanar dó siúd a chaith oíche scléipe le bean bhánfholtach: ba mhairg a bheadh ag dréim leis an dílseacht uaithi ar chéadbhloscadh na camhaoire.

Ba chuma leis an Impire faoi bheith ina chocól. Ba chuma leis faoi imeachtaí Marie-Louise. Ní raibh inti riamh ach broinn a fostaíodh chun oidhre a sholáthar is chun síocháin shealadach a dhéanamh lena hathair. Ach bhí greim ag Impire na hOstaire ar Rí na Róimhe. Is maith a thuig Francis gurbh ionann sin agus deireadh leis an Impireacht *napoléonienne*. Má bhí aon chúirt impiriúil le bheith i bPáras arís choíche, níor mhór tabhairt ar Francis Rí na Róimhe a thabhairt suas trí bhriseadh air ar pháirc an chatha is tríd an chumhacht a athbhuachaint.

An chéad chéim ná an filleadh ar an Fhrainc agus na seanuaisle a bhí i réim i bPáras a athruaigeadh. Chreid Louis Bourbon-Orléans go raibh sé féin compordach daingean sna Tuileries. Ach anois, agus gan ach trí ráithe caite ag an Impire ar an oileán beag seo ar an Mheánmhuir, bhí cuntais faighte aige ar an dóigh a raibh *la légende napoléonienne* ag fás agus ag dul i neart in aghaidh an lae. Nárbh iomaí cuntas eile a bhí cloiste aige ar an tslí a raibh pobal uasal na Fraince ag tarraingt anuas bratacha bána na mBúrbónach agus ag caitheamh seile ar an lile agus ar an chnota bán, suaitheantais na mBúrbónach? Is ea, agus ar an dóigh a raibh daoine ag crochadh Trídhathach i sráidbhailte na Fraince de shiúl na hoíche agus a raibh an tsailchuach, bláth ildaite *Bonapartiste*, le feiceáil ar chótaí i bPáras agus daoine ag maíomh le teann lúcháire go mbeadh an tsailchuach le feiceáil go luath san earrach i mbliana, gan aon agó . . .

Níor ghá ach sracfhéachaint ar an ealaín a bhí ar siúl ag Comhdháil Vín go dtuigfí go raibh sé féin i mála an tsnátha ghil anois. Ó díbríodh é féin, bhí na Comhghuaillithe ag argóint le chéile chomh nimhneach binbeach le scata ban níocháin faoin dóigh a roinnfidís an chreach. Cé a gheobhadh an Pholainn? Cad a tharlódh don tSacsain? Cad a dhéanfaí leis an Iodáil? Bhí an faitíos agus an t-éad ag méadú in aghaidh an lae de réir mar a tháinig imní orthu uilig go ndéanfaí socruithe rúnda a thiocfadh idir iad agus cur i gcrích a n-uaillmhéine. Agus is ar éigean a bhí an chnámh spairne ba mhó coganta acu ar chor ar bith—cén teorainn a bheadh ag an Fhrainc feasta? An tseanteorainn a bhíodh aici faoi na Búrbónaigh nó an teorainn nádúrtha ón Réin go dtí na hAlpa go Sléibhte na bPiréiní. De réir na gcuntas a bhí á bhfáil ag an Impire óna chuid spiairí, bhí Louis sásta glacadh leis an tseanteorainn. Ach ní ghlacfadh muintir na Fraince le géilleadh den saghas sin choíche.

D'fhéadfadh sé féin fanacht anseo go foighdeach ar chuireadh le teacht abhaile chun an Fhrainc a shábháil nuair a theipfeadh ar na Búrbónaigh. Ach amháin nach bhféadfadh sé a bheith cinnte anois go ligfí dó fanacht anseo tar éis dó ráflaí a chluinstin go raibh a naimhde ag smaoineamh ar é a dhíbirt go hifreann eile darbh ainm St. Helena i lár an Aigéin Atlantaigh.

Ní raibh ach an dá rogha aige: fanacht go bhfágfadh sé Elba le dul chun báis in ionad nua deoraíochta, nó imeacht anois agus dul sa seans go gcasfadh roth na cinniúna ina fhabhar athuair . . .

D'éirigh sé ón chathaoir chun a ghloine a athlíonadh le fíon is le huisce. Stop sé ag an deasc chun amharc ar an dá leabhar a bhí ina luí ann. Nuair a ordaíodh go bpacálfaí imleabhair a leabharlainne, níor choimeád sé siar ach trí shaothar. Ní raibh sé lánchinnte fós cad chuige ar choinnigh sé *Corinne*. Níorbh ionann an dá cheann eile is rómánsaíocht mhaoithneach Madame de Staël. Murab ionann is *Ossian* is *Werther*, dheamhan laochas a bhí ag roinnt le pearsana leamha *Corinne*. Murab ionann is *Ossian* is *Werther*, dheamhan paisean a bhí ag roinnt le lionn dubh *Corinne* . . . Ar bhealach, bhí fonn air blaiseadh de na leabhair sin a raibh cosc orthu ar a ordú féin lena réim. Ar bhealach eile, bhí sé ag smaoineamh ar an oíche dár gcionn agus ar an dóigh a rachadh an scéala i gcion ar a sheanchéile comhraic, Madame de Staël, i bPáras.

Ba iad *Werther* agus *Ossian* a chairde cléibh le breis is scór bliain. Bhí an dá shaothar leis, ar imeacht chun na hÉigipte dó. Bhí siad leis, ar bhriseadh saor ó imdhruidim Nelson dó. B'iomaí leabhar a dhóigh sé ag campaí nó a theilg sé amach óna chóiste Impiriúil nuair a thaistealadh sé bóithre na hEorpa, ach níor scar sé leis an dá leabhar sin.   An oíche sular buaileadh cath, ba ghnách leis-sean seal a chaitheamh ag léamh sleachta as na saothair. Ba chuid bhunúsach de dheasghnáthas is d'ullmhúcháin na réamhchogaíochta aige é, díreach mar a thugadh sé cuairt ar an láthair ina mbeadh an cath le troid, a théadh sé ar chapall ó reisimint go reisimint le cinntiú go raibh na trúpaí cóirithe i gceart, a bhailíodh sé le chéile na Marascail chun miontreoracha a thabhairt dóibh faoi obair an lae a bhí amach rompu, a scrúdódh sé na hospidéil mhachaire agus—cleas eile ab ea é seo a thugadh misneach agus spreagadh do sheansaighdiúirí is do ghlasearcaigh araon trí chur ina luí orthu go raibh an tImpire buartha faoi gach mac máthar acu—shiúladh sé tríd an champa is stopadh chun forrán ina n-ainm féin a chur ar chuid de na saighdiúirí i mbiobháig. Nach mar sin a bhí ag Marengo . . . Jena . . . Eylau . . . Friedland, na buanna móra a thug sé agus a bhfanfadh a gclú i mbéal an phobail nuair a bheadh dearmad déanta ag pobal na hEorpa ar an scirmisc bheag úd ag Leipzig? Nach raibh dearmad déanta cheana ag muintir na Fraince ar fheachtais mhí-ámharacha na Rúise is na Spáinne ó d'fhill na Búrbónaigh? Ach mhairfeadh clú na mbuanna. Is ea, agus clú na mbuanna a bhí le teacht. Ba mhaith ba chuimhin leis an oíche roimh an chath ba mhó a throid sé go dtí seo. An chéad lá de Nollaig 1805 a bhí ann—nó *11 Frimaire, L'an 14* den Mhuirthéacht, de réir Fhéilire na Poblachta. Ag deireadh na hoíche, luigh sé síos i bhfoscadh beag garbh a bhí tógtha ag a chuid Gránadóirí faoina choinne. In ainneoin aghaidh fidil na muiníne, bhí sé imníoch neirbhíseach faoina dtarlódh le breacadh an lae. Faoi sholas lag coinnle, thóg sé amach a chóip de dhánta Ossian, agus léigh is d'athléigh iad gur thit sé ina thromshuan. An mhaidin dár gcionn, dhíothaigh sé airm na hOstaire is na Rúise ar bhláth catha Austerlitz. Anois thóg sé ina lámha *Poesie di Ossian, antico poeta celtico.* D'oscail sé an leabhar ag 'Amhráin Selma.' Teistiméireacht ab ea smáil an fhíona agus smearadh na snaoise go raibh na sleachta seo léite aige arís is arís eile. Déanta na fírinne, níor ghá dó amharc ar an téacs: bhí na píosaí seo de ghlanmheabhair aige. Is teistiméireacht ab ea na marcanna uaillbhreasa tríd síos gur thaitin sé leis na píosaí a aithris os ard amhail is gur léiriú stáitse é. B'iomaí oíche, le breis is scór bliain, a reic sé na sleachta sin ag tionóil dá chuid fo-oifigeach. Bhí cúpla seisiún den saghas sin acu san amharclann bheag a bhí tógtha aige anseo in Villa Mulini. Nuair a bhíodh sé ag léamh go poiblí, choinníodh sé an leagan Iodáilise os a chomhair mar thaca stáitse ar a shon go raibh sé á reic as Fraincis. Chuala sé corr-scéilín nár thuig gach duine a chuid Fraincise, ach b'fhollas go ndeachaigh a stíl mhaorga státúil reacaireachta go mór i gcion ar an lucht éisteachta, idir oifigigh is uaisle an oileáin. Ba dhaoine neamhchultúrtha a bhformhór, ach ní fhéadfaidís gan sonrú a chur sa chumhacht agus sa phaisean ina ghuth.

Sheas sé anois cois teallaigh, an leabhar ag a thaobh, a dheasóg sáite isteach faoi chnaipí a chasóige aige is a shúile dírithe ar dhallóga troma na fuinneoige, agus chrom ar shliocht a aithris:

Stella maggior della cadente notte
Deh come bella in occidente splendi!
E come bella la chiomata fronte
Mostri fuor delle nubi, e maestosa
Poggi sopra il tuo colle! E che mai guati
Nella pianura? i tempestosi venti
Di già son cheti, e 'l rapido torrente
S'ode soltanto strepitar da lungi,
Che con l'onde sonanti ascende e copre
Lontane rupi: già i notturni insetti

Sospesi stanno in su le debili ale,
E di grato susurro empiono i campi.
E che mai guati, o grazíosa stella?
Ma tu parti e sorridi; ad incontrarti
Corron l'onde festose, e bagnan liete
La tua chioma lucente. *Addío soave*
Tacito raggio: ah disfavilli omai
Nell'alma d'Ossian la serena luce.
[A réalt mhór a éiríonn le titim na hoíche,
Gléigeal glinn atá do sholas san Iarthar íon!
Ardaíonn tú d'fhíorchló ón néal-leaba,
Maorga atá do chéim ar éirí duit.
Cad a fheiceann tú sa mhachaire?
Ciúin calma atá an ghaoth.
Cluintear monabhar na tuile i gcéin.
Briseann na maidhmeanna toinne i gcoinne na ciancharraige.
Tá feithidí an fheascair ag eitilt faoina sciatháin fhanna;
Cloistear a monabhar thíos sa bhán.
Cad a fheiceann tú, a sholais bháin?
Caochann tú súil is téann as radharc.
Bailíonn na tonnta i do thimpeall le tréan lúcháire:
Níonn siad do dhuala draíochta.
Mo shoraidh slán, a gha an chiúnais!
Go n-éirí solas anam Ossian!]

Lean sé den reacaireacht, agus é faoi dhraíocht ag a ghlór féin, ag an teanga, ag na híomhánna agus ag an bheoléiriú paiseanta ar laochas is ag traigéide Ossian . . . Fingal gaoiseach . . . Ullin foltliath . . . Rino maorga . . . Alpino béalbhinn . . . agus Minona an chaointuirimh . . . Agus Colma bhánbhrollach agus í ag caoineadh ar an uaigneas:

È notte: io siedo abbandonata e sola
Sul tempestosa colle: il vento freme

144

Sulla montagna, e romoreggia il rivo
Giù dalle rocce, nè capanna io veggo
Che dalla pioggia mi ricovri: ahi lassa!
Che far mai deggio abbandonata e sola
Sopra il colle de'venti? . . .
[An oíche atá ann: agus mé liom féin
Ar chnoc na n-anfaí: cluintear an ghaoth
Insa sliabh, agus an tuile ina léim buinne,
Ina dhíle bháistí an charraig anuas;
Faraor, gan dídean gan foscadh agam
Mo léan, gan tearmann gan tíos agam,
Agus mé liom féin ar chnoc na ngaoth . . .]

Scor sé den reacaireacht i dtoibinne. B'oiriúnaí ar oíche roimh imeacht dó sliocht lán den ghliondar ó 'Callin di Cluta' ná crá croí Colma . . . Nárbh é seo an t-amhrán áirithe a léigh Werther an chroí bhriste chráite do Lotte sular mharaigh sé é féin? Agus faoi mar a thuig an tImpire de gheit, nárbh é sin an píosa a bhí á léamh aige an oíche sin in Aibreán 1814 ag Fontainebleau nuair a rinne sé iarracht lámh a chur ina bhás féin? . . .

Tháinig taom deargnáire air anois agus é ag cuimhneamh siar ar an eachtra shuarach sin. Smál a bhí ann ar a oineach . . . ach smál a bhí ann a ghlanfadh sé trína ghníomhartha gaisce feasta. Léiriú a bhí san iarracht féinmharaithe ar an ísliú meanman a bhí air tar éis dá chuid Marascal loiceadh air. Tar éis lá mór díospóireachta ar a thodhchaí, bhí sé i ndiaidh dul a chodladh ach dhúisigh sé roimh i bhfad agus é cráite ag an tubaiste a bhí i ndiaidh titim amach. Las sé coinneal, tharraing amach a leagan Iodáilise de *Die Leiden des jungen Werthers* le Goethe, agus thosaigh ar an chuntas faoin chuairt deiridh a thug Werther ar Lotte, a leannán, a léamh. Bhí cuimhne ghlé shoiléir ar ar tharla ina dhiaidh sin ag an Impire. B'ionann é is Werther íogair paiseanta an leanna dhuibh. Bhí an bheirt acu gan dóchas. Mar a bhí déanta ag Werther, chuirfeadh sé féin deireadh lena bheophian.

145

D'éirigh sé den leaba. Ní raibh gunna aige ina sheomra leapa, ach bhí gléas maraithe eile aige a dhéanfadh an chúis go héifeachtach críochnúil. D'aimsigh sé an tiachóg bheag a choinnigh sé i ngar dó i gcónaí ó na drochlaethanta ar an bhóthar anoir aduaidh ó Mhoscó an mhéala nuair a bhí scanradh an domhain air go mbéarfadh na Cosaic air. D'ullmhaigh sé an deoch suain: meascán d'uisce, de chodlaidín, de lus mór na coille agus d'eileabar bán, d'fhill ar an leaba, shlog an deoir mhilis dheireanach de agus d'fhan le titim ina shrann chodlata, d'fhan leis an deireadh . . . Dheamhan smaoineamh a rinne sé ar Rí na Róimhe, ar an Bhanimpire, ar a mhuintir, ar an Fhrainc féin. Bhí gach fadhb agus deacracht taobh thiar de anois . . .

Níor oibrigh an deoch. Is ea, thit sé ina chodladh agus mhúscail sé i dtoibinne, lig cnead as agus bhí ag caitheamh aníos ar a leaba nuair a rith an seomradóir isteach. Bhí na drugaí sa deoch shuain lochtach mar gheall ar fhuacht marfach na Rúise, faoi mar a míníodh an scéal dó ó shin. Níorbh fhíor sin. Níor oibrigh sí, ní toisc an meascán a bheith fabhtach gan bhrí ach toisc nach raibh sé i ndán dósan bás a fháil mar sin. Bhí sé de chinniúint air maireachtáil agus a chéim is a cháil a athshealbhú. Is éard a bhí i gcinneadh Werther óig lámh a chur ina bhás féin toradh loighciúil do-sheachanta ar a bheatha. Ní raibh sé sa chinniúint ag an Impire aithris a dhéanamh ar Werther, faoi mar a dhéanadh glúin ógfhear truamhéalach, a chaitheadh cótaí gorma agus bríste buí den saghas a chaitheadh Werther is a mharaigh iad féin de dheasca an ghrá gan chúiteamh. Níor dhual dósan géilleadh don lionn dubh is don chlaonadh i leith an fhéindíothaithe. Dhéanfadh sé na laigí seo a bharraíocht trína admháil gurb ann dóibh.

Cibé ar bith, níorbh iad Werther is a lucht leanúna amháin a chuir lámh ina mbás féin. Ba í sin an tslí éalaithe ba mhó a thaitin le cearrbhaigh bhriste. Mar fhear a thuig an tábhacht a bhain le scríobh na staire, thuig an tImpire go laghdódh críoch uiríseal mar sin a áit is a stádas i gcroinicí an chine dhaonna. Ach thar aon ní eile, ba iadsan a bhí faoin fhód an t-aon dream nach bhféadfadh filleadh ó na mairbh choíche. Agus chomh siúráilte leis an bhás féin, bhí sé sa chinniúint aige aiséirí ó bheobhás Elba . . .

Anois, faoi sholas na gcoinnleoirí craobhacha, luigh súile an Impire ar an mhainicín sa chúinne agus ar na héadaí a bhí roghnaithe aige féin agus ag Marchand, a ghiolla coimhdeachta. Ba go cúramach a thogh siad an feisteas seo mar ba iad seo na héadaí a bheadh air nuair a d'fhágfadh an tImpire an t-oileán seo chun a oidhreacht a athshealbhú.

Bhí stocaí bána den síoda mín réidh ann a tharraingeodh suntas ar lúth na gcos ann.

Bhí bríste bán glúine caismíre ann a chloífeadh go teann sníofa le matáin a ghéag.

Bhí veist mhuinchillí den déantús céanna ann a luífeadh le cruas a bhoilg agus a chlúdódh a thóin ar eagla go loicfeadh a lamhnán air.

Bhí stoc dubh síoda ann a tháinig le dath na súl.

Bhí cóta dúghorm ann gona lipéid bhána gona chufaí scarlóide den saghas a chaitheadh oifigigh ghránadóirí den *Garde impériale.*

Bhí an claíomh ann a chaith sé ag Austerlitz agus a bheadh ina shobharthan aige.

Bhí na Boinn ann: an *Grand-Aigle* den *Légion d'honneur* agus Coróin Iarainn na hIodáile. Cad ab fhiú córas onóracha a bhunú mura raibh na gradaim ab airde aige féin?

Bhí an cnota trídhathach ar a bhéabhar dubh le cur ina luí ar mhuintir na Fraince nach raibh dearmad déanta aige ar fhréamhacha na Muirthéachta.

Bhí buataisí snasta leathair ó Northampton Shasana ann: bhí teorainn riamh le *Le Blocus continental*, nuair a d'oireadh sé dó féin. Ar scor ar bith, chuir siad orlach lena airde.

Ghluais an tImpire i dtreo an teallaigh agus sheas ag breathnú ar an tine a bhí ag dul in éag. Chrom sé síos, thóg leathanaigh loiscthe den úrscéal agus chaith isteach sa tine iad. Is ea, bhí a fhios aige ina chroí le tamall gur ghá dó Elba a fhágáil. Is ea, bhí gach rud réidh. Fós, bhí cearthaí air ar eagla nach raibh sé ag imirt a bhirt mar ba chóir.

D'fhéadfadh sé an t-imeacht a chur ar ceal. Thiocfadh leis a fhógairt nach raibh *L'Inconstant* acmhainneach le haghaidh an turais chun na Fraince mar gheall ar an dochar a rinne an stoirm mhór di . . . Nó go raibh eolas faighte ag na Comhghuaillithe faoina phleananna . . . Thiocfadh leis a rogha leithscéal a úsáid: ba eisean an tImpire. Bheadh míshásamh ar a chuid fear ach bhí siad dílis dó, agus fad is go raibh neart le hól acu agus cead a gcinn acu a bheith ag clárú bhantracht ghránna chúghnúiseach Portoferraio . . . Bhí an rogha aige fanacht, féachaint an raibh na Comhghuaillithe chun é a dhíbirt ón tearmann daingnithe seo . . . nó fanacht go gcuirfeadh muintir na Fraince gairm scoile air . . .

Cad a dhéanfadh Oscar agus an bhuíon laochra sin? Cad a dhéanfadh Ossian cróga dá mbeadh sé i dteannta den chineál seo? Bhí an tImpire suite de nach luíodh sé siar agus fanacht go fadfhulangach le cur i gcrích a chinniúna. Mar i ndeireadh na dála, mura gcoisctear an chinniúint, ba é an fear féin a raibh sracadh ann a chruthaigh is a cheap an chinniúint sin dó féin lena dhásacht, lena thoil, lena phearsantacht, lena ghníomhartha . . . Is ea, bhí a intinn socair aige anois. Thabharfadh sé a aghaidh ar an chinniúint sin an oíche dár gcionn agus dá mbeadh sé thíos leis sin, ba é a scríobhfadh na croiniceoirí gur thit Bonaparte agus é ag troid go dtí gur imigh an dé deiridh as.

Idir an dá linn, bhí a thuilleadh réamhullmhúcháin le déanamh aige. An chéad tasc anocht ná forógra a dhréachtú le haghaidh a chuid fear, a spreagfadh is a sporfadh iad ar an turas a bhí rompu ar ais go Páras tríd an fhuil is an *Chauvinisme* araon a chur ag coipeadh ina bhféitheacha . . . Níorbh fhiú a bheith ag caint ar an pholaitíocht: saighdiúirí ab ea iad . . . Níorbh fhiú a bheith ag caint ar na hathruithe a dhealódh an córas nua ón tsean-Impireacht: b'fhearr leis-sean gan barraíocht gealltanas a thabhairt a chuirfeadh srian lena chumhacht amach anseo . . . Níorbh fhiú a bheith ag tabhairt amach faoi na Búrbónaigh bhómánta: b'fhearr cloí le ton dínitiúil ná géilleadh don áiféis. As a sheanchleachtadh ar a bheith ag dréachtú fógraí is meamram, thuig sé gurbh éard a bhí ag teastáil uaidh meafar láidir a rachadh i gcion ar na saighdiúirí, meafar a bhféadfaidís ionannú leis ar bhonn na mothúchán. Nuair a bheadh sin aimsithe aige, thiocfadh leis an forógra iomlán a thógáil timpeall air. Rud éigin a bhain leis na buanna móra faoin Mhuirthéacht nó faoin Impireacht, b'fhéidir? . . . Nó rud éigin ar leith a bhain leis an Fhrainc, b'fhéidir? Nó le Páras? . . . Is ea, le Páras, le filleadh ar Pháras . . .

Tháinig bruaisín gáire fann ar a bhéal. Bhí sé aige. B'fhuath leis an ardeaglais sin riamh. Níor tháinig a suarachas, a heaspa taibhseachta le maorgacht mhórchathair na hImpireachta riamh. Ba mhairg leis i gcónaí nach bhféadfadh sé féin, oifigeach airtléire tráth dá raibh, cúpla mórghunna a thabhairt isteach chun an phrochóg sin a leagan bríce ar bhríce, agus Eaglais Pheadair a aistriú ón Róimh is a atógáil ar láthair Notre-Dame.

Ach ba den Fhrainc í. Ba de shamhlaíocht, de stair, de sheanchas, agus de shaoithiúlacht a thíre dídine í. Agus bhí faoi teacht i dtír uirthi, sa chiall is cruinne den nath sin. Mar ba eisean *Le Caporal Violette* . . . níorbh é! . . . Ba eisean *Le Grand Aigle*, Iolar mór na hImpireachta a d'fhágfadh a nead in Elba an oíche dár gcionn, a leathfadh is a leathnódh amach a sciatháin chumhachtacha scóipiúla, a dhéanfadh cúrsa díreach ar Pháras agus a thuirlingeodh go caithréimeach dásachtach ar thúir na hArdeaglaise . . .

Bhog sé a chathaoir trasna chuig an deasc, shuigh síos, thóg peann dúigh is leathanach bán agus scríobh go mall cáiréiseach.

'. . . *L'aigle avec les couleurs nationales volera de clocher en clocher jusqu'aux tours de Notre-Dame!*'

Meisce Chodlata

Meisce Chodlata
Antonia O'Keeffe

Meisce Chodlata

Cad is Uaigneas ann?

—A mbraitheann an cime ina chillín agus é ag éisteacht le feadaíl fhuar na traenach lasmuigh . . .

—Cime romhat agus cime i do dhiaidh agus tú féin sa lár i do chime mar chách . . .

Cuir uait, a bhradaí! Tosaímis arís.

Cad is Uaigneas ann?

—Seisiún cráite orla os cionn bhabhla leithris i ndiaidh bhabhta mór óil, a d'fhreagródh an Scoláire Ollscoile, sula rachadh a cloigeann i bhfolach sa bhabhla athuair. Nach í atá sásta mionn is móid a thabhairt, nuair a chaitheann sí aníos an domlas glas ae, nach meascfaidh sí fíon dearg is beoir arís choíche má thagann sí slán ón racht seo . . .

—Á! 'Uaigneas'! An Cumhrán don Lánúin Shaor Shofaisticiúil, arsa an Bhean Fógraíochta. Blais den Eispéireas . . . blais den Anghrá . . .

—Fuist, a mhaífeadh an Fear Béaloidis, tá seoidín de scéilín beag idirnáisiúnta agam anseo, 'Mac Rí an Uaignis,' atá lomlán le teagasc is le móitífeanna is le gaois ár sinsear is a thaispeánann go soiléir cad is Uaigneas ann . . .

—An sainmhíniú ar an Uaigneas, a bhrisfeadh an Comhairleoir Proifisiúnta Teiripe isteach go diongbháilte míchéadfach, ná fórsa diúltach féinmhothaithe nach bhfreagraíonn do bhunriachtanais néareolaíochta, síceolaíochta, sóisialta is feasa na hindibhide sa tsochaí . . .

153

—Sin ceann deas cruinn, arsa an File go tarcaisneach . . . Ní mé go baileach cad is Uaigneas ann ach tráthúil go leor táim ag léamh bheathaisnéis Amelia Earhart agus scríobh sise i ndán—file ab ea í fosta, tá a fhios agat:

> *Courage is the price that life exacts for granting peace.*
> *The soul that knows it not, knows no release*
> *From little things;*
> *Knows not the livid loneliness of fear,*
> *Nor mountain heights where bitter joy*
> *can hear*
> *The sound of wings.*

Is ea, '*the livid loneliness of fear.*' Bí ag smaoineamh air sin agus ar an té a cheap, ar ar chuir sí i gcrích is ar ar tharla di . . .

—Uaireanta bímid go léir uaigneach, a d'áiteodh an Ministir go sollúnta, is braithimid nach bhfuil aon duine amuigh ansin ag éisteacht linn, nach bhfuil aon chiall leis an saol seo ach is gá cuimhneamh nach mbímid inár n-aonar riamh, go bhfuil Sise ann . . .

Bíodh a rogha sainmhíniúcháin ag cách, bíodh sé sin ina shiúlóid aonair thart le seanreilig tuaithe Oíche Shamhna nó ina ionad cúlráideach mar a mbuailfeadh file le hógbhruinneall ghealghnúiseach a thabharfadh ábhar físe fliche dó nó ina dhireánach deoraíoch i gcathair fhallsa nó . . . Éirímis as. Bíonn ár ndeamhan leithleach laethúil féin le sárú againne uilig.

Samhlaigh an radharc, mar sin. Ceann coitianta é a tharlaíonn a liacht uair gach lá ag na mílte aerfort ón Aithin sa Ghréig go Zürich na hEilvéise. Tá scairdeitleán 747 i ndiaidh tarraingt siar ón fhánán agus tá sé ag gluaiseacht amach go hionmhall i dtreo an rúidbhealaigh. É lomlán le paisinéirí ag dul abhaile, ar saoire, ar thuras gnó. Thuas i gCábán na bhFeidhmeannach, mar a thugtar ar an Chéad Ghrád sna laethanta iardhaonlathacha seo, tá na fir ghnó sínte ar a gcraodó, iad ag baint súimíní as an Dom Perignon os a gcomhair agus ag smaoineamh ar an dinnéar *à la carte* ar shoithí míne poircealláin a sholáthróidh an fhoireann chábáin roimh i bhfad. Thíos i gcabhail agus i gcúl an eitleáin, i Rang na dTurasóirí, táthar i ndiaidh seal a chaitheamh ag féachaint le cásanna ollmhóra láimhe a bhrú isteach sna scipéid os a gcionn is tónacha boga leathana a theannadh isteach is a dhéanamh compordach i suíocháin chúnga nár shuigh fear deartha eitleáin iontu riamh. Níl a dhath i ndán dóibhsean ach málaí beaga píseanna talún. Is beidh orthu íoc as a gcuid biotáille.

Téann an 747 isteach sa scuaine agus fanann. Agus fanann. Tá an fhoireann cleachtach ar a leithéid. B'fhada ó chaill siad aon chreideamh i sceidil nó i bhfógraí poiblíochta an chomhlachta go mbaineann 98.4% dá chuid eitleán ceann scríbe amach faoin spriocam 97.35% den am. Ach ní féidir leis na haeróstaigh fhireannacha is bhaineannacha sin a insint do na paisinéirí mífhoighdeacha atá ag cearbháil go mbeidh siad déanach le haghaidh na heitilte ceangailte nó don choinne ghnó. Le linn dóibh a bheith ag seiceáil go bhfuil gach duine ar bord ag caitheamh na gcriosanna sábháilteachta, tá an gáire éadrom milis péinteáilte ar cheannaithe na n-aeróstach; tá an cogar ciúin réidh ar a mbeola, agus iad ag athdhearbhú do na paisinéirí go mbeidh gach rud ar deil, gur ceart suí siar, sult a bhaint as an aistear, agus—tá an phéint ag scamhadh faoin am seo—nach bhfuil le déanamh ach glaoch orthu más féidir leo cuidiú leis an turas a dhéanamh níos compordaí ar aon bhealach . . .

Sa deireadh thiar thall, tugtar cead seolta don 747. Casann sé isteach sa rúidbhealach, mothaítear réabadh tobann inneall is tarraingt thric anála is ropann cúpla céad tonna miotail, bagáiste is feola síos an rúidbhealach ar luas géaraithe go n-éiríonn an Jonathan Livingstone Seagull seo go maorga máistriúil ón talamh. Is iontach agus is éachtach í an mhíorúilt nua-aoiseach seo ar a dtugtar an eitleoireacht . . .

Fan bomaite. Stop an ceol. Glinneáil siar an scannán píosa . . .

. . . thcearioeltie na . . . ratgutd a ra oes hcaesioa-aun tliúroíhm na

hcathcaé si suga hcatnoi sI .hmalat nó liúirtsiám agroam . . . og oes llugeaS enotsgniviL nahtanoJ na nnoírié-n og ehtiaraég saul ra hcalaehbdiúr na soís aloef si etsiágab . . . bagáiste is feola síos an rúidbhealach ar luas géaraithe . . .

. . . Go maith, coinnigh an fráma sin. Déanfaidh sé sin cúis.

Is ea, radharc coitianta é seo ach eitilt ar leith an ceann a bhfuilimid le labhairt fúithi. Ó, tá a fhios agam cad air a bhfuil tú ag smaoineamh. In ionad éirí ón talamh, sciorrann an 747 den rúidbhealach, buaileann faoi eitleán plódaithe eile, pléascann an péire in aon chaor thine amháin is dóitear is díothaítear na céadta, idir dhaoine fásta is leanaí beaga neamhurchóideacha. Craolfar arís is arís eile an comhrá grámhar téipthaifeadta idir bean ionúin a bhí ag iompar clainne agus a fear céile a bhí ag caint léi ar an ghuthán cathaoireach. Vótálfaidh lucht féachana *SkyNews* gurb é sin an eachtra is truamhéalaí sa bhliain agus cuirfear ciste ar bun chun an páiste nuabheirthe gan athair a oiliúint . . .

Ná bí buartha. Ní chuige sin atáimid an babhta seo, ar a shon gur dócha go bhfuiltear ar bord atá cráite ag an smaoineamh gurb í sin an oidhe thobann thraigéideach atá i ndán dóibh. Nó go léimfeadh drong sceimhlitheoirí fanaiceacha gránáid-luchtaithe amach ó shuíocháin i Rang na dTurasóirí—tá a fhios ag cách nach dtaistealaíonn sceimhlitheoirí sa Chéad Ghrád—a ghlacfadh seilbh ar an eitleán is a thabharfadh ar an phíolóta déanamh ar Beirut nó La Habana nó Bogotá nó Tripoli, mar a bhfanfaidís agus iad meata leis an ocras, báite leis an allas, tíortha ón teas, cloíte leis an straidhn, go dtiocfadh boicíní breátha an SAS nó an SWAT chun iad a tharrtháil. Bíonn turasóirí eitleáin imníoch faoina leithéid i dtólamh na laethanta seo ach tá ábhar breise ag muintir na heitilte seo againne, b'fhéidir. Fiú dá dtiocfaidís slán as timpiste nó ó sceimhlitheoir a mharódh scun scan iad, fiú dá dtabharfaidís na cosa leo bheidís náirithe go deo toisc go mbeadh a n-ainmneacha ceangailte i gcomhaigne an phobail le teip shóisialta. Nó chun fiche focal a chur in aon fhocal amháin, toisc gur rugadh orthu.

Ní thuigeann tú mé? Lig dom é a mhíniú mar sin.

Breathnaigh orthu. Nach bhfeiceann tú a dhath aisteach ag roinnt leis an dream seo? Ní hionann an eitilt seo agus an gnáthcheann. Cad é sin? Tá an ceart agat nach bhfuil aon pháistí ar bord. Is leid í sin. Ní hea, ní ag dul ar oilithreacht spioradálta go Cnoc Mhuire, Lourdes ná Fatima atá siad. Is leor a thabhairt faoi deara gur fir is mó atá ar bord chun sin a bhréagnú. Féach orthu! Ar an duine sin atá ag iarraidh dul i bhfolach taobh thiar den irisleabhar, atá ag ligean air féin gur spéisiúil leis an t-alt ar thionscal na gclog san Eilvéis. Ar an bhean óg sin atá ag cogaint a hingne. Ar an fhear meánaosta atá ag tochailt go domhain fíochmhar i bhfithisí a ghaosáin . . . Cad é sin? Tá cuma normálta orthu? Amharc orthu arís, a deirimse. Amharc go géar ar na ceannaithe sin.

Na súile is mó a loiceann orthu, arb ionann is lorg dóite iarainn dheirg ar chlár a n-éadan iad, a cheanglaíonn le chéile iad, a dhearbhaíonn gur den treibh chéanna is den tréad céanna iad seo go léir ar a shon nach bhfuil aithne acu ar a chéile agus nach dtabharfaí le chéile iad choíche murach Uaigneas Teo.

Sin é! Maith thú, tá éirim an scéil agat faoi dheireadh. Aithníonn tú na comharthaí sóirt, an duainéis is an dóchas measctha le chéile. Aithníonn tú an lorg dóite sin.

Is iad seo lucht caillte chluiche an tsaoil. Mar cé eile a bheadh ar eitleán Oíche Chinn na Bliana ar a haon déag a chlog nuair is é nós an phobail a bheith istigh nó amuigh le céilí, cairde, clanna ag comóradh, ag ceiliúradh, ag cur clabhsúir ar an tseanbhliain is ag fearadh na fáilte roimh an bhliain úr? Agus toisc iad a bheith ag eitilt siar trí chriosanna ama, beidh na hainniseoirí bochta seo ag tuirlingt den eitleán ar a haon déag a chlog Oíche Chinn na Bliana . . .

Ach ní hionann a n-uaigneas is uaigneas príobháideach Phríosúnach Uí Bheacháin is Chimí Uí Dhireáin thuas mar tá a bhfuil ar bord i measc lucht caillte na himeartha ar bhealach an-phoiblí. Gan dabht, bheadh scéal dearóil le hinsint ag fear an irisleabhair atá ag cur na dúspéise, más fíor, san alt ar thionscal na gclog. An t-alt mar a bheadh meafar ann ar bhuillí malla leadránacha a shaoil. Gan amhras, dá dtabharfaí cluas don ógbhean, bheadh scéal millteanach le reic aici faoin bhatráil a fuair sí ó iarleannán agus faoin chúrsa teiripe atá ar siúl aici. Gan aon agó, tagann an aimsir fhuar amuigh lena mbraitheann an bhean chroíbhriste gan ingne istigh . . . Ach tá súil acu uilig go bhfuil roth na cinniúna ar tí casadh arís anois. Murach an creideamh sin, ní bheidís ar an eitilt seo. Anseo ar bhord an eitleáin seo, tá an sólás agus an dóchas acu go dtiocfaidh feabhas ar chúrsaí. Nár gheall bróisiúr geal snasta ildaite Uaigneas Teo. sin dóibh? Nach bhfuil siad i ndiaidh airgead mór tirim a chur síos le híoc as an sólás is as an dóchas céanna?

Cad is Uaigneas ann?

Comhlacht is ea é arbh fhiú infheistiú ann.

Dreapann Cairteitilt SOS 999 chomh réidh éasca sin is go gceapfá go gcabhraíonn an dóchas i gcroíthe na gcailliúnaithe leis an 747 a ardú ón talamh. Nuair a bhuaileann iomghaoth an t-eitleán, cheapfá go bhfuil an t-éadóchas ag buachaint ar an dóchas. Feictear cuid de na paisinéirí ag breith go teann ar chúl na suíochán os a gcomhair. Ní mhaireann an t-éadóchas ach leathnóiméad agus é scaipthe ruaigthe ag cumhacht fhórsúil na n-inneall. Anois agus na paisinéirí ina luí siar, is iomaí smaoineamh a ritheann trína n-aigne chomhchoiteann. An nasc idir na smaointe ná go bhfuil súil acu go mbeidh deireadh lena n-uaigneas feasta agus go mbuailfidh siad le páirtí oiriúnach i gcaitheamh na coicíse ar Oileán Uaigneas Teo.

Tar éis don eitleán airde cúrsála 32,000 troigh a bhaint amach, éiríonn bean ard dhóighiúil dá suíochán sa chéad rae. Tá sí sna fichidí déanacha, culaith dhúghorm uirthi is scaif órga ceangailte timpeall a muiníl. Tógann sí glacadóir gutháin ina láimh go postúil agus casann i dtreo na bpaisinéirí.

—Ar son Uaigneas Teo., ba mhaith liom fáilte a chur romhaibhse, ár n-aíonna, ár gcairde. Is mise Diana, bhur dtreoraí. I gceann dhá uair an chloig, bainfimid Ionad Rómánsaíochta Uaigneas Teo. amach ar Oileán Uaigneas Teo. Beidh coicís thar barr againn ansin agus sinn ag cur aithne ar a chéile agus . . .

Stadann sí ar feadh meandair le cinntiú go bhfuil gach duine ag éisteacht go géar léi.

—. . . Agus, tá mé cinnte . . . buailfidh gach duine agaibh le grá rómánsúil a chroí . . .

Mothaítear monabhar íseal molta is maíte nuair a luann Diana an Grá. Nach leor a hainm féin chun na fir a bhfuil smuta léinn bhacaigh acu a chur ag meabhrú ar bhandia drúisiúil agus ar sheilgeanna is ar scléipeanna oíche ré gealaí agus an chuid eile a fhaigheann a gcuid faisnéise ó na tablóidí ildaite a chur ag brionglóidigh ar bhanphrionsa baoth a ndearnadh ban-naomh ógh di ar ócáid a hanbháis. Iad siúd ar fhuaraigh an straidhn agus an stró a bhaineas le hullmhúcháin le haghaidh an turais a ndúil sa rómánsúlacht, cuireann focail bhinne theo Diana ar a suaimhneas iad arís.

—Ar ball beag, arsa Diana, beidh seans agaibh breathnú ar scannán fístéipe faoi Oileán Uaigneas Teo., faoi na háiseanna atá ann agus faoi na seansanna a bheidh againn aithne a chur ar a chéile i suíomh sócúlach compordach. I dtosach, tá a fhios agam nach bhfuilimid go léir ach ag bualadh le chéile den chéad uair agus gur dócha go bhfuil cuid agaibh rud beag faiteach. Tá a fhios agam gur eisíodh clib ainm do gach duine . . . Is ea, déan cinnte de go bhfuil tú á chaitheamh . . . Go maith. Anois cuimhnigh gur baill sinne de Chlub Uaigneas Teo. agus go bhfuil gach duine i ndiaidh teacht ar an aistear seo chun casadh ar an duine speisialta sin . . . Le tús maith a chur leis an turas, tiontaigh chuig an té atá ina shuí taobh leat, cuir tú féin in aithne dó nó di agus bí ag caint leis an duine sin. Agus bíodh a fhios agat . . . ar sise agus faobhar géar scleondair ina glór . . . bíodh a fhios agat go mbeidh duais ar leith, dinnéar faoi sholas coinnle, don chéad bheirt atá in ann cuntas a thabhairt ar mhionsonraí pearsanta an té láimh leis nó léi.

Buaileann corrdhuine bos. Nuair a iompaíonn duine i dtreo duine is a bhearnaítear an tost cúthail go cúramach dóchasach, tá barraíocht céille againne gan mórán airde a thabhairt ar na comhráite. Nárbh iomaí babhta a bhí orainne uilig ar bhusanna, ar thraenacha is ar eitleáin cur suas le stair is le seanchas daoine ar chailleamar suim iontu taobh istigh de bhomaite fhada leamh amháin? In ainneoin a ndeir bróisiúr Uaigneas Teo. bheadh sé seo díreach mar an gcéanna. Tá sé chomh maith dúinn stopadh anseo.

Ach fan! Tá luach a chuid airgid dlite don ghliúcach féin. Amharcaimis ar an seisear seo againne, ar an Scoláire Ollscoile agus ar an Bhean Fógraíochta, ar an Fhear Béaloidis agus ar an Chomhairleoir Proifisiúnta Teiripe, ar an Fhile agus ar an Mhinistir, ó tharla nach raibh go leor discréide acu gan a mbéal a oscailt, gan aird a tharraingt orthu féin. Dála na bpaisinéirí eile, tá an seisear seo ag teitheadh agus ag taiscéaladh araon. Dá gceisteofaí iad cad chuige a bhfuil siad anseo anocht, gheofá an gnáthmheascán caolaithe den fhírinne bhreacghlan.

—Táim ar lorg poist, arsa an Scoláire. D'éirigh mé as an ollscoil tar éis téarma. Bhí an caighdeán ró-íseal. Anois dá bhféadfainn tabhairt faoin staidéar iarchéime gan bacadh leis an bhunchéim, d'fhillfinn air amárach. Ach bhí mé ag cur mo chuid ama amú agus mé ag plé le dream dúr, idir ollúna is scoláirí . . .

—Hú, arsa an Bhean Fógraíochta, tháinig mise chun cuidiú le lucht Uaigneas Teo. margaíocht a dhéanamh ar a n-earra. Coincheap iontach atá ann agus is mise an duine a chuideoidh leo a thuilleadh cliant a aimsiú faoi choinne an earra sin . . .

—Fuist, arsa an Fear Béaloidis. Saineolaí ar an bhéaloideas uirbeach mé. Táim ag cruinniú scéalta faoi dheasghnáthas suirí ár linne . . .

—Táim fostaithe ar conradh ag an chomhlacht, arsa an Comhairleoir Proifisiúnta, chun comhairle a chur ar fáil dóibh siúd ar an oileán a bhfuil a leithéid uathu . . .

—Mothaím . . . mothaím, bhuel . . . arsa an File go seánóríordáiniúil, bhuel, mothaím gur ceart dom briseadh beag a bheith agam i measc an . . . an daoscair . . .

—Ní ceart go gceilfí Dia ar dhaoine, arsa an Ministir, fiú amháin sna háiteanna sin nach luaitear Léi go hiondúil. Táim anseo le cur i gcuimhne do dhaoine gur cuid bhunúsach dá gcaidreamh idirphearsanta an reiligiún agus Dia mór na glóire . . .

Is ea. Is leor sonc sna heasnacha don dall.

Ní mé ar thug tú faoi deara é riamh ach tá taistealaithe de chineálacha áirithe ann. Táthar ann, dála an Fhir Bhéaloidis, a chuireann isteach turas trí scéalta dírbheathaisnéise a insint do strainséirí. Cheana féin, tá sé i ndiaidh dúil thuata neamhreiligiúnach a chur sa Bhean Fógraíochta atá ina suí láimh leis. Níor thomhais sé go fóill cén ghairm bheatha atá aici, ach thabharfadh sé buille faoi thuairim óna culaith dhubh, ón ríomhaire iniompair a d'fhág sí faoin suíochán gur bean ghnó í a bhí chomh gníomhach sin ag dul chun cinn ina saol proifisiúnta go ndearna sí faillí ina saol pearsanta.

Áis iontach is ea an greann, dar leis an Fhear Béaloidis, chun mná a mhealladh. 'Ní gnéas go gáire,' mar a deir an seanfhocal Síneach is ansa leis. D'fhéadfadh a chéad bhean is an dara bean féin é a cháineadh agus a lochtú ar an iliomad cúiseanna: go raibh sé chomh hiontaofa le haistriúchán, go raibh sé chomh dílis le fostaí ar chonradh gearrthéarmach, agus go raibh sé chomh ceachartha le haon bhaincéir ag comhaireamh a chuid brabaigh chinn bhliana, ach ní fhéadfadh ceachtar acu a rá nach raibh acmhainn dhomhain grinn aige.

Ní hé seo an t-am chun an dá cholscaradh chealgacha a lua, nó aon bhlúirí dírbheathaisnéise eile den saghas sin. Ach cionn is go bhfuil sé i ndiaidh blianta a chaitheamh ag bailiú is ag rangú scéalta béaloidis, tá mórchiste staróg aige a insíonn sé sa chéad phearsa.

—Heileo, Pádraic Ó Fathaigh is ainm dom, ar seisean leis an Bhean Fógraíochta chun a sheó a sheoladh ar chuarbhóthar an tochmhairc. Tharla rud aisteach dom in aerfort Heathrow seal ó shin. Ag siúl trí Theirmhinéal a Trí a bhí mé nuair a chonaic mé fear aitheantais de mo chuid ina sheasamh i scuaine El-Al. 'Hóigh, Jaic!' a scairt mé ar mo dhuine agus sula bhféadfá *Shalom* a rá, bhí sé Uzi dírithe ar an bheirt againn. Há! Há! . . . Ach ní raibh sé róghreannmhar ag an am, nuair a leag an lucht slándála ar an talamh muid agus gur chreideamar dís go rabhamar i mbaol ár mbasctha agus gur tarraingíodh muid agus greim gruaige ag na smístí Iosraelacha orainn chuig both slándála agus gur chailleamar ár n-eitiltí agus gur ar éigean a fuaireamar míniú ná leithscéal ó na húdaráis, ní áirím coicís saor in aisce i gcoimpléasc na nGiúdach bunaidh in Hebron . . .

Déanann an Bhean Fógraíochta gáire íseal dea-mhúinte. Bean shaoltaithíoch í a thuigeann go maith cad atá ar siúl ag an fhear láimh léi. Is fuath léi é go bhféachann daoine le heachtraí ó scannáin a úsáid le ligean orthu gur tharla na rudaí sin dóibh féin. Ní cuimhin léi teideal an scannáin ar leith ach bhí sé feicthe aici am éigin, áit éigin. Ar bord eitleáin, ní foláir. Bíodh sin mar atá, nach bunsmaoineamh maith é seo le haghaidh sraithe fógraí, ina mbeadh gruagach meánaosta bolgach den mhona seo ag glacadh páirte i míreanna ó sheanscannáin chlasaiceacha? Ní raibh le déanamh ach teacht ar chliant a raibh an t-earra oiriúnach le díol is an buiséad cuí le caitheamh aige.

—Tamall de bhlianta ó shin, a deir an Fear Béaloidis anois agus é ag cromadh ar mhír a dó dá sheó aonfhir, bhí mé ag déanamh taighde sa tSeapáin agus bhuail mé leis an phíolóta deireanach *Kamikaze* atá beo go fóill. Bhí sé rófhaiteach le gabháil amach ar mhisean buamála. An bhfuil a fhios agat cén leasainm a bhí air?

Déanann an Fear Béaloidis meangadh gáire, agus tuigeann an Bhean Fógraíochta gur misean fada marfach a bheidh san eitilt seo.

—Níl a fhios agam, ar sise go leithscéalach.

—Sicín Teriyaki.

Gan aon agó, ní fhéadfaidís earra Seapánach a roghnú le haghaidh an fheachtais fógraíochta.

Faoin am seo, tá an Fear Béaloidis ag caint ar a thaighde ar mhodhanna agus ar bhéasa tochmhairc is suirí na linne seo.

—Níl aon áit níos fearr faoi choinne an taighde sin ná ionad saoire nuair nach bhfuil a dhath eile seachas an tochmharc is suirí ar a n-aigne ag a bhfuil ann, ar seisean agus é ag caochadh súile ar an Bhean Fógraíochta agus ag lí a bheola le barr a theanga.

Faoin am seo, tá sí bréan de seo uilig go léir. B'fhearr léi riamh fir a úsáideann a dteangacha chun pléisiúr a thabhairt di. Ar scor ar bith, dá mbeadh fear uaithi a bhreathnódh uirthi mar dhaba feola, níor ghá di an oifig a fhágáil an chéad lá riamh. Tá imní ag teacht uirthi anois nach mbeadh an oiread is fear breá staidéarach ciallmhar amháin le fáil ar an Oileán. Dá mba rud é gur fíor é sin, thiocfadh léi an obair fógraíochta a chríochnú taobh istigh de chúpla lá agus filleadh abhaile, an chiall ceannaithe aici ach cuid is costas clúdaithe ag an chomhlacht. Idir an dá linn, mura bhfuil sí in ann fáil réidh le gaige seo na maige taobh léi roimh dheireadh na heitilte, tá a fhios aici cad é mar is féidir léi snaidhm a chur ar theanga an bhundúin.

Fanann sí go dtagann an t-aeróstach timpeall agus tralaí na ndeochanna á stiúradh aici. Faigheann an Fear Béaloidis branda dúbailte, baineann bolgam as chun bealadh leabhair a chur ar théada a ghutha agus leanann dá mhonalóg . . .

—Is cuimhin liom an t-am nuair a bhí mé ag bailiú béaloidis in Harlem . . .

—Is leor dom Coke gan oighear, arsa an Bhean Fógraíochta leis an aeróstach go hardghlórach.

Ar ghabháil thart leis an tralaí di, cromann an Bhean Fógraíochta síos agus tógann fial glasdaite amach as a mála, agus cuireann ar an tráidire beag os a comhair é. Fágann sí ansin é gan a dhath a rá. Níl le déanamh aici ach moilliú go mbuafaidh fiosracht an Fhir Bhéaloidis ar an dúil atá aige ina ghlór féin.

—Feicim gur thug tú do dheoch féin leat, ar seisean roimh i bhfad gan bacadh lena scéal a chríochnú.

—Ní théim aon áit gan í.

—Cad tá ann?

—Deoch thraidisiúnta íocshláinte atá ann.

—Is iontach go deimhin an t-eolas a tháinig anuas ó ghlúin go glúin, ar seisean agus lúcháir air go bhfuil sé i ndiaidh bualadh lena chomhbhéaloideasaí. Is dócha go bhfuil luibheanna agus vitimíní agus a leithéid ann.

—Ó, tá. Tá sé ag cur thar maoil leo.

—An bhfuil a dhath saorga ann? Ní fíordheoch thraidisiúnta í má bhíonn cógas tacair d'aon chineál ann, tá a fhios agat, ar seisean agus gan é in ann cur suas don deis a shaineolas a roinnt.

163

—Deoch nádúrtha céad is a deich faoin chéad í seo.

—Mura miste leat, ba bhreá liom triail a bhaint aisti . . . ar son an taighde, tá a fhios agat . . .

—Seo, mar sin, agus fáilte.

Tá an Bhean Fógraíochta i ndiaidh an fial a oscailt agus leathchuid dá bhfuil istigh ann a mheascadh le steall Coke. Síneann sí a gloine chuig an Fhear Béaloidis a dhiúgann béalóg is a chuireann cnaig bheag ina éadan toisc nach raibh mórán dúile aige sa *réalting* riamh. Ach níl sé ag iarraidh olc a chur ar an Bhean Fógraíochta agus slogann sé bolgam maith sula dtugann sé an ghloine ar ais di.

—Bhí sin thar barr, ar seisean. Tá mé iontach buartha gur ól mé leathchuid de do dheoch.

—Ná bíodh imní ort, ar sise. Tá neart eile agam. Tig liom mo stór a athlíonadh go héasca.

—Cad a thugtar ar an deoch sin, arsa an Fear Fógraíochta, agus é ar a shuaimhneas anois ós rud é go mothaíonn sé go bhfuil an Bhean Fógraíochta ag téamh leis diaidh ar ndiaidh.

—Mún a thugtar uirthi . . . mo chuid féin, ar sise, agus í ag cnagadh siar a bhfuil sa ghloine.

Nuair a bheireann an Fear Béaloidis go tapa ar an mhála páipéir orla sa spaga suíocháin os a chomhair, déanann an Bhean Fógraíochta draothadh gáire air.

—Beidh tú in ann an scéilín seo a chur le do stór seanchais feasta, ar sise.

De réir mar a bhrostaíonn sé chuig an leithreas is a ghob leathsháite sa mhála aige, ceapann an Bhean Fógraíochta go gcloiseann sí an Fear Béaloidis ag mungailt rud éigin cosúil le 'K1044.1.' Cibé ciall a bhain leis sin. Doirteann sí deoch eile di féin, luíonn aniar ina suíochán, druideann a súile agus tosaíonn ag samhlú an chineáil fir a bhfuil uaithi bualadh leis ar an Oileán . . .

Bíodh is gur beag rud sa saol seo ar féidir talamh slán a dhéanamh de, tig linn a bheith measartha cinnte nach dual don Bhean Fógraíochta is don Fhear Béaloidis a bheith le chéile mar leannáin. Nó mar thaistealaithe féin faoin am a dtiocfaidh sé ar ais ón leithreas.

Nach í an Comhairleoir Proifisiúnta taobh thiar den bheirt seo a bheadh in ann mionchuntas agus sainmhíniú a thabhairt ar na saghasanna difriúla taistealaithe, agus típeanna an Fhir Bhéaloidis is na Mná Fógraíochta orthu? Tráthúil go leor, nach é sin atá ar siúl aici faoi láthair agus í ag labhairt leis an Fhile? . . .

—. . . Is ea, tá neart staidéar cuimsitheach déanta ar an fheiniméan. De réir suirbhé a foilsíodh anuraidh, leagann an taisteal eitleáin na bundifríochtaí idir an t-indíritheoir is an t-eisdíritheach.

—Is díol spéise é sin, arsa an File go patuar agus é ag coinneáil air a spéaclaí le taispeáint gurbh fhearr leis a bheith ag léamh ná a bheith ag caint. Cibé ar bith, thabharfadh sé an leabhar nach bhfaca sé riamh cailleach chomh gránna leis an bhean seo láimh leis. Tá a srón chomh cnapach le tornapa cranraithe, a béal chomh leathan le cuan Bhaile Átha Cliath, a smigín chomh guaireach le tóinín gráinneoige, agus a cluasa faoina folt scáinte chomh scóipiúil le cluasa Dumbo ar luas eitilte.

—Cén tslí bheatha atá agat? a fhiafraíonn an Comhairleoir.

—Is scríbhneoir mé, a admhaíonn sé go ciúin cúramach ciontach. Is maith a thuigeann sé go bhfuiltear ann a chreideann nach slí bheatha ach slí éalaithe í sin.

—Tóg sin mar shampla. Indíritheoirí sibhse go deimhin—ní gá dom sin a mhíniú duitse. Ach seo tusa a bhraitheann compordach os cionn do chuid leabhar i gcoim na hoíche agus tú ag cabaireacht go héasca le strainséir ar eitleán.

—Is fíor sin.

Ar an drochuair, níl faobhar na híoróine ina ghuth, ach é maol gan éifeacht.

—Agus ansin tá eiseamláir thipiciúil den eisdíritheach ann—an polaiteoir, cuirim i gcás, a chaitheann an t-am ag pógadh leanaí, ag croitheadh lámh agus ag slíocadh dromanna—agus léirigh an suirbhé go n-éiríonn siad inbhreathnaitheach agus iad ar bord eitleáin.

Ag an phointe seo baineann an File de na spéaclaí go fadfhulangach.

—Agus an bhfuil a fhios agat go mbíonn 65% de thaistealaithe eitleáin sásta rúin a insint do strainséir nach n-inseoidís dá gcéilí? An t-aon tátal is féidir a bhaint as sin ná gurb áis nua-aimseartha an t-eitleán ar gheall le bosca faoistine na seanlaethanta é. Nó go mbraitheann daoine níos gaire do Dhia agus iad cúpla míle os cionn na scamall.

—Ní fheicim aon scuaine thall ansin taobh leis an mhinistir, arsa an File ach is léir nach bhfuil an Comhairleoir ag éisteacht leis faoin am seo.

—Agus gur admhaigh 11.56% díobh siúd a ndearnadh suirbhé orthu gur bhaineadar triail as an chomhriachtain i seomra folctha eitleáin . . . 35.91% díobh siúd le strainséir . . .

Ní hé seo an t-am ceart le hadmháil, arsa an File leis féin, go gcaithfidh sé a mhún a dhéanamh. Nár mhéanar do Amelia, dar leis-sean, agus é ag meabhrú ar an bhrú millteanach lamhnáin agus ar an duine láimh leis, nach raibh uirthi cur suas leis an eitleoireacht thrádálach? B'fhéidir gur thuig an bhean chróga cad a bhí i ndán don saol mór agus don taisteal agus gurbh fhusa di bás ciúin aonair a fháil i lár na farraige móire ná pianta an bheobháis a fhulaingt mar a bhí seisean ag fulaingt faoi láthair. Anois, ar seisean leis féin, b'fhéidir go bhfuil ábhar dáin ansin . . .

—Cuireann sé ag smaoineamh thú, nach gcuireann? Claonann an Comhairleoir Proifisiúnta a cloigeann i dtreo an Fhile beagáinín agus aoibh chaol an gháire ar a beola smid-dheargtha.

—Cad é sin?

—Tá fear sa leithreas sin le cúig bhomaite anuas . . Leis féin . . . De réir an tsuirbhé chéanna . . .

Tá leatra ar an Fhile faoin am seo ach tuigeann sé nach bhfuil aon éalú i gceist, ní áirítear faoiseamh. Le linn don bhean a bheith ag spré staitisticí teo mar a spréann meaisínghunna piléir dhearga, is le héad a amharcann sé ar an Mhinistir atá ina shuí trasna uaidh. Tá cosa an Mhinistir sínte amach os a chomhair agus tá an chuma air

166

go bhfuil sé ag urnaí. Níl an Scoláire Ollscoile, atá ag léamh irisleabhair, ag cur isteach air a bheag nó a mhór.

Dar leis an Fhile gur duine suaimhneach atá sa Mhinistir, cé go bhfuil iarracht iontais air go mbeadh fear Dé ag teacht ar aistear den saghas seo. Déanta na fírinne, tá an t-amhras ag borradh taobh istigh den Fhile faoin chúis a bhfuil sé féin anseo anocht. Níl a dhath déanta ag an duine taobh leis chun sin a laghdú. Ní tús rófhabhrach é ar chor ar bith. Nuair a shocraigh sé a aigne ar imeacht, bhí uaidh déanamh ar áit a cheadódh dó an dá thrá a fhreastal, cuid den am a chaitheamh ag obair ar an tsraith dánta faoi Amelia agus a bheith i measc an phobail an chuid eile. Bhí sealanna caite aige i Saotharlann na Scríbhneoirí, tearmann tuaithe dóibh siúd a raibh ciúnas de dhíobháil orthu chun luí isteach ar an obair agus/nó dóibh siúd a bhí ar lorg éalú gearrthéarmach ó dhearóile a mbeatha amuigh. Bhuail sé ann lena chomhscríbhneoirí is leis an lucht acadúil a bhí in ann é a chur ar an eolas faoin dóigh ab éifeachtaí is ab ealaíonta chun greim a fháil ar dheontais is ar chuirí le bheith páirteach i gcamchuairt luachmhar neamhbhuan na bhFilí san Fhaisean. Shnoigh is shnasaigh sé *haiku* amháin sa tSaotharlann.

Ach níor leor an dá chúiteamh sin riamh. Bhí a shraith dánta gan chríochnú. Bhí rud éigin ar iarraidh ina shaol a bhí ag teacht idir é agus slánú na healaíne. Ní raibh sé in ann a mhéar a chur ar an rud sin. Níor éirigh leis teacht ar aon mhíniú i lámhleabhair scríbhneoireachta. Dhiúg sé an biotáille is na drugaí; chleacht an chollaíocht, an leagan leathláimhe de den chuid is mó, faraor géar; d'athléigh Máistrí na Litríochta. Obair in aisce a bhí ann mar cé gur dhuine géarchúiseach é agus é ag amharc ar an saol amuigh, ba bheag tuiscint a bhí aige dó féin.

Bhí go holc is ní raibh go maith. Lá nuair a bhí sé ag siúl shráideanna na cathrach, chonaic sé seanlánúin agus greim láimhe acu ar a chéile. Bhuail splanc tuisceana an File ar bhealach lom soiléir nár bhuail meafar nó samhail nó tús pléascach dáin féin é riamh. Bhí an t-uaigneas á chreimeadh, bhí sé ag marú na daonnachta ann! Má ba chuid d'ualach an scríbhneora an t-uaigneas, dar leis uair dá raibh, agus má chreideadh sé gurbh é an t-uaigneas an bunús is an bhunchloch leis an ealaín, bhí síol beag amhrais fabhraithe ann anois go raibh an easpa dul chun cinn a bhí á dhéanamh aige mar scríbhneoir bainteach leis an uaigneas a bhí air. Dá leigheasfadh sé sin, dá n-aimseodh sé cara rúin chun a shaol a roinnt leis agus sméaróidí na daonnachta a athfhadú ann, nach é a bheadh saor le bheith ina ealaíontóir mór? Nach é sin a thug air triail a bhaint as Uaigneas Teo?

Agus an Comhairleoir ag stealladh staitisticí aisti faoi gach gné den *condition humaine* chomh mear le súil bhréagadóra, smaoiníonn an File ar cheist a chur uirthi cad chuige a bhfuil sí ar an turas seo. Ach níor dheacair a thomhas cad a thug duine a bhfuil cur amach chomh scóipiúil sin aici ar a ndéanann daoine ar an eitleán seo go hUaigneas Teo. Tá a beatha féin gach pioc chomh folamh leis an cheann seo aigesean mar má tá na freagraí uilig ar bharr a goib aici, níor cheistigh sí a dhath riamh. Ach níl aigesean ach ceisteanna. Anois, dá bhféadfaidís a chuidsean ceisteanna agus a cuidsean freagraí a chur le chéile . . . Chomh dócha lena athrach, gheobhaidís amach nár réitigh na ceisteanna is na freagraí le chéile, ach ar a laghad, b'fhéidir gurbh fhiú dul sa seans. Casann sé i dtreo na caillí go mall, cuireann draothadh fann gáire ar a bhéal féin, sánn a spéaclaí i bpóca a léine agus tugann cluas ghéar di . . . Agus é ag amharc uirthi anois den chéad uair le teann cáiréise agus maolú míorúilteach nach beag i ndiaidh teacht ar an bhrú ina chuid duán, caithfidh sé é seo a admháil. B'fhéidir nár leor póigín draíochta chun spéirbhean álainn a dhéanamh di, ach níl a dhath uirthi mar chailleach nach gcuirfeadh máinlia athdheilbhithe oilte ina cheart . . .

Trasna an phasáiste ón bheirt, níl an Ministir ina chodladh ar chor ar bith. Ambaiste, tá sé ag smaoineamh ar na mná. Uirthi siúd arbh ionann a beatha is an glasmhartra, a bás pianmhar den ailse scamhóige mí roimhe sin is an deargmhartra, is a bhí ina crann taca dílis láidir aige ar feadh na mblianta . . . cúig bliana is fiche slán an Márta seo chugainn ach amháin nach bhfeicfeadh Heather bhocht an comóradh sin anois . . . agus an ceiliúradh mór a bhí beartaithe ag an chlann uilig nuair a bhí trí ghlúin den teaghlach le teacht le chéile don deireadh seachtaine . . . Agus uirthi siúd a bheadh ag fanacht leis ag Ionad Saoire Oileán Teo. . . . Jan, an leannán a bhí aige ar feadh breis is fiche bliain is a bhí ina bainisteoir ar an Ionad Saoire anois . . . Shíleadh sé nach raibh a dhath ar eolas ag Heather faoin bhean eile. Nach ndearna sé a chroídhícheall an scéilín a choimeád ina rún uaithi? Is in ainneoin achainí Jan arís is arís eile i gcaitheamh na mblianta gur chóir dó Heather a thréigean, níor ghéill sé don chathú sin. Ní fhéadfadh sé dochar mar sin a dhéanamh dá bhean is dá chlann. Bhí airsean agus ar Jan a bheith sásta le corrsheachtain le chéile nuair a bhí seisean in ainm is a bheith ar chúrsaí spioradálta.

Anois, agus Heather bhocht ar shlí na fírinne, bhí sé saor chun an chuid eile dá shaol a chaitheamh le Jan. Ach bhí focail dheireanacha Heather ar leaba an bháis ina aigne i gcónaí:

—Tá súil as Dia agam go rachaidh tusa is do striapach dhearg caoldíreach go hIfreann! . . .

Go hIfreann! B'fhada ó chaill seisean aon chreideamh ina leithéid . . . b'fhada ó chaill sé aon chreideamh sa chreideamh féin. Aisteach go leor, ba láidre creideamh a mhná céile i gcónaí. D'fhan seisean san Eaglais, ar thuigbheáil dó go raibh sé ag soláthar seirbhíse, mar a sholáthródh aon fhear proifisiúnta eile seirbhís dóibh siúd a raibh sé sin ag teastáil uathu.

Cibé áit a raibh sí anois, ní fhéadfadh Heather nó a mallacht aon dochar a dhéanamh dó . . . dóibh . . . dósan is do Jan. Dá bhféadfaidís a leithéid a dhéanamh, bheadh sé déanta acu i bhfad ó shin ós rud é go raibh sé foghlamtha aige anois go raibh a fhios ag Heather faoi Jan le deich mbliana anuas. Ba chuma anois. Bhí faoi sult a bhaint as an dara seans seo. Bhí dóchas aige as an todhchaí . . . Is ea, dóchas. Ach cad é mar a d'fhéadfadh dóchas a bheith ann gan chreideamh? . . . Bhí sé aige! B'fhéidir gur chreidmheach as an nua é féin anois, i ndáiríre. Agus, b'fhéidir nach raibh an saol seo chomh holc sin, i ndeireadh na dála . . .

—Beidh taispeántas fístéipe Uaigneas Teo. ag tosú gan mhoill, a fhógraíonn Diana.

Agus is ceart dúinn slán a fhágáil ag Eitilt SOS 999, a bhuí le Dia . . . Cad é sin? Cad faoin Scoláire Ollscoile, a deir tú? Ní bhfuaireamar bleaist dá scéilín siúd. An bhfuil tú cinnte go bhfuil uait éisteacht le cuntas aonsiollach stadach ar an dóigh a bhfuil sí ag gabháil go hOileán Uaigneas Teo. chun eispéireas a fháil nach bhfaigheadh sí go deo ar ollscoil? Breathnaigh uirthi agus í ag impí ar an fhreastalaí buidéal beorach a fháil di. Nach go mear a rinne sí dearmad ar an mhóid a thug sí tar éis na Nollag? An bhfuil tú lánchinnte de go bhfuil uait cluas a thabhairt di siúd? Ná bac léi, a deirim. Lig di a cluasáin a chur uirthi athuair agus a bheith ag éisteacht le popcheol. Cur amú ama is ea é aird dá laghad a thabhairt ar aon duine faoi bhun tríocha bliain d'aois. Ní bheidh a dhath fiúntach tairbheach le rá acu.

Diana, a chroí, cuir an fhístéip ar siúl go beo, le do thoil. Ní fiú moilliú go bhfeicfimid cad a tharlóidh dá bhfuil ar an eitleán, agus an seisear seo againne orthu. Ní bheadh ann ach mionsonraí fánacha mar ní bheadh in aon chríoch phléascach ach tús leamh eile. Fiú dá dtitfeadh an t-eitleán go talamh, bheadh na dlíodóirí gníomhach go Lá Philib an Chleite agus iad i mbun iomarbhá faoi cé chomh teoranta is atá freagrachtaí is fiacha airgeadais Uaigneas Teo. Gan dabht, beidh staitisticí ag an Chomhairleoir don Fhile amach anseo faoin ráta briste cumann is póstaí i measc daoine a chéadbhuaileann le chéile ar leithéid Oileán Uaigneas Teo. Gan dabht, casfar cairde cléibh ar roinnt de na paisinéirí. Beidh cuid ann a lorgóidh a gcuid airgid ar ais. Cuid acu a chlár óidh go leor daoine agus a chreidfidh go bhfuil an craiceann is a luach faighte acu. Agus cuid eile a thiocfaidh ar thuras eile an bhliain dár gcionn mar nach múchann Uaigneas Teo. a gcreideamh is a ndóchas go bhfuil míorúiltí le reic is le ceannach go fóill mar a dhéanadh daoine rompu.

Gan AT

Gan AT
Antonia O'Keeffe

Gan AT

—*Bádh mo mhadra, chaill mé mo chlann agus sciob an traein go Kansas City mo bhean* . . . a chan an buachaillín bó de ghlór cráite thíos staighre.

—Bain súlach as do bhéile, a dhuine uasail, arsa an freastalaí, agus í ag cur an trinsiúir mhóir síos os comhair Mhic Ghiolla Chumhaill.

—Tabhair an dara beoir dom, le do thoil, a dúirt sé agus iarracht den aoibh mhealltach mhacánta ar a bhéal. Agus ar mhaith leat deoch a ól i mo chuideachta?

Nuair a chuimil sé a lámh le tóin dhea-chumtha an chailín agus nuair a thug boiseog éadrom di, chaoch sé súil na glasóige uirthi. Fear singil ab ea é arís agus níorbh fhiú bás a fháil den chroí briste. An leigheas traidisiúnta ab fhearr is ab éifeachtaí air sin ná leannán eile chun idir am is phian a mheilt.

—Gabh mo leithscéal, ar sise agus í ag éalú as raon a chrúb chomh mear ealaíonta le seanlámh. Caithfidh mé freastal ar chustaiméirí eile.

—Bhuel, ná déan dearmad ormsa—agus ar mo chuireadh.

Cé gur thug an aoibh ar a béal, agus í ag cúlú uaidh, uchtach dó nach mbeadh a obair in aisce, bhraith Mac Giolla Chumhaill féin go raibh a chur chuige cineál anásta amscaí. Ba leor sciathán an fhreastalaí a thadhall nó a droim a chuimilt go fóill. An bua ba mhó a bhí ann ná fios a bheith agat cén uair ba cheart gluaiseacht ó chéim amháin go dtí an chéad chéim eile. Bhí sé as cleachtadh agus as taithí ar an tochmharc is ar an fhiach. Amhail sleá seilge a fágadh i dtaisce gan úsáid gan mhuirniú, ba go mear a mhaolaigh is a mheirgigh leadrán laethúil agus gnáthamh an aontís géire na scile sin. Ba ghá í a tharraingt amach chun sorcha agus an bior a thabhairt chun snastachta, chun faobhair is chun míne athuair.

Agus an freastalaí imithe léi, d'fhág Mac Giolla Chumhaill uaidh na meafair fhánacha Fhreudacha, bhrúigh siar an hata-sé-ghalún, dhún a shúile, tharraing anáil mhall fhada agus bholaigh an bia. B'aoibhinn is ba spórtúil a bheith ag cliúsaíocht le cailín cuidsúlach, go háirithe le bean nár chuir suas dá shuirí chiotach ach níor leor an giolamas amháin le fear a chothú riamh. Dhéanfadh an greim bia seo fear nua de.

—*Agus, mar bharr ar an sonas, ba chuma liom sa donas ach tá bonn mo thrucailín pollta arís* . . .

Ba bhreá an rud é go bhfaca sé an cuaille eolais ciliméadar siar an bóthar. Ó leath an ceo dlúth sin ar ball, bhí sé ag éirí rud beag contúirteach amuigh agus bhí scanradh ag teacht air go sciorrfadh a jíp den bhóthar nó go mbuailfeadh sé síobshiúlóir éigin nach raibh go leor céille aige fanacht siar ó imeall an bhealaigh mhóir. Ba den chríonnacht é scor den aistear go nglanfadh an ceo, a dúirt Mac Giolla Chumhaill leis féin nuair a bhí sé ag páirceáil na feithicle sa charrchlós. Ar scor ar bith, bhí tuirse ag teacht air tar éis an turais agus bhí briseadh de dhíobháil air. I measc na bhfógraí le haghaidh an rince líne, bhí sé i ndiaidh sonrú a chur sa tsainmhias ar chlár bia an tí, de réir an chuaille eolais chéanna. Bhí macbhorgairí, ríbhorgairí, cáisbhorgairí, veigíbhorgairí, sicínbhorgairí, iascbhorgairí, turcaíbhorgairí, glasbhorgairí Lá 'le Pádraig, is BSEbhorgairí gan dabht le linn dó a bheith i Sasana an bhliain roimhe sin, ite aige. Ach ba é seo an chéad uair ar tháinig sé ar an chineál seo. B'fhiú dul sa seans, stopadh agus blaiseadh de phíosa staire, mar a déarfá.

Ar scor ar bith, bheadh béile an tráthnóna thart ag an teach ósta ó tharla go raibh sé chomh déanach sin ar an bhóthar. Thiocfadh leis ceapaire crua cáise agus pionta daor a cheannach i mbeár na hóstlainne ach bheadh an áit sin dubh lena chomh-mhúinteoirí. Ba dhuine díobh siúd é féin go hoifigiúil i rith an scoil-lae óna naoi a chlog ar maidin go dtí a trí san iarnóin, ach bhí air a admháil nach raibh ach an t-aon rud amháin ní ba leimhe is ní ba leadránaí ná scata mór bunmhúinteoirí ar diúité, mar atá, scata mór bunmhúinteoirí gan a bheith ar diúité. Ba mhairg a bheadh ag súil le comhrá níos bríomhaire uathu ná gearáin faoi phríomhoidí, faoi chomhoidí, faoi chigirí, faoi dhaltaí, faoi thuismitheoirí agus faoina raibh ar siúl ar an teilifís an oíche roimhe sin. Ní hé nach raibh a dhóthain clamhsáin déanta aige féin i gcaitheamh na mblianta. Bhí sé de mhíchlú is de mhícháil air féin ina scoil go bhféadfadh sé aon duine eile ar an fhoireann a bharraíocht ó thaobh mioscaise, cúlchainte agus díspeagtha de. Ba bhua ar leith dá chuid é 'a chóras radair,' mar a thugadh sé air. D'fhéadfadh an córas céanna laige, lúb ar lár nó ábhar goilliúnachta an oide nua a aimsiú laistigh de sheachtain. Bhaineadh Mac Giolla Chumhaill is a pháirtí sult agus greann as a leithéid agus iad ag ciapadh na dtípeanna éagsúla: eisean anseo a raibh dúil san ól aige is a thagadh ar scoil amanna agus braonán maith ar bord aige; ise a choimeádadh a cosa trasna ar a chéile go teann daingean amhail is go raibh faitíos uirthi go léimfeadh dall bocht uirthi; eisean ansin ar léir óna chulaith ghnó, óna chaint bhealaithe is ón uaillmhian lom ina shúile go raibh faoi bheith ina phríomhoide sula mbainfeadh sé na deich mbliana is fiche amach.

Ba go haiféalach a thuig Mac Giolla Chumhaill nárbh fholáir deireadh a bheith leis an ealaín sin anois. Nár chomhartha ar an ré nua a bhí i ndán dó a chulaith thirimghlanta trí phíosa féin a bhí ar crochadh ó chrúca os cionn dhoras cúil an jíp amuigh? Bhí sé sásta an oiread tóineacha is ba ghá a phógadh i gcaitheamh an deireadh seachtaine. Bheadh sé chomh díograiseach dícheallach le haon ábhar banoide ar a céad chleachtadh múinteoireachta ón choláiste oiliúna. Níor ghá a rá go mbeadh air diúltú do chathuithe na colainne. Ní hé amháin go raibh geasa curtha aige air féin nach mbeadh aon bhaint rómánsúil le banmhúinteoir eile go deo na ndeor aige, ach ba é seo uair na discréide. Ní raibh uaidh aon trioblóid a tharraingt air féin. Bíodh sin mar atá, ar seisean leis féin anois, ní raibh sé ag an chomhdháil fós. Ba dheas moilliú anseo agus stáir R

& seal R a bheith aige leis an chailín freastail sular thug sé a aghaidh ar ród na mairtíreachta a bhí roimhe.

—*Cuir an diallait ar mo chapall agus déanaimis ar na Sierras* . . .

In ainneoin an cheoil is ar éigean a bhí go leor daoine sa phroinnteach chun líne aonair rince a dhéanamh. Bhí na táblaí eile ar an ardán seo ar a raibh Mac Giolla Chumhaill gach pioc chomh folamh lena ghoile. Ní raibh radharc ceart aige ar an bhunleibhéal faoi mar gheall ar an *tepee* a bhí ar crochadh ón tsíleáil ach nuair a bhí an cailín á threorú ionsar an bord seo, chonaic sé cúpla duine thíos staighre bailithe timpeall ar an amhránaí. Ach bhí Seachtain na Cásca róluath le haghaidh turasóirí dáiríre. Ar phríomhbhóthar gnóthach a bhí an proinnteach suite, agus ba dhócha go mbeadh busanna lomlán le turasóirí gortacha gustalacha ag stopadh anseo de ló agus d'oíche ó Bhealtaine go Samhain. Ní gach lá a thángthas ar phroinnteach ar gheall le salún ó scannán buachaillí bó é. Bhí seanvaigín clúdaithe, a raibh an chuma ghioblach air gur úsáideadh go rialta i mB-scannáin é, i lár an urláir thíos faoi. In aice leis, bhí buabhall cré-umha ar sheastán marmair. Ar na taobh-bhallaí, bhí gunnaí, drumaí Indiacha, blaincéid ildathacha, boghanna agus saigheada ar crochadh. Nár chuir an cailín freastail an hata air ar theacht isteach dó? Cailín gealgháireach í, blas lár-Atlantach ar a cuid cainte agus feisteas de chuid an Iarthair Fhiáin uirthi gona buataisí leathair gona gunnán ar a crios. Ba é seo an saghas staróige a thaitneodh lena chuid daltaí thiar sa chathair, a bhíodh de shíor ag caitheamh anuas ar an easpa sibhialtachta is cultúir is sofaisticiúlachta amuigh faoin tuath. Gheobhadh sé a cheamara ar ball óna jíp go dtógfadh sé grianghraif le taispeáint dóibh. Mar cé a bheadh ag súil lena leithéid de bhruíon in íochtar Thír Chonaill?

—*Mar, faraor géar, ní amharcann buachaillín bó siar* . . .

D'ól Mac Giolla Chumhaill bolgam beorach agus chrom ar na sceallóga a ithe. Bhí sé tamall maith de bhlianta ó bhí sé i gCnoc Fola. Caithfidh gur osclaíodh an áit seo ó shin. Ag an am bhí sé féin is Sadhbh ag stopadh le lánúin nuaphósta ó Bhaile Átha Cliath a bhí i ndiaidh sealla samhraidh a thógáil ar cíos. Ba iad sin na laethanta glórmhara nuair a bhíodh sé féin is Sadhbh chomh mór sin i ngrá le chéile gur dheacair iad a scaradh óna chéile. Cheapfá ón mhéid ama a chaithidís sa leaba gurbh iadsan an lánúin ar mhí na meala. An chéad oíche, bhí Cros Chéasta mhór adhmaid ar crochadh i lár an bhalla aolghil os cionn na leapa dúbailte sa seomra codlata. Faoi sholas na gealaí, d'fhág sí scáil fhada cosúil le claíomh ornáideach i dtruaill a shín ó bharr go bun na leapa.

—Tá sin ann chun cosc a chur le nósanna págánta, arsa Sadhbh ag gáire go hard nuair a tharraing sí anuas an Chros is shac isteach faoin leaba í. An rud nach bhfeiceann sé, ní thiocfaidh idir é is suaimhneas síoraí na bhFlaitheas! a dúirt sí agus í á neadú féin taobh le Mac Giolla Chumhaill faoin chuilt.

Ba í sin Sadhbh i gcónaí agus í réidh le magadh a dhéanamh faoi gach rud fiú má bhí sí ag taobhú leis an diamhasla. San am, rinne Mac Giolla Chumhaill gáire fosta ach ní suaimhneas síoraí a bhraitheadh seisean nuair a smaoiníodh sé ar an Chros thíos fúthu. Níor dhuine piseogach eisean riamh, dar le Mac Giolla Chumhaill, ach b'fhearr gan dul sa seans. Níorbh ionann a bheith ag spochadh as cigire is as Críost.

Idir babhtaí argóinte is troda is tosta ó shin, ba mhinic é féin is Sadhbh ag caint ar fhilleadh go Cnoc Fola agus ar an sealla céanna go ngabhfaidís athuair an draíocht sin a bhíodh eatarthu. Ar ndóigh, níor tháinig siad ar ais le chéile. Ní dócha go dtiocfadh seisean féin choíche murach gur fhóir sé dó éalú ó Dhuibhlinn don deireadh seachtaine. Ní raibh de rogha aige ach teacht anseo nó fanacht sa bhaile le linn do Shadhbh a bheith ann fosta.

—*Ghoid sí mo chara dil agus d'fhág agam a deirfiúr . . .*

Chuir Mac Giolla Chumhaill cár air féin nuair a smaoinigh sé ar dheirfiúracha Shadhbha, Taise agus Ailbhe. Fiú gan trácht ar chor ar bith gurbh fheoilshéantóirí iad triúr, nach gceadaíodh dó oiread is slisín clúmhach a bheith aige le haghaidh bhricfeasta an Domhnaigh, ba leor smaoineamh ar Chlann Iníonacha Mhic Airt chun tinneas goile a chur air is a dhinnéar a chur ó mhaith. Ach ar a laghad, ní bheadh aon duine de na deirfiúracha in ann a aimhleas a dhéanamh ag an chomhdháil mar bheidís ag cuidiú le Sadhbh a cuid bagáiste a aistriú ón teach.

Go bhfios do Mhac Giolla Chumhaill, chuaigh an triúr deirfiúracha le gairm na bunmhúinteoireachta le heaspa samhlaíochta. Cheap an cailín is sine, Taise, gur phost breá sibhialta sábháilte an bhunmhúinteoireacht agus tháinig an bheirt eile sna sála uirthi cosúil le caoirigh umhla dúra. Bhí sé le rá ar a shon féin, dar le Mac Giolla Chumhaill, nach raibh aon ghné shamhlaíoch nó aon ghné phrionsabálta ag baint leis an chinneadh a rinne seisean gabháil leis an ghairm chéanna. Is éard a bhí uaidh saol deas compordach mar fhear agus laethanta saoire deasa compordacha is tuarastal rialta míosúil mar oide. Bhí a sháith céille aige gan é a lua go poiblí riamh, ach bhí tráth ann fadó nuair a d'fhéadadh sé é féin a shamhlú mar phríomhoide lá níb fhaide anonn. Ach oide fir a bhí ann, agus ba é a oidhreacht bhliantúil ranganna sinsearacha na mbuachaillí a fháil. D'fhoghlaim sé dá bharr sin nár chúitigh na laethanta saoire sin ná an pá an crá croí is an phian sa tóin a bhaineadh le fios a mbéas a mhúineadh do smuilcíní glice is do shniotair fhalsa chathrach. Gan trácht ar thuismitheoirí na smuilcíní is na sniotar.

Ag an am céanna, bhí air a admháil go raibh roinnt buntáistí ag baint leis an mhúinteoireacht. Nach raibh an teach leathscoite i Ráth Fearnáin aige? Agus a jíp dearg spóirt nach raibh ach dhá bhliain d'aois? Bhí airgead tirim ina phócaí le haghaidh sólaistí beaga an tsaoil. Agus cárta creidmheasa chun íoc as a chuid turas fionnachtana is siamsaíochta ar Pháras, ar Amstardam agus ar Londain i gcuideachta Shadhbha le cúpla bliain anuas.

Bhí Sadhbh i ndiaidh teacht chun na scoile mar ionadaí nuair a casadh ar a chéile iad. Den chéad uair, agus é tar éis bualadh léi i seomra na foirne, theip glan ar an radar. B'fhéidir gur chirte a rá gur aistríodh cumhacht iomlán an radair chuig ball beatha dá chuid áit éigin faoina choim. Bhí sé faoi dhraíocht ag a háilleacht, ag a cneas slim, ag a duail chiardhubha, ag a súile glasghorma, ag a géaga leabhaire. Agus bhí sí cliste, greannmhar, neamhspleách agus nua-

178

aimseartha agus gan í a bheith críonaithe go fóill ag an chiniciúlacht sin a thagann le blianta múinteoireachta.

Faoin am ar chríochnaigh seal Shadhbha sa scoil, bhí sise agus Mac Giolla Chumhaill ag siúl amach le chéile. Agus bhí seisean i ndiaidh bualadh lena beirt dheirfiúracha ar chónaigh sí leo i dteach sna fobhailte. Ar a shon gurbh í Sadhbh croitheadh an tsacáin, bhí na deirfiúracha gach pioc chomh maisiúil dóighiúil, meabhrach beoga léi. Ba shlisíní soiléasta den seanmhaide snasta greanta céanna iad, gan aon agó! Ach níorbh fhada Mac Giolla Chumhaill i gcuideachta an triúir gur thosaigh míshuaimhneas ag teacht air. Nuair nach mbíodh ach aon duine amháin acu i láthair, bhíodh an deirfiúr sin cainteach ciallmhar agus bhaineadh Mac Giolla Chumhaill sult as an seal, bíodh sé i gcuideachta Shadhbha, nó i gcuideachta Ailbhe, nó i gcuideachta Thaise. A thúisce is a bhíodh níos mó ná duine amháin ann, b'ionann is go dtagadh díleá ar phearsantacht gach duine acu amhail is nach raibh sna deirfiúracha anois ach páirteanna comhleáite d'aonad amháin nárbh fhéidir leo feidhmiú go neamhspleách ar a chéile. An léiriú ab fhearr air sin ná gur nós le duine amháin tús a chur le habairt, go soláthraíodh an dara duine an lár go gcuireadh an tríú duine deireadh léi.

—Caithfidh mé siopadóireacht a dhéanamh . . . a mhaífeadh Ailbhe.

—. . . go luath maidin amárach . . . a leanfadh Taise.

—. . . go gceannóidh mé péire riteog dubh, a chríochnódh Sadhbh.

Aonmhac baintrí ab ea Mac Giolla Chumhaill nach raibh mórán cleachtaidh aige ar na dinimicí i dteaghlach mór. Cheap sé i dtosach nach raibh ann ach nós barrúil a shíolraigh ó thógáil is ó ghaol gairid na clainne. Ach nuair a bhíodh babhta argóinte ar siúl idir é agus Sadhbh, thosaigh sé ag tabhairt faoi deara go raibh Ailbhe is Taise fosta naimhdeach leis amhail is go rabhadar in ann a aigne a léamh. Ba mhaith ba chuimhin le Mac Giolla Chumhaill an oíche a ndeachaigh an ceathrar acu chuig dios] sa 'Sí Mór.' Bhí seisean i ndiaidh deich mbomaite a mheilt ag cuntar an bheáir agus catsúil a chaitheamh leis na rinceoirí mná ar an urlár aige le linn dó a bheith ag féachaint le hiúl an bhuachalla tábhairne a tharraingt air féin. Ar fhilleadh ar thábla a pháirtí dó leis na deochanna, bhuail Mac Giolla Chumhaill faoi taobh le Sadhbh.

—An bhfeiceann tú í siúd, ar seisean le Sadhbh, agus é ag pointeáil i dtreo ógmhná finne a bhí gléasta ar éigean i mionsciorta buí. Chuirfeadh sí adharc seilge ar an Phápa féin.

Shuigh sé siar agus stán go mall macnasach uirthi. Ba i gcogar a labhair sé ach a luaithe is a thiontaigh sé ar ais i dtreo na mban, chonaic sé na trí phéire súl is na trí ghnúis rinneacha ag amharc go frithir fuar air.

—Éist leis an ghriogaire gan mhaith . . . a thosaigh Ailbhe.

—. . . agus fonn buile air éalú le giodróg leathnocht . . . a dúirt Taise.

—. . . anois go bhfuil bean amháin gafa aige, arsa Sadhbh.

—Nach é sin na fir i dtólamh . . .

—. . . agus gan dílseacht dá laghad acu . . .

—. . . ach amháin dá mianta leithleasacha féin?

—Ní thuigeann na dobhráin . . .

—. . . gur féidir leis na mná . . .

—. . . an cluiche céanna a imirt.

Phreab súile Mhic Ghiolla Chumhaill ó aghaidh go haghaidh go haghaidh is ar ais arís agus é ag féachaint le coimeád suas leis an mhonalóg. Bhí mearbhall ag teacht air. Mhothaigh sé gur ag breathnú ar dhreas mear leadóige a bhí sé. Bhí glórtha na ndeirfiúracha ag ardú, a gceannaithe á ndeargadh, a súile á mbolgadh, a gcluasa á mbiorú, a bhfolt á bhánú, a nguaillí á gcroitheadh de réir a chéile faoi mar a thógadar gleo faoi na fir. Faoin am ar tháinig deireadh leis an riastradh, d'airigh Mac Giolla Chumhaill mar a bheadh reithe coillte idir trí chaora faoi reith ann.

Maitheadh a pheacaí dó gur tháinig Sadhbh chun cónaí leis an samhradh ina dhiaidh sin le linn don bheirt eile a bheith imithe ag obair i dteach ósta i mBostún. Gan ach an dís acu le chéile, bhain Mac Giolla Chumhaill pléisiúr as a shaol le Sadhbh. B'ise an bhean cheannann chéanna gan díleá gan chomhleá lenar thit sé i ngrá. Ba sa tréimhse sin a stopadar anseo i gCnoc Fola. Ach níor thúisce na deirfiúracha ar ais ná gur thosaigh an tseanealaín arís. I ndáiríre, faoi mar a mhíníodh sé an cás dó féin, bíodh is nach raibh ach an bheirt acu ag cur fúthu sa teach go hoifigiúil agus bíodh is nár leag sé lúidín cam ar Ailbhe nó ar Thaise riamh, bhí sé ina chónaí le tríonóid, bhí sé ag clárú tríonóide, mar b'ionann codladh le cuid amháin den tríonóid is fios bíobalta a bheith aige den dá phearsa eile. B'fhearr leis gan a bheith ag meabhrú barraíocht ar an ghné dheireanach seo den scéal nó ar ar cheap Ailbhe agus Taise dá chuid speabhraídí cinnchearchaille.

D'imigh corradh le bliain sular thuig Mac Giolla Chumhaill nach dtiocfadh feabhas ar an scéal seo choíche agus bliain eile troda is argóinte sula raibh sé de mhisneach aige insint do Shadhbh gur mhithid dóibh scarúint óna chéile. An Domhnach roimhe sin a rinne sé sin. Bhí sé ag dréim le monalóg thrípháirteach eile agus bhí a aigne socraithe aige roimh ré, tar éis a raibh infheistithe aige ann, nach bhfaigheadh Sadhbh teach agus troscán gan troid. Chuir sí iontas air nuair a d'fhógair sí go neamhbhalbh go mbaileodh sí féin léi. D'imigh sí an oíche sin agus chuir glao air an mhaidin dár gcionn ag rá go mbeadh sí féin agus na deirfiúracha ag filleadh ag an deireadh seachtaine chun a cuid bagáiste uilig a aistriú chuig teach na ndeirfiúracha.

Bhuel, bhí an eipeasóid dhearóil thart go huile is go hiomlán, ar seisean leis féin anois agus é ag cogaint a chuid sceallóg. Agus níorbh fhiú a bheith ag caitheamh i ndiaidh an tsaoil a bhí thart. Bhí deis aige anois tosú as an nua. Agus cé gur bhailigh Sadhbh léi, ba é an turas seo aneas anocht a chéad bhabhta saor uaithi agus bhí faoi sult a bhaint as an tsaoirse sin. I ndeireadh na dála, is éard a bhí ann anois an chéad oíche den chuid eile dá shaol.

Chríochnaigh sé na sceallóga agus chnag siar dil deiridh na beorach. Bhí an churadhmhír fágtha go dtí an deireadh aige d'aon ghnó.

—*Agus léim sí ar an traein go Kansas City . . . Cuir an diallait ar mo chapall . . .*

Leath bealaigh idir an pláta is a chlab a bhí an buabhallbhorgaire nuair a bhuail an teileafón ar an bhord taobh leis. Chuir a leithéid isteach ar atmaisféar na háite, an smaoineamh a rith leis ar ball nuair a thug sé faoi deara ceann ar gach bord. Ba mhairg nach bhféadfá suí síos is béile suaimhneach ciúin a bheith agat gan a bheith ciaptha badráilte ag acraí teicneolaíochta den saghas sin. Ach ba dhócha gur thaitin sé leis na turasóirí go bhféadfaidís glaonna gutháin a chur abhaile. Ar a laghad, arsa Mac Giolla Chumhaill leis féin ar ball, cheapfá go suiteálfaí cinn sheanaimseartha a raibh móitífeanna ón Iarthar Fiáin orthu in ionad na gceann spiagaí *touchtone* seo nár réitigh leis na maisiúcháin eile. Stán Mac Giolla Chumhaill ar an ghléas, a chiotóg is an borgaire crochta go méaldrámata san aer aige. Ar feadh meandair sa sos idir an dara is an tríú cling, phreab a shúile ón ghuthán go dtí an halla faoi, agus é ag lorg an chailín freastail. Is dócha nach raibh ann ach go raibh duine i ndiaidh an uimhir mhícheart a dhiailiú. An plean ba chiallmhaire, dar leis, nuair a chling an guthán don cheathrú huair ná neamhiontas a dhéanamh den diabhal rud go stopfadh sé.

Ar an drochuair, níor stad.

—*Líon na painnéir le cannaí pónairí, le caife milis Kahlua is le brioscaí tura* . . .

Faoi dheireadh chuir sé an buabhallbhorgaire ar ais ar an phláta agus rún aige an glacadóir a thógáil. Ach ag an phointe sin thug sé faoi deara an freastalaí ag teacht aníos an staighre ón bhunleibhéal, agus a bheoir ar thráidire aici.

—*Anocht beidh mo leaba chocháin go hard sna Sierras geala fuara* . . .

—Ar mhiste leat é seo a fhreagairt? ar seisean léi go leithscéalach.

—Faoi do choinnese é, arsa an freastalaí agus í ag déanamh ar a thábla. Gabh ar aghaidh. Freagair é.

—Ach cé atá ann? Níl aithne agam ar aon duine anseo.

—Beidh roimh i bhfad, a dúirt sí, agus í ag déanamh seitgháire. Ar aghaidh leat, ar sise go spreacúil spreagúil agus í ag imeacht léi arís tar éis di an ghloine fholamh a thógáil. Ardaigh é.

—Mar, *faraor géar, ní amharcann buachaillí bó siar.*

Rinne Mac Giolla Chumhaill rud ar an fhreastalaí. D'ardaigh sé an glacadóir agus chuir go cáiréiseach lena chluas chlé é.

—Heileo, ar seisean go mall.

—Fáilte romhat go Bruíon an Chroíbhriste, arsa Guth aontonach a chuir oide ar a dó a chlog ar an Aoine i gcuimhne do Mhac Giolla Chumhaill.

—Gabh mo leithscéal!

—Bíodh do chárta creidmheasa faoi réir agat.

—Heileo, cé atá ann?

—Glactar le Visa, Mastercard agus American Express.

Faoin am seo bhí Mac Giolla Chumhaill lánchinnte de gur glao magaidh é seo. Bhuel, thiocfadh leis a pháirt féin a imirt sa chluiche céanna.

—Ar an drochuair, d'fhág mé na cinn sin sa bhaile, ar seisean go scigmhagúil. An nglacfaidh tú le cárta Cásca? Nó le cárta Aifrinn féin?

—Beidh gá le litriú cruinn d'ainm mar atá sé ar an chárta creidmheasa, leis an uimhir agus leis an dáta bailíochta, a lean an Guth amhail is nár mhothaigh sé Mac Giolla Chumhaill ag cur isteach air.

—Heileo, tusa thíos ag bun na líne seo. Stad de do chuid cleasaíochta.

—Brúigh Uimhir 1 le héisteacht le teachtaireacht thábhachtach, arsa an Guth.

Loicfeadh cibé duine a bhí ar an taobh eile den líne air féin trí chasachtach nó trí gháire nó trí stadaireacht, arsa Mac Giolla Chumhaill leis féin.

—Brúigh Uimhir 2, arsa an Guth gan tonnchrith dá laghad, go gcloisfear scéala a dhéanfaidh do leas pearsanta . . . Brúigh Uimhir 3 go bhfeicfidh tú do shaol go nuige seo . . . Uimhir 4 go mblaisfidh tú den saol atá romhat . . . Uimhir 5 an ceann a bheadh romhat dá mbeadh Uimhir 2 feicthe agat in am . . . Brúigh Uimhir 6 chun éisteacht le Clár na nUimhreacha arís . . .

Thuig Mac Giolla Chumhaill de gheit go raibh sé ag éisteacht le téip. D'amharc sé thart go maolchluasach ar eagla go raibh aon duine ag éisteacht leis-sean. Chuir sé síos an glacadóir go mear agus thug aghaidh ar a bhuabhallbhorgaire athuair.

Is cuma cad a bhí le reic acu trí mheán chóras is chleasaíocht seo na dteileafón, ní raibh faoi géilleadh don ealaín sin. Nach mbíodh sé ag síorthathant ar a chuid daltaí saonta a bhí meallta le snastacht thacair is le sofaisticiúlacht ghlic na meán cumarsáide gan glacadh le scaothaireacht áibhéalta is le gáifeachas áiféiseach na bhfógraí ar an teilifís. B'fhollas nach bhféadfá deireadh seachtaine a chur isteach in íochtar Thír Chonaill anois, gan trácht ar bhéile ciúin féin a bheith agat, gan a bheith cráite ag lucht díolta earraí.

De réir mar a bhain sé greim mór blasta as a bhorgaire, thosaigh Mac Giolla Chumhaill ag smaoineamh ar chomhdháil na mbunoidí. Bheadh seisiún oscailte ann an mhaidin dár gcionn ar 'An Mhúinteoireacht san Aois Íditheachais' agus d'fhéadfadh sé fáthscéal beag a chur le chéile bunaithe ar eachtra seo an ghutháin. Thabharfadh sé faill dó a ainm a chraobhscaoileadh i measc ionadaithe na múinteoirí ar eagla go mbeadh faoi cur isteach ar cheann de na poist sa cheardchumann amach anseo. Le seal anuas, bhí sé ag smaoineamh air sin mar bhealach le héirí as an mhúinteoireacht agus gan sochair na gairme a chur de dhíth air féin, idir chéim ar an dréimire agus chearta pinsin. Phléigh sé féin is Sadhbh é cúpla babhta ach ní dhearna sé a dhath faoi ina dhiaidh sin. Ba é seo an t-am cuí chun bonn ceart a chur faoin scéim sin. Cibé ar bith, chuideodh an dúshlán úr leis dearmad a dhéanamh ar Shadhbh, ar seisean leis féin thiar i mBaile Átha Cliath nuair a shocraigh sé a intinn ar ghabháil go Tír Chonaill.

—*Nuair a shroich sí Kansas City, shroich sí a ceann scríbe . . .* a chan an buachaillín bó arís.

Nuair a bhuail an guthán arís, phioc Mac Giolla Chumhaill suas an glacadóir ar an toirt. B'fhiú cluas ghéar a thabhairt don teachtaireacht má bhí air a bheith i mbun scaothaireachta údarásúla faoina leithéid ag an chomhdháil.

184

—Fáilte go Bruíon an Chroíbhriste . . .

—*Gan maoin de chuid an tsaoil aici ach mála lán de chuimhní* . . .

—De réir ár gcuid taifead, níor ghlac tú lenár dtairiscint fhial . . .

—*D'fhág sí ar an traein é agus thug aghaidh ar a todhchaí* . . .

—Seo an seans deireanach chun do leas féin a dhéanamh . . .

—*Mar, tá a fhios ag cách, ní amharcann cailín bó siar* . . .

—Bíodh do chárta creidmheasa faoi réir agat . . .

Mhoilligh Mac Giolla Chumhaill go ndeachaigh an Guth trí na huimhreacha. Ansin bhrúigh sé Uimhir a Dó go gcloisfeadh sé an scéala tábhachtach, mar dhea, a dhéanfadh a leas féin.

—Tá costas deich bpunt ar gach teachtaireacht. Tar éis na bípe, litrigh go cruinn d'ainm mar atá sé ar an chárta, tabhair an uimhir agus an dáta bailíochta . . .

Rug Mac Giolla Chumhaill ar a vallait agus d'aimsigh a chárta creidmheasa. Labhair sé go mall sollúnta agus é ag tabhairt uaidh na mionsonraí.

—Caithfear d'iarratas a phróiseáil sular dtabharfar duit an t-eolas a dhéanfaidh do leas féin, arsa an Guth.

Thíos staighre bhí an t-amhránaí ag bleaisteáil leis go fóill, le linn do Mhac Giolla Chumhaill a bheith ag fanacht lena theachtaireacht. Ní bheadh ina gcloisfeadh sé ar ball ach raiméis den chéad scoth agus bheadh sé tar éis íoc go daor as ach, ar a laghad, threiseodh an taithí phraiticiúil seo lena chaint os comhair a chomhoidí an mhaidin dár gcionn. D'fhéadfadh sé a rá gur ghéill sé don chathú—ní hea, go ndearna sé a chuid taighde sa ghort—le fáil amach go beacht cén saghas scéiméireachta a bhíonn ar siúl ag giollaí glice Thionscal an Ídtheachais.

—Ní féidir linn glacadh le do chárta creidmheasa, a dúirt an Glór faoi dheireadh. Tá tú i ndiaidh dul thar do theorainn chreidmheasa. Ní féidir linn an teachtaireacht a dhéanfadh do leas a thabhairt duit.

—Ach ghlan mé na fiacha sin ag tús na míosa, arsa Mac Giolla Chumhaill go haranta.

—De réir ár gcuid taifead, tógadh amach síntiús creidmheasa

185

£5000 inniu, arsa an Glór i dton a thug le fios nárbh fhreagra ar ráiteas Mhic Ghiolla Chumhaill é sin.

—Botún is ea é seo, a mhaígh Mac Giolla Chumhaill agus imir den gháire measctha leis an mhíchéadfa ina ghuth.

—Ní féidir an teachtaireacht thábhachtach a thabhairt duit go n-íoctar an táille cuí. De réir ár gcuid taifead, tá tú i ndiaidh dul thar do theorainn chreidmheasa.

Ar feadh meandair, nuair a phlanc sé an glacadóir síos, bhí dhá smaoineamh ag rith trí intinn Mhic Ghiolla Chumhaill. Scannal ab ea é go raibh comhlachtaí in ann teacht ar mhionsonraí pearsanta trí chóras na ríomhairí. Agus toisc nach raibh an córas sin saor ó locht is ó fhabht, cén chosaint a bhí ag Seán Saoránach ar thíorántacht a leithéide.

Bhí Mac Giolla Chumhaill ag meas go raibh ábhar óráide sa dá tháthchuid bhlasta sin nuair a thit an lug ar an lag aige . . . Sadhbh . . . an cárta creidmheasa . . . síntiús creidmheasa . . . £5000 . . . Dar críonmhíol chros Chríost! Nárbh eisean an gamal a d'aontaigh go n-eiseofaí an dara cóip dá chárta ina hainm nuair a chuaigh siad chun cónaí le chéile. Ó tharla nach raibh jab buan múinteoireachta aici ag an am, níorbh fhéidir léi cárta dá cuid féin a fháil. Níor cealaíodh an cárta sin ó shin, cé nár úsáid sí riamh é. Go nuige seo, ar scor ar bith.

Is ar éigean a d'fhéadfadh sé a chreidbheáil go sciobfadh sí uaidh a chuid airgid. Ach ós rud é go raibh cúrsaí mar a bhí siad eatarthu le tamall anuas, ba dhoiligh a rá cad a dhéanfadh sí féin is a deirfiúracha chun díoltas a imirt air . . . Bhí air a mheabhair a chruinniú anois díreach. An chéad rud a bhí le déanamh aige ná dul i dteagmháil leis an bhanc chun an cárta a chealú sula ndéanfaí a thuilleadh díobhála.

Thóg sé glacadóir an ghutháin. Ní raibh cuach sa líne. D'fhéach Mac Giolla Chumhaill thart ar lorg an fhreastalaí. Ní hé amháin nach raibh sí in amharc nó in éisteacht ach bhí an ceol thíos staighre i ndiaidh stopadh. Agus imní ag teacht ar Mhac Giolla Chumhaill, shlog sé siar an chuid eile den bhorgaire, d'éirigh ón tábla agus rinne faoi dhithneas ar an staighre síos.

Bhí na soilse lagaithe ach d'aithin Mac Giolla Chumhaill go raibh idir cheoltóir is chustaiméirí a bhí ar an bhunurlár ar ball bailithe leo. Thrasnaigh sé chuig an deasc tosaigh gur bhuail cloigín ar an chuntar. Ba bheag airgead tirim a bhí aige as siocair nach raibh faill aige dul chuig an bhanc sular fhág sé Baile Átha Cliath. Bhí sé de rún aige billí an tí ósta i nGaoth Dobhair a chur ar a chárta féin. Bheadh air a chruachás a mhíniú don fhreastalaí. Bhí súil as Dia aige gur leor léi admháil féich go bhfillfeadh sé abhaile.

Mhoilligh sé ag an deasc ar feadh roinnt bomaití. An é go raibh sí féin i ndiaidh dearmad a dhéanamh air agus imeacht léi abhaile, toisc gurbh eisean an t-aon duine thuas staighre? Agus cén fáth nach bhféadfadh sé féin anois brostú amach tríd an phríomhdhoras? Ní hé amháin go raibh air cur suas le seirbhís den dara grád ach gur chráigh an córas fógraíochta teileafóin é. Ní bheadh sé ag teacht ar ais chuig an áit mhallaithe seo arís go deo. Agus scríobhfadh sé litir chuig Bord Fáilte ag gearán fúithi.

Ghlac sé misneach, ghread leis tríd an luascdhoras salúin, rinne ar an doras mór adhmaid agus chas an murlán. Tharraing sé chuige é, bhrúigh uaidh é, d'fhéach lena chasadh, lena ardú, lena ísliú. Thuig sé, de léaró tobann tuisceana, gur obair in aisce a bhí ann. Bhí an doras faoi ghlas. Bhain sé croitheadh as den dara huair le bheith cinnte. A Chríost, bhí sé faoi ghlas i gceart. Dheamhan dabht a bhí ann faoi sin.

Níorbh eol do Mhac Giolla Chumhaill cá fhad a bhí sé ina sheasamh ag amharc ar an mhurlán nuair a chuala sé torann, amhail is go raibh doras á oscailt ag cúl an phroinntí. Lig sé gáire íseal leathnáirithe as. Bhí an fhoireann ann an t-am ar fad, ar seisean leis féin. Shiúil sé isteach tríd an luascdhoras salúin.

Faoin solas lag, phioc Mac Giolla Chumhaill amach an cailín freastail ina suí ag bord i lár an tseomra. Ní raibh sí ina haonar. Líon a chroí le huamhan ar thuiscint dó an chuideachta a bhí aici. Bhí tuirse air ceart go leor, ach ní raibh sé chomh tuirseach sin uilig.

Bhí cúpla gloine beorach ólta aige ach bhí a fhios ag an saol Fódlach go mbíonn beoir Mheiriceánach chomh lag leamh le mún bunóice anaemaí. Chuimil sé a shúile agus d'amharc ar an bhord athuair. A Chríost, ní raibh radharc na súl ag loiceadh air ar chor ar bith. B'in é an buabhall agus é ina shuí ag bord láimh leis an fhreastalaí.

Chas Mac Giolla Chumhaill ar a sháil agus rith i dtreo an phríomhdhorais. Is ar éigean a chorraigh an doras trom ar na hinsí nuair a chaith sé a mheáchan ina choinne.

—Bhíomar ag feitheamh leat.

Gheit Mac Giolla Chumhaill agus d'iompaigh thart go sciobtha ar aithint an ghlóir dó.

—A Chríost! Cad chuige a bhfuil tusa anseo? Cheap mé go raibh tú ag bailiú do chuid bagáiste ón teach?

—Tar isteach agus míneofar gach rud, arsa Sadhbh agus aoibh mhailíseach an gháire ar a liopaí, dar le Mac Giolla Chumhaill. Bíodh deoch an dorais agat.

—Tá sé ag éirí mall. B'fhearr dom a bheith ag bualadh bóthair.

—Cheap mé go raibh uait deoch a sheasamh don chailín freastail?

—Am éigin eile—tá deifir orm. A Chríost, ar seisean leis féin, bhí Sadhbh i ndiaidh labhairt leis an fhreastalaí cheana.

—Bhuel, is dócha gur mhaith leat íoc as do bhille sula n-imíonn tú?

—Ó, is ea, go deimhin . . . Bhí sé ag breith ar a vallait nuair a chuimhnigh sé cad a bhí i ndiaidh tarlú dá chárta creidmheasa. Is dócha go gceapann tú gur chleas greannmhar é sin, arsa Mac Giolla Chumhaill agus an fhearg ag barraíocht ar an scanradh anois.

—Ó, cheapamar go mbainfeá sult as a leithéid, ar sise go héadrom agus í ag breith greim docht ar leathláimh leis is á threorú isteach sa seomra mór athuair.

Ar bhaint amach an tábla dóibh in athuair, thuig Mac Giolla Chumhaill gur a shúile a bhí ag loiceadh air ar ball beag. Bhí an cailín freastail ann ceart go leor, agus an buabhall. Ba é an t-aon radharc a ceileadh air ná Taise is Ailbhe agus iad ag cogarnach le chéile go híseal. Anois, d'amharc siad go cealgach adhfhuar air.

—Suigh . . .

—. . . síos . . .

—. . . go beo, a d'ordaigh na deirfiúracha go giorraisc.

Tharraing Mac Giolla Chumhaill amach an chathaoir ba ghaire dó, agus é ag stánadh ar Chlann Mhic Airt an t-am ar fad. Nuair a d'fhéach sé le bualadh faoi ar an chathaoir, dóbair gur léim sé as a chabhail, ar chluinstin an ghutha aontonaigh dó:

—Brúigh Uimhir 1 . . .

—Gabh mo phardún, a scréach Mac Giolla Chumhaill agus é ag leagan na cathaoireach nuair a léim sé siar le teann faitís. Ní raibh an fear beag féasógach agus culaith bhuí air feicthe aige.

—Glactar le Visa, Mastercard agus American Express . . . arsa an Guth chomh haontonach le Dalek ar ard-dós Prozac. Glactar le Visa, Mastercard agus American Express . . . Glactar le Visa, Mastercard agus American Express . . . Glactar le Visa, Mastercard agus American Express . . .

Nuair a lean an Guth dá shiansa aon-nóta, d'éirigh Ailbhe go mífhoighdeach, rug ar an fhear beag, chaith seile throm ghlas san aghaidh air agus bhuail i gcoinne an bhalla é arís is arís eile go dtí go raibh meall a inchinne spréite go hildathach ar an urlár. Chuimil sí a dhá lámh le chéile, d'fhill ar a cathaoir féin agus shuigh síos.

Bhí súile Mhic Ghiolla Chumhaill chomh bolgach le coraí Sumóch agus iad dírithe go daingean ar a raibh ar siúl ag Ailbhe. Anois thug sé faoi deara go raibh an freastalaí ag caoineadh. Faoi dheireadh d'éirigh Taise, lig gnúsacht déistine aisti, rug ar an fhreastalaí amhail is go raibh sí chomh héadrom le hiógart Weight Watchers® agus bhuail i gcoinne an bhalla í arís is arís eile go dtí go raibh meall a hinchinne spréite go hildathach ar an urlár. Chuimil Taise a dhá lámh le chéile, d'fhill ar a cathaoir féin agus shuigh síos.

Murar leor é seo ar fad chun mearbhall intinne is fionnachrith géag a chur ar Mhac Giolla Chumhaill, dóbair gur thit sé i laige nuair a thug sé faoi deara go raibh an buabhall ag lí cneá mhór ar a thaobh a bhí ag sileadh fola chomh fras le taincéir ola ar polladh a dheireadh. I dtoibinne, lig an créatúr mí-ámharach cnead mhillteanach as, thit den chathaoir, roll cúpla uair timpeall an urláir, agus é chomh méaldrámata le haisteoir i sobalchlár ardtráthnóna, gur stiúg faoi dheireadh is faoi dheoidh. D'éirigh Sadhbh, shéid ar an chorp a d'imigh as radharc in aon phuth ghlan amháin. Shuigh Sadhbh síos athuair.

Bhí glas-snaidhm ar theanga Mhic Ghiolla Chumhaill go nuige seo, ach scaoileadh sin i dtoibinne. Bhí a aghaidh chomh mílítheach buí le margairín stálaithe nuair a thiontaigh sé chuig na deirfiúracha.

—Ní thuigim é seo. Cad atá ar siúl agaibhse? Cad a chiallaíonn na rudaí seo? ar seisean.

—Éist agus foghlaim . . .

—. . . Is é an Guth sin . . .

—. . . Tionscal an Íditheachais.

—In ainneoin do chuid cainte . . .

—. . . is do chuid ardphrionsabal . . .

—. . . ghéill tusa dó.

—Ní bhuailfimis bob ort choíche . . .

—. . . ach amháin go raibh tú sásta . . .

—. . . glacadh le rialacha agus le meon an Íditheachais.

—An t-aon bhealach le déileáil leis agus lena ionadaí buí . . .

—. . . ná seile a chaitheamh sa tsúil aige is a rá go hard neamhbhalbh . . .

—. . . gan fiacail a chur ann nach íditheoir ach saoránach thú.

—Tuigim anois, arsa Mac Giolla Chumhaill. Tá an ceart agat, tá an chiall ceannaithe go daor agam . . . ach . . . ach cad faoin chailín freastail bocht? Ní raibh a dhath mar sin tuillte aicise, ar seisean, agus gan é in ann amharc go díreach ar an bhalla, áit a raibh liothrach déanta dá hinchinn ag Taise.

—Éist agus foghlaim . . .

—Nach ise an eiteog . . .

—. . . an lúidseach bhrocach . . .

—an tsraoill gan mhaith . . .

—A chuir suas le cuimilt a tóna . . .

—. . . le briathra díomhaoine . . .

—. . . le do chur i gcéill . . .

—Nuair a ba cheart di an bheoir a dhoirteadh sna súile agat.

—Ag loiceadh ar na mná i gcoitinne a bhí sí . . .

—. . . trí gan cur go tréan . . .

—. . . i gcoinne do chuid cliúsaíochta.

—Tuigim anois, arsa Mac Giolla Chumhaill. Tá an ceart agat. Níor chuir sí i mo choinne go fórsúil. Is ea . . . feicim anois gur tharraing sí an trioblóid uirthi féin . . . Ach éistigí bomaite. An chneá sin ar cholpa an bhuabhaill? Is dócha gur aisti sin a tháinig mo bhorgaire?

Nuair a thiontaigh sé ó dheirfiúr go deirfiúr go deirfiúr, ba léir dó an fhaghairt aisteach ina súile.

—Ní raibh ann . . .

—. . . ach seanainmhí . . .

—. . . a bhí ar an dé deiridh.

—Bhuel, arsa Mac Giolla Chumhaill go bréagéadrom, bhí sé i bhfad Éireann ní ba bhlasta ná bhur gcuid tófúbhorgairí leamha.

D'oscail Ailbhe a ciotóg, bholg súile Mhic Ghiolla Chumhaill. Shín Taise amach a deasóg, thit giall Mhic Ghiolla Chumhaill. D'ardaigh Sadhbh a cos chlé ar an tábla, thiontaigh a ghoile. Le dua, d'éirigh sé ón chathaoir agus rith i dtreo an dorais mhóir athuair. Chuala sé an gáire searbh agus salm na mallacht ag eitilt tríd an aer taobh thiar de.

—Beidh cuid díom agat ionat go deo . . .

—. . . mar chuimhneachán síoraí . . .

—. . . ar ár gcumann díbheirge.

—Ag cur domlais ar d'aenna . . .

—. . . ag bréanadh d'anála . . .

—. . . ag déanamh othrais i do bholg.

—Ag triomú do phutóg . . .

—. . . ag lobhadh na n-inní ionat . . .

—. . . ag gealadh do chuid caca.

—Gan sos gan staonadh . . .

—. . . gan scís gan scíth . . .

—. . . gan suaimhneas gan sólás.

—Go Lá Philib an Chleite . . .

—. . . go Lá Thaḋg na dTadhgann . . .

—. . . go Lá Sheoin Dic.

—Go séanann Liútar a eiriceacht . . .

—. . . go reonn leaca dearga Ifrinn . . .

—. . . go mbuann Liatroim Craobh Peile na hÉireann.

An iarraidh seo nuair a chuir sé a mheáchan iomlán i gcoinne an dorais, d'oscail sé ar an toirt gur rith Mac Giolla Chumhaill amach faoin aer.   Bhí an oíche teimhleach ach bhí an ceo scaipthe. D'amharc sé thart agus é ar lorg a jíp.   Dóbair gur bhuail taom histéire é nuair nach bhfaca sé i dtosach é.   Faoi dheireadh chonaic sé é.   Ní raibh sé páirceáilte i gcarrchlós mar a cheap sé ach ar thaobh an bhealaigh mhóir.   Ar bhaint amach a fheithicle dó, bhreathnaigh sé siar agus é ag ladhráil leis na heochracha.   Áit a raibh Bruíon an Chroíbhriste leathnóiméad roimhe sin, ní raibh ach seansceach gheal.   Nuair a theilg sé é féin i suíochán an tiománaí, mhothaigh Mac Giolla Chumhaill teannadh tobann ar a phutóga, an domlas ag borradh ina bholg agus blas géar an bhréantais ina bhéal.

Meisce Stangaireachta
(Radhairc as finscéal nua)

Meisce Stangaireachta
Antonia O'Keeffe

Meisce Stangaireachta
(Radhairc as finscéal nua)

—Is tú mo shlánaitheoir, ar seisean. Shábháil tú mé, idir anam agus chorp.

—Bhí an t-ádh dearg ort, ar sise agus í ag cuimilt a fháinne cluaise, nach raibh Clíodhna ar diúité an lá sin!

—Bhí sé sa chinniúint againn go mbuailfimis le chéile.

—Nach tú a bhí i bhfách le m'iúl a tharraingt ort, ar ais nó ar éigean!

—Bhí a fhios agamsa go raibh tú i ndiaidh iúl a chur ionamsa cheana.

—Ionatsa! Thaitin an tAdonas rua sin liom. Chuirfeadh seisean agus a mhatáin is an pónaí sin ceann faoi ar Arnie S.

—Bíodh a cheann faoi Chlíodhna, mar sin!

—Fear maith eile millte aici siúd!

—Ba cheart dóibh bonn óir a bhronnadh ort as ucht do ghaisce.

—Dóbair gur briseadh as mo phost mé ó shin mar gheall ar mo mhí-iompar míphroifisiúnta!

—I gcionn scór bliain nuair a bheimid ag amharc siar, déarfaidh tú gurbh é sin an rud ab fhearr a tharla duit riamh.

—Ní bá go beatha!

—Ba cheart dúinn cur isteach ar cheann de na cláir theilifíse sin ar a labhraíonn na lánúineacha ar an dóigh ar tháinig siad le chéile. Bhuafaimis an comórtas gan stró.

—Is trua nach raibh físcheamara againn. Thabharfaimis an svae linn ar *America's Funniest Home Videos*!

—Agus bheadh clann ár gclainne in ann spraoi a bhaint as an tslí ar bhuaileamar le chéile.

—Agus bheadh a fhios acu na háiteanna nár mhiste a sheachaint!

—Agus bíodh a fhios agat gur tú mo bhandia íon agus go n-adhraím tú ó bhaithis go bonn do bhróige.

Agus na sciatháin snaidhmthe acu ina chéile, neadaigh Eithne isteach taobh leis ar an leaba shingil ina hárasán aonseomra. In ainneoin a cuid scigmhagaidh, thaitin léi éisteacht leis ag labhairt mar sin. Déanta na fírinne, ní raibh sa mhagadh seo aicise ach comhartha nach bhféadfadh sí a chreidbheáil gur tharla ar tharla agus go gcaithfeadh sí a bheith á cosaint féin ar an lá a dtitfeadh an cumann as a chéile. Mar i ndeireadh na dála, ní raibh ann ach an sórt baothscéil a bhíonn i scannáin pháistiúla rómánsaíochta de shaghas *Splash* nó *The Little Mermaid*.

Ní bhíodh i láthair ag seisiún deireanach na hAoine ach slua beag. Daoine a bheith ar laethanta saoire, ar an trá ag Baile an Bhiataigh faoi deara sin. Ba dheise é sin ná a bheith cuachta istigh ar na tráthnónta múisiúnta seo. B'fhada ó bhí samhradh chomh te is chomh brothallach sin ann. Ag an am céanna, má bhí ort a bheith istigh agus tú ag saothrú na bpinginí le híoc as bliain dheireanach na hollscoile, bhí sé chomh maith duit a bheith anseo seachas aon áit eile.

Ba ghairid go ndeachaigh Eithne i dtaithí ar na haghaidheanna céanna. An teaghlach a thagadh go dtí an spórtlann ar a gcuid rothar agus a d'iarradh uirthi súil a choimeád ar a gclogaid rothaíochta a bhí fágtha ar chathaoir deice acu. An bheirt sheanbhan. An scata ógfhear a dhéanadh baothiarracht chliúsaíochta léi. An fear meánaosta agus a ghariníon. An bhean Arabach a d'fhanadh lasmuigh ar an deic faire gach seachtain le linn dá clann a bheith sa linn uisce. Adonas a bhí chomh bolg-shnoite matán-teannta le lúthchleasaí ar ardchúrsa stéaróideach. Agus ar a nósanna teachta is imeachta. Na daoine a bhíodh ann gach seachtain gan teip. An duine a mhaíodh ag deireadh na hoíche nach mbeadh sé ann an tseachtain dár gcionn as siocair go mbeadh sé ar laethanta saoire agus a bheannaíodh di ar fhilleadh dó. Adonas a ligeadh air féin barraíocht nach raibh sé ag amharc ar na daoine ag amharc airsean. Agus na páistí a thagadh le Mamaí seachtain amháin, le Daidí an chéad seachtain eile agus ar léir ó rialtacht dhobhriste an phatrúin gur ag Mamaí/ag Daidí a bhí an fheighlíocht an deireadh seachtaine seo.

Ba leis an mháthair a labhair sí i dtosach. Bean bheag thanaí a bhí inti, folt donn uirthi, í gearr-radharcach agus a craiceann bán in imeartas le deirge a culaithe snámha aonphíosa.

—Fan le Mamaí, a dúirt sí lena gasúr. Ní féidir le Mamaí rith chomh tapa leat.

Ba nós é seo a chuireadh olc ar Eithne. Shílfeá go raibh ollchumhacht phearsantachtaí an Mhamaíochais, amhail *aliens* ón *outer space* in B-scannán dubh agus bán ó na caogaidí (nó ón Éigipt, b'fhéidir!) i ndiaidh seilbh a ghlacadh ar cholainneacha is ar aigní ban a bhíodh neamhspleách lá dá saol, is neach a chruthú a labhair sa tríú pearsa uatha bhaininscneach i dtólamh. Dá bpósfadh sí féin choíche, ní ligfeadh sí don fhórsa dul i gcion uirthi.

Bhí an Mhamaí áirithe seo ar tí siúl isteach i seomraí gléasta na bhfear ag deireadh an tseisiúin nuair a stop Eithne í agus a threoraigh idir mháthair is mhac isteach in ionad gléasta na mban. Bhuail sí leo arís ar ball agus iad ag fágáil na spórtlainne. Stad an bhean, a raibh a spéaclaí uirthi anois, ghabh buíochas le hEithne as a cabhair is bhrostaigh ina teannrith i ndiaidh an bhuachalla agus í ag glaoch de ghlór cráite fadfhulangach.

—A Aoidh Chaoimh, ní maith le Mamaí é nuair a ritheann tú rófhada chun tosaigh. Bíonn síorimní uirthi go dtarlódh timpiste duit.

An tseachtain dár gcionn, thug Eithne faoi deara an mac ag preabadh isteach, agus é gróigthe ar ghuaillí a athar. Bhí gearrbhríste samhraidh, T-léine agus cuaráin orthu dís. Bhí an fear meathard; bhí spléaclaí gréine air; bhí cuma réchúiseach air murab ionann is an chuma phléite a bhíodh ar an bhean.

—Seomraí gléasta na bhfear duit anocht, a Aoidh, ar sise go haoibhiúil teanntásach leis an ghasúr.

Ag imeacht an doras isteach dóibh, chuala sí é ag insint do Dhaidí go hardghlórach faoinar tharla an tseachtain roimhe sin.

—A Chríost, sílim go bhfuil mé i ndiaidh titim i ngrá leat, a chogar Eochaidh ina cluas.

Agus Aodh Caomh ag stopadh lena mháthair an deireadh seachtaine seo, bhí Eithne ag fanacht i dteach an athar den chéad uair. Ba dhoiligh di dul i dtaithí ar scóipiúlacht is ar chompord an tí ar ghualainn a hárasáin shuaraigh.

Thóg sí an buidéal fíona. Mhothaigh sí crith ina láimh nuair a bhí sí ag athlíonadh a ghloine.

—Ná habair é sin mura bhfuil tú i ndáiríre.

—Táim . . . agus tá uaim tú a phósadh.

—Ach cad faoi do cholscaradh?

—Beidh sé sin réidh ar ball. Beimid in ann pósadh ansin.

—Beidh . . . Tá a fhios agat gurb é sin mian mo chroí . . . ach, bhuel . . . nach bhfuil faitíos ort roimh phósadh in athuair . . . roimh . . . ?

—Roimh scaradh in athuair? . . . A stór, táim lánchinnte de go mbeimid sona sásta le chéile.

—Ach nach fearr fanacht go ceann tamaill?

—Níl mise chun ligean duit éalú uaim, a bhanchnis uasal.

—Níl uaim éalú . . . ach níl uaim ach oiread go ngortófaí mé.

—Ó, a thaisce, geallaim duit nach ndéanfainn dochar duit go deo. B'ionann sin is arraing a chur trí mo chroí féin.

—Tá a fhios agam sin . . . ach uaireanta ceapaim gur ghnách leat na rudaí céanna a rá le do bhean agus féach cad a tharla ansin . . .

—Ní raibh neart agamsa ar ar tharla ansin . . . D'athraigh Ríonach sa dóigh nárbh ionann í sa deireadh is an duine a phós mé i bhfad siar.

—Ach athróidh mise . . . agus ní bheidh gean agat orm ansin.

—Fásfaimid agus bláthóimid le chéile agus beidh gean is grá againne ar a chéile go deo.

—An bhfuil a fhios ag do bhean, dar leat, go bhfuilimid ag siúl amach le chéile?

—Is cuma fúithi.

—An gceapann tú go dtuigeann Aodh fós é?

—Inseoidh mé dó é nuair is mithid sin a dhéanamh.

—Sílim gur maith leis mé.

—Beidh cion ar leith aigesean ort, tá mé suite de sin.

—Tá súil agam . . . Chonaic mé do bhean ag an linn uisce anocht.

—Éirigh as, a chroí. Ná buair tú féin léi siúd.

—Ach sílim gur chóir . . .

—Éist, a Eithne . . . Féach, tá bronntanas beag agam duit.

—Cé atá ag féachaint le héalú ón ábhar anois . . . Cad tá ann?

—Bhí mé ag smaoineamh ar é a choinneáil siar—go hócáid oiriúnach eile.

—Níl sin ceart ná cóir tar éis duit é a lua.

—Níl ann ach rud beag bídeach.

—Is cuma. Ní raibh san fháinne cluaise sin a thug mé duit ach rud beag. Lig dom an bronntanas a fheiceáil. Le do thoil.

—An bhfeiceann tú mo chasóg thall? Tá sé istigh sa phóca.

—Ó, an bosca beag seo . . . ní féidir gurb é . . .

—An maith leat é?

—Tá sé go hálainn ach . . .

—Is ea?

—Ní féidir liom é a chaitheamh go poiblí. Bheadh daoine do mo cheistiú . . .

—Lig dom é a chur ar slabhra timpeall do mhuiníl, caith i gcónaí ansin é gar do do chroí agus a thúisce is a fhaighim an colscaradh . . .

Agus í ag amharc ar an athair is ar an mhac cois na linne, bhí ar Eithne a admháil gur chleitire cruthanta an t-athair i gcomparáid le hAdonas. Bhí muineál gairid aige, agus an áit a raibh clúmh de dhath an óir ar a chliabhrach ag Adonas, bhí cliabhrach an athar chomh lom le hucht girsí.

Níorbh fhada gur thuig sí fosta nárbh aon Mhanannán mac Lir ná Mark Spitz féin an t-athair ach oiread. Bhí sé ag féachaint leis an snámh a mhúineadh don ghasúr a raibh sciatháin phlaisteacha uisce air. Bhí an t-athair ceart go leor fad is a bhí sé ag teagasc na mbanganna don bhuachaill ag an cheann éadomhain den linn nó fad is a chaith sé bang an bhrollaigh agus é ag gluaiseacht chomh mall staidéarach le lacha chalma phlaisteach i *jacuzzi* coipthe. A thúisce is a léimeadh an gasúr air nó a bheireadh sé greim ar an stumpa sin de mhuineál a bhí aige, b'fhollas ar an dóigh a dtéadh cloigeann an athar síos faoin uisce nach raibh mórán muiníne aige as féin sa pholl snámha.

Tháinig Aoine eile agus seisiún deiridh na hoíche. Ag siúl timpeall na linne d'Eithne, chonaic sí na gnáthphátrúin. Bhí an bhean Arabach ar an deic. Bhí na rothaithe sa linn. Bhí na seanmhná ann. Bhí na hógfhir ag imeall na linne ag gliúcaíocht suas a bríste spóirt agus í ag siúl thart. Bhí Adonas, ar bhall de chlub tógála meáchan é de réir dhianfhiosrúcháin Chlíodhna, ag cleachtadh a chuid tumadóireachta. Bhí Aodh Caomh agus a athair ag spraoi agus an gasúr ag preabadh suas is anuas ina shlapar dó i ndiaidh an athar, greim an fhir bháite ar shnámhán aige agus é ag caitheamh leathmhútóige buí.

Ba dhoiligh obair an mhaoir shábhála a shárú ó thaobh leadráin de, arsa Eithne léi féin, í ag siúl timpeall na linne agus ag comhaireamh na soicindí ag dul thart . . . Ar ócáidí mar seo, b'údar aiféala aici é gur ghlac sí leis an jab seo i nDroichead Átha. Bhí cairde ollscoile léi ag obair mar mhaoir shnámha ar thrá na hInse. B'in an áit cheart chun bolg a dhéanamh le gréin, tóin a chur le folt fionn na farraige, breathnú ar an tallann ag criúsáil thart is ligean ort gur ar *Baywatch* atá tú. D'fhéadfadh sí jab éigin a fháil i mBaile Átha Cliath nó greadadh léi go dtí an Mhór-Roinn, mar a bhí déanta ag cairde eile . . . Bomaite amháin, bhí sí ag imirt cluiche beag ina gcaithfeadh sí

siúl ó cheann ceann na linne gan seasamh ar leacán gorm urláir . . .
Dá dteipfeadh uirthi sin a chur i gcrích, ní rachadh sí chun an tí
tábhairne an oíche sin . . . Bomaite eile, bhí sí ag féachaint leis an
oiread focal sé litir agus ab fhéidir léi a dhéanamh as ainm na
spórtlainne . . . Dá sáródh sé an dosaen focal a bhí aimsithe aici an
tseachtain roimhe sin, d'ólfadh sí an dara deoch anocht . . . Agus fós,
in ainneoin na gcluichí is na dtrialacha is na dtomhaiseanna uilig, ní
bheadh ach dornán bomaití eile meilte aici faoin am a mbreathnódh
sí suas ar chlog mór an bhalla athuair . . .

De réir mar a ghluais sí i dtreo cathaoireach deice go ligfeadh sí a
scíth tamall, chonaic sí as eireaball a súile go raibh hurlamaboc éigin
sa linn áit a raibh athair agus mac. Chas Eithne thart go beo díreach
in am le cloigeann an athar a fheiceáil ag ardú ón uisce agus ag dul
faoi arís. Bhí Aodh Caomh gróigthe ar a dhroim, a lámha faoina
sciatháin uisce snaidhmthe timpeall a mhuiníl. Nuair a d'imigh an
cloigeann as radharc an dara huair, mhoilligh Eithne agus súil aici
leis go mbeadh an fear in ann é féin a shaoradh.

Ba dheacair a rá cá mhéad soicind a chuaigh thart. Agus í ag
smaoineamh air ó shin, ba gheall le scannán mallghluaiste é de réir
mar a thuig sí go raibh an t-athair i dtrioblóid. Nuair a d'fhéachadh
sé leis an ghasúr a chaitheamh óna dhroim, bhí an buachaill ag
teannadh a ghreama agus é ag brú an athar síos faoin uisce. B'ansin,
agus an t-athair á luascadh féin mar a bheadh míol mór leonta ann,
a d'aithin sí cén fáth nach raibh an t-athair in ann cuidiú leis féin.
Bhí leathmhúróg bhuí an ghasúir i bhfostú taobh istigh de bhríste
snámha an fhir.

Is ar éigean a d'fhéadfadh sí a chreidbheáil go raibh duine i mbaol
a bháite. Na heachtraí is troime a tharla sa linn ó thosaigh sí ag
obair ann ná an lá sin i gcaitheamh sheisiún druidte Chlub na
Sinsearach nuair a chonaic duine de na mná an francach plaisteach
a d'fhág scabhtaeir éigin ina dhiaidh sa linn . . . nó an tráthnóna úd
nuair a bhí scata bligeard ag liú is ag pleidhcíocht is go raibh uirthi
fios a chur ar an bhainisteoir, Dan, a tháinig isteach agus é ag

caitheamh na tuinice *Tae Kwon-Do* a choinníodh sé le haghaidh ócáidí speisialta nuair nár leor an focal fainice . . .

Anois, is a cuid oiliúna ag fáil lámh in uachtar ar an ionadh a bhí uirthi, rith Eithne go himeall na linne taobh leis an bheirt, chaith di a cuid cuarán agus thum isteach ar bhior a cinn san uisce. Rug sí greim ar an ghasúr agus tharraing a chos amach as culaith shnámha an athar. Bhrúigh sí an gasúr i dtreo thaobh-bhalla na linne, áit ar lean sé air ag preabadh thart ar a sháimhín só faoi chumhacht na sciathán snámháin. Mar a bhí cleachtaithe aici na céadta uair i seisiúin traenála, sháigh sí a sciathán deas faoi ascaill deas an athar, leag a chloigeann anuas ar a gualainn, agus shnámh i dtreo an taobh-bhalla go mall agus é á tharraingt léi. Chuir sé iontas uirthi chomh héasca is a bhí sé é a shraonadh. Murab ionann is na babhtaí oiliúna nuair a bheadh na 'pacáistí daonna,' mar a thug Dan orthu, ag streachailt, ag tarraingt, ag bualadh, ag ciceáil de réir rólmhúnlú an duine scanraithe, tháinig an pacáiste seo chomh ciúin ceansa le hiasc marbh. Agus talamh slán bainte amach acu agus scaifte beag, is Adonas orthu, cruinn thart orthu, bhí an t-athair, agus snua an bháis air, ag streachailt le hanáil a tharraingt agus lena bhríste snámha a tharraingt aníos i gceart. D'amharc sí air. Ba chosúil le gadhar líbíneach a bhí i ndiaidh éalú ó mhála i lár abhann é. Leáigh rud éigin—instinn an mháithreachais, dá mb'fhéidir léi friotal a chur air—ina croí. Bhí sise i ndiaidh é a ath-thabhairt ar an saol. Ní fhéadfadh a mbeatha gan a bheith ceangailte go dlúth le chéile feasta. Ba dhual dóibh é. Bheadh sise ina Mamaí aige.

—Nach bhfuil sé rud beag ró-aosta faoi choinne fáinne cluaise, arsa Clíodhna de chogar ard a bhí le cluinstin ar an taobh eile den seomra.

—Sílim go n-oireann sé dó, arsa Eithne go bréagéadrom.

—Aon athrú nua suntasach a thagann ar fhear—stíl a chuid gruaige, fáinne cluaise, an *mega*-athrú féin ó *Y-fronts* go *Boxers*, tig leat a bheith cinnte de gur bean faoi deara sin.

Bhí an dís acu ina suí i mbialann na spórtlainne i gcaitheamh a sosa agus iad ag ól Coke. Bhí Eithne i ndiaidh cur suas go fadfhulangach le cur síos deich mbomaite, lán d'aidiachtaí treisithe sárchéimeacha, ar bhuanna ilchineálacha Adonais—nó Aonghus, ós fearr le Clíodhna tagairt dó as a ainm ceart na laethanta seo. De réir dealraimh, bhí sé gach pioc chomh haclaí sa leaba is a bhí sé sa linn.

Anois bhí Eithne ag tabhairt cuntas ciorraithe ar an dóigh a raibh an cumann le hEochaidh i ndiaidh forbairt chomh mear sin taobh istigh de choicís ó tharrtháil sí é. Nuair a d'admhaigh Eithne go maolchluasach gur thaitin sé go mór léi, bhris a cara isteach go mífhoighdeach.

—Ailtire is ea é, a deir tú? arsa Clíodhna.

—Dá bhfeicfeá an teach atá aige ar shlata an bhaile mhóir ar an bhóthar go Brú na Bóinne. A fhairsinge is atá sé. Is na hacraí atá ann, *jacuzzi* agus *sauna* agus trí sheomra folctha agus balcóin amuigh. Eochaidh féin a dhear é. Agus tá stáblaí aige ann faoi choinne a dhá chapall.

—Bhuel, nach deas an rud é gur coileach dea-mhaisithe deisiúil é, ach nach gceapann tú fós go bhfuil sé rud beag ró-aosta duit?

—Níl sé ach ocht mbliana is tríocha d'aois. Agus breathnaíonn sé i bhfad Éireann níos óige ná sin, a d'fhreagair Eithne go pas cosantach.

—Hú! Dóbair go bhfuil sé dhá oiread níos sine ná Aonghus seo agamsa.

Mhothaigh Eithne ar thalamh níos sláine anseo ach d'fhéach leis an ghoimh a bhaint as a cuid focal trí labhairt go héadrom lena cara.

—Ach nach iontach an rud an taithí iltaobhach ar an saol, fear a bhfuil cur amach aige ar níos mó ná an spórt amháin?

—Bhuel, tá bunriail bhuan amháin agam, is é sin gan a bheith bainteach le diúlach atá pósta ná a bhí pósta cheana.

—An bhunriail bhuan a bhí agat an tseachtain seo caite ná gan siúl amach choíche le fear a bhfuil ribí gruaige ag fás as polláirí a shróine aige.

—De réir mo shaoltaithí scóipiúla féin, arsa Clíodhna is déistin ina glór, is ionann an dá shaghas go hiondúil.

Ise a smaoinigh air. B'fhollas ag an am a phatuaire is a bhí sé ann. Ach ghéill sé di faoi dheireadh. Ach bheadh uirthi féin na socruithe a dhéanamh, ar seisean.

B'fhurasta sin. Bhí ceann ag corrdhuine dá lucht aitheantais ar an ollscoil. Fuair sí an seoladh agus rinne coinne ar an ghuthán.

—Níor mhaith liom aon ghalar a phiocadh suas ón tsnáthaid, arsa Eochaidh.

—Ná bíodh faitíos ort, arsa Eithne. Tá ceadúnas ag mo dhuine ó na cigirí sláinte a dheimhníonn nach mbíonn fearas salach in úsáid aige.

—Ach chuala mé go mbíonn sé nimhneach fosta.

—Éist, a chladhaire bhuí, ar sise agus í ag gáire, an bhfuil eagla ort roimh phriocadh beag—nó roimh chúpla céad priocadh féin—a cheanglóidh an bheirt againn le chéile go deo?

—Ach níl a fhios agam cé chomh proifisiúnta is atá sé. B'ionann é ar bhealach is teacht ar chruinniú tábhachtach gnó le cliant nua agus gan ort ach culaith shnámha.

—Tá daoine ann nach gcaitheann ach culaith shnámha agus iad ag obair.

—Tuigeann tú cad tá i gceist agam. Ar scor ar bith, bheadh sé iontach feiceálach ansin.

—Ní bheadh sé aon phioc níos feiceálaí ná fáinne.

Bhí a fhios aici roimh ré cad a bhí uaithi.

Dhá eala a bheadh ann: ceann ar bhos a ciotóige, an ceann eile ar bhos a dheasóige. Agus, nuair a shnaidhmfidís an dá bhos ina chéile, thiocfadh an dá eala le chéile chomh foirfe comair le píosaí de mhíreanna mearaí. Is uaigneach an feic í eala aonair ar snámh, agus ba mhar a chéile dóibhsean é agus iad scartha ó chéile. Ní raibh ceachtar acu iomlán ach le linn don dá eala a bheith bos ar bos. Ba é fuascailt an fhadhbphictiúir é. Siombail a bheadh ann dá ngrá buan.

Lena chois sin, chlúdódh sé a mháchail. Ba cholm fada garbh é ó sheanchneá nár chneasaigh i gceart, colm a shín ó chaol a dheasóige go croí a bhoise.

Thóg an obair dhá chuairt thráthnóna ar shiopa na dtatúnna i mBaile Átha Cliath orthu.

Ar ais tigh Eochaidh, agus radharc acu ar Bhrú na Bóinne, agus é ag síorchuimilt a breille le bos a dheasóige, mhothaigh sí racht corraithe trína colainn nár mhothaigh sí riamh, tharraing sí anuas uirthi é gur chúpláil siad. Bhí ó Eithne cúrsa na gréine a stopadh sa spéir, an ghealach a dhíbirt ó dheas, agus an clog a chealú go ceann lae agus bliana.

—Is geall le *frigging* aolchuisní iad, arsa Clíodhna.

—Cad is aolchuisní ann? arsa Aonghus.

—Fuist nó cloisfidh sé sibh, arsa Eithne, agus an colg nimhe ag barraíocht ar an seitgháire faoi dheireadh is faoi dheoidh. Bhíodar i ndiaidh leathuair a mheilt is gan idir chamánaibh acu ach mionchaint bhéasach ar chúrsaí aimsire is ar chúrsaí oibre. Ach a thúisce is a d'imigh Eochaidh suas chuig an bheár, chrom Clíodhna ar thagairt a dhéanamh dá chuid ribí gruaige gaosáin. Bhí sé sin maslach, gan aon agó. Cibé ar bith, cén ceart a bhí ag a cara a bheith ag spochadh as Eochaidh nuair a bhí steall mhaith mharbhuisce ina luí ar inchinn a buachaillín báire féin.

—Chonaic mé tú sna trithí gáire, arsa Eochaidh le Clíodhna, agus ceithre phionta á iompar aige go máistriúil ealaíonta. Caithfidh go raibh sibh ag insint scéalta grinn.

—Rud éigin faoi ribí gruaige gaosáin agus aol–. . . Cad é an focal mór sin arís?

—Ná bac leis, a Aonghuis, arsa Eithne go tapa.

Níor thúisce Eochaidh ina shuí gur thuig Eithne go raibh réamhfhiosrú Chlíodhna réidh agus í ar tí cromadh ar thromchúrsa ceastóireachta.

—Inis dúinn fút féin, a Eochaidh, ar sise. Deir Eithne go bhfuil tú pósta go fóill.

—Lig dó, a Chlíodhna, arsa Eithne go ciúin. Ba bhreá léi a cara a thachtadh.

—Ná bíodh faitíos ort. Ligfidh mé dó labhairt ar a chonlán féin. Bhuel, a Eochaidh, an bhfuil tú pósta go fóill?

—Pósadh in ainm amháin atá ann le fada an lá. Cuirfear séala oifigiúil ar an cholscaradh san fhómhar.

Nuair a d'amharc Eithne ar cheannaithe Eochaidh, chonaic sí draothadh faon gáire nár leath ó bhéal go súile.

—Cad a tharla do do phósadh?

Bhí righne na súl i ndiaidh leathnú chomh fada le cúinní a bhéil anois.

—A Chlíodhna, in ainm Dé, arsa Eithne agus í ag féachaint le clabhsúr a chur ar an chomhrá, ní cúirt de chuid na Cúistiúnachta í seo.

—Cad is Cúis—?

—Éist, a Aonghuis, a leathbhéic Eithne.

—Tá a fhios ag Eochaidh nach bhfuil mé ach ag iarraidh aithne a chur air. Níl ann ach go bhfuil mé fiosrach faoinar tharla dá phósadh.

—Ach is rud príobháideach é sin, arsa Eithne, a bhaineann le hEochaidh agus lena bhean—lena iarchéile.

—Agus leatsa, a déarfainn, ós rud é go bhfuil sibh in bhur gcónaí le chéile anois.

—Dúirt Clíodhna go bhfuil *jacuzzi* sa teach—

—Éist, a Aonghuis, arsa Clíodhna go cealgach.

—*OK*, is rud é a bhaineann linn, nach ea, a Eochaidh?

Bhí Eithne ag feitheamh le freagra deas suaimhneach a chuirfeadh deireadh leis an chomhrá. Dóbair gur thit sí anuas óna cathaoir nuair a labhair Eochaidh.

—Ní hea. Sin 'R-s.'

—Cad é? arsa an bheirt bhan d'aon ghuth amháin.

—'R-s.'

—An bhfuil deoch eile uaibh?

—Éist, a Aonghuis!

—Tá dhá chuid le mo shaol: 'R-s' agus 'I-s.' Réamhscarúint is Iarscarúint. Baineann 'R-s' le mo shaol roimh an scarúint agus ní labhraím faoi. 'I-s' is ea mo shaol ó shin i leith. 'I-s' is ea Eithne.

—Agus an pósadh féin?. . .

Thuig Eithne go raibh Clíodhna ar tí pléascadh. Thuig sí di, nuair nach raibh aon chuid de seo cloiste aici féin go dtí seo.

—Baineann an pósadh le 'R-s.' Níl a dhath eile le rá agam.

—An é atá á mhaíomh agat go raibh tú pósta le—cá mhéad bliain? . . . Ó, ní thig liom ceist a chur ort cén fhad a bhí tú pósta mar baineann sin le 'R-s' . . . go bhfuil mac agat . . . ach, ar ndóigh, ní féidir liom a bheith ag súil le heolas ar dhálaí a ghinte, a bhreithe is a bhaiste, mar 'R-s' is ea iad sin ar fad . . .

—Is ea . . .

—A Aonghuis, cuir ceist orm cá ndeachaigh mé ar saoire anuraidh?

—Ní thuigim.

—Cuir an cheist orm, ar scor ar bith.

—Cá raibh tú ar saoire anuraidh?

—Focáil leat, a Aonghuis, sin 'R-A.'

—Cad é?

—Sin Roimh Adonas, a stór.

—Ní thuigim.

—Tá mé maraithe agat.

—Sín do ghéaga go hiomlán, ar sise leis.

—Sin atá ar siúl agam, in ainm Dé.

—Anois, gluais tríd an uisce chomh grástúil le heala in ionad a bheith ag flípeáil flapáil cosúil le níochán ar líne lá gaoithe.

—Tá tú ag déanamh ceap magaidh díom. Nach bhfeiceann tú go bhfuil na páistí sin ag déanamh fonóide fúm?

—Ná bac leo.

—Tá mo dhóthain déanta agam inniu. Tá mé ag dul síos chuig an taobh domhain.

—Ach níl a dhath foghlamtha agat go fóill.

—Is cuma.

—Nach bhfeiceann tú gur mithid duit an snámh a fhoghlaim i gceart? Seans nach mbeidh mise ann an chéad uair eile a mbeidh tusa is Aodh i mbaol bhur mbáite.

—Beidh maor cosfhada cuidsúlach eile ar diúité a dhéanfaidh an gnó dúinn.

—I ndáiríre, ba cheart do gach tuiste an snámh a bheith aige.

—Éirigh as, a Eithne, agus ná déan paidir chapaill de.

—Níl mé ach ag smaoineamh ortsa is ar Aodh.

—Nuair a thosaíonn tú ar an tseanmóir, cuireann tú mo bhean chéile i gcuimhne dom.

—Níl ann ach nach maith leat é gur féidir le haon bhean aon rud a mhúineadh duit.

—Seo an sórt cleasaíochta a chleachtadh Ríonach i dtólamh.

—Tuigim anois cad chuige nach raibh sí in ann cur suas leat agus cad chuige ar fhág sí thú.

—Is ionann sibh mná. Ní túisce duán curtha i bhfear agaibh nó go mbíonn sé faoi shlat agaibh . . . Ar aon nós, ba mise a d'fhág ise.

—An chéad uair eile, caithfidh mé isteach arís tú mar a dhéanfá le pincín.

D'fhéach sí le smacht a choinneáil ar a glór.

—Cad chuige nach bhfuil tú sásta labhairt ar do phósadh liom?

—Tá tú ar buile go fóill!

—Bhuel, náirigh tú mé os comhair mo chairde agus tú ag caint ar do chuid 'R-s' is do chuid 'I-s.'

—Cad is fiú dom a bheith ag cur ár gcuid ama amú ag caint ar rudaí, ar shaol, atá thart?

—Ach nach gceapann tú go gcaithfidh tú labhairt faoinar tharla go hoscailte sula bhféadann tú dul ar aghaidh le do shaol? Is mise do leannán, do chara cléibh, do chomrádaí. Nár cheart duit sin a roinnt liom?

—An gceapann tú gur féidir leat déileáil leis?

—Is dócha gur féidir liom . . .

—Breathnaigh ar an láimh seo . . . ar an tatú seo atá ina shiombail ar do dhóchas is ar do phleananna . . . Dá ndéarfainn leat go bhfuair mé an chneá seo an oíche a d'fhéach Ríonach le mé a mharú . . . an oíche a bádh Brighid, cad a déarfá?

—Ach cé hí . . . ?

—Cé hí Brighid? Is ea . . . tá a fhios agam nár luaigh mé riamh í. An bhfuil tú cinnte de fós gur féidir leat teacht chun réitigh le mo chuid 'R-s'?

Corroíche agus an linn snámha druidte, ba nós léi fanacht siar aisti féin is stáir shnámha a bheith aici. Ar a shon go gcuireadh sí isteach suas le daichead uair an chloig cois linne i rith na seachtaine, ba bheag am a chaith sí san uisce féin mar gheall ar rialacha a d'fhág nár mhór do na maoir shnámha fanacht ar a n-airdeall ar bhruach na linne le linn do sheisiúin a bheith ar siúl. Coilleadh rialach di ab ea é fanacht sa linn tar éis am dúnta, ach ba chuma faoi sin a fhad is nár tharraing sí aird uirthi féin is gur inis sí don fhear faire, sean-Quinn, cén uair a bheadh sí réidh le gabháil abhaile.

Agus í sa linn léi féin, bhí sí in ann dearmad a dhéanamh ar an chlóirín, ar na tuarascálacha faoin cheangal idir é is an ailse, agus ar chúraimí an tsaoil. D'fhéadfadh sí an rópa a dhealaigh an ceann domhain ón cheann éadomhain a ardú agus snámh go réidh tomhaiste ó cheann ceann na linne, ligean don uisce bog a cneas a chuimilt, is ligean uirthi, faoi na soilse fanna íslithe, go raibh sí amuigh ar an fharraige chiúin oíche ré gealaí.

Ó thosaigh sí ag siúl amach le hEochaidh, bhí faill aici blaiseadh de shaol limistéar Dhroichead Átha. Bhí Volvo aige le hiad a thabhairt chuig na rásaí ag Teach na Sí, nó sciuird a thabhairt ar an Churach nó ar Bhaile na Lobhar. Bhí sí i ndiaidh sult a bhaint as na caifí galánta. San am céanna, bhraith sí go raibh a beatha sealbhaithe ag fórsa nua, nach raibh sí in ann seasamh siar agus breathnú ar a saol toisc gur chaith sí gach nóiméad saor nach mór le hEochaidh. Murab ionann is an chéad chúpla seachtain a bhí caite aici as baile, ní dheachaigh sí abhaile go Baile Átha Cliath chun a muintir a fheiceáil le tamall fada. Go hiondúil anois, mura mbeadh Eochaidh ag teacht ina hairicis sa charr, bhrostaíodh Eithne chun bualadh leis tar éis na hoibre go rachaidís amach faoi choinne na hoíche, chuig proinnteach, chuig pictiúrlann nó go bhfillfidís ar an teach. Cúpla uair anois, tar éis di a bheith ag moilleadóireacht le hEochaidh ag am lóin, bhí sí i ndiaidh rabhadh a fháil ó Dan as a bheith déanach faoi choinne na hoibre. Nuair a luaigh sí sin le hEochaidh, d'fhreagair seisean go bhféadfadh sé obair oifige a fháil di gan stró.

Ach anocht, bhí fonn uirthi a bheith léi féin chun seal machnaimh a dhéanamh. Bhí sí i ndiaidh glao teileafóin a chur air ag rá go mbeadh sí rud beag mall. Bhí an samhradh ag teacht chun deiridh, bheadh sí ag filleadh ar an ollscoil go luath. Ba é an poll snámha an t-aon áit a bhféadfadh sí a bheith cinnte de go mbeadh sí saor uaidh: nach raibh sé i ndiaidh gealltanas a thabhairt di nach bhfillfeadh sé ar an áit choíche arís tar éis an chéad cheachta. Thuig sí anois go raibh sé de gheasa air gan dul siar ar a fhocal.

—Breathnaigh orm, a Dhaidí, agus mé ag snámh.

Agus ba iad sin na focail dheireanacha a chuala Eochaidh ó bhéal a iníne. Le linn do Ríonach a bheith ag siopadóireacht i mBaile Átha Cliath, bhí sé féin i ndiaidh Brighid bheag a thabhairt amach leis go suíomh a dtí nua in aice le Brú na Bóinne. Bhí sé acra talaimh ceannaithe aige ó sheanfheirmeoir. An plean a bhí ag Eochaidh ná an seanteach feirme a atógáil. Cheana, bhí a chuid capall istigh sna stáblaí. Bhí seisean i ndiaidh dul isteach sa scioból chun mála coirce a thabhairt dóibh. Chuala sé gáire amuigh, tháinig amach agus chonaic go raibh comhla an phoill séarachais ar leathadh agus an cailín beag slogtha ag an séarachas lofa.

Bhí sé fós ina sheasamh ag breathnú ar an bpoll nuair a thiomáin Ríonach isteach i gclós na feirme.

Ba le dua a d'éirigh léi fáil amach cad a tharla. Faoi dheireadh chas sé uaithi agus rith isteach sa scioból. Níorbh eol dó an mó am a chaith sé ann agus é ag slíocadh fhionnadh na gcapall. Chuala sé í taobh thiar de.

—Is tábhachtaí leat do chuid capall ná d'iníon mharbh, a bhéic sí agus í ag tabhairt ruathair faoi. Níor thuig sé go raibh forc píce aici gur theagmhaigh faobhar an fhoirc lena dheasóg is le héadan an chapaill.

—Cad chuige ar lig tú di bás a fháil . . . cad chuige ar lig tú di bás a fháil, a dúirt sí arís is arís eile sular tháinig na Gardaí.

Ar ndóigh, timpiste uafásach a bhí ann, de réir bhreith chúirt an chróinéara. Ní raibh ann ach gur fágadh an chomhla ar oscailt. Ní raibh ann ach gur shleamhnaigh an páiste. Eisíodh moltaí le cinntiú nach dtarlódh a leithéid arís go deo. Eisíodh ráiteas agus baill an choiste ag cásamh a mbrise leis an teaghlach . . .

—Ní raibh neart agat ar ar tharla, arsa Eithne leis nuair a d'inis Eochaidh an scéal di. Chuir sí a dhá lámh timpeall a mhuiníl gur tharraing chuici é.

Rinne sé gáire searbh agus bhrúigh uaidh í.

—Ba mhaith liom labhairt leat, le do thoil.

—Ach ní thig liom imeacht ó bhruach na linne.

—Chuir an bainisteoir in iúl dom go mbeadh do thréimhse shosa ag tosú i gcionn deich mbomaite.

—Ní shílim go bhfuil a dhath le rá agam leat.

—Beidh mé ag fanacht leat thuas sa bhialann.

Ar dhul suas d'Eithne, chonaic sí Ríonach ina suí ag tábla léi féin.

—Cad tá uait?

—Bhí fonn orm dreas comhrá a dhéanamh leat.

—Cad faoi?

—Is maith atá a fhios agat cad faoi.

—Faoi Eochaidh?

—Is ea, cad eile?

—Tá súil agam nár tháinig tú anseo chun insint dom go bhfuil mé ag scriosadh do bheatha. Bhí an pósadh imithe ó rath i bhfad sular bhuail mise le hEochaidh.

—Níor tháinig mé anseo chun tabhairt amach duit.

—Cad tá uait mar sin?

—Tá uaim buíochas a ghabháil leat mar is tú mo shlánaitheoir.

—Ní thuigim é seo.

—Is ea, is tú a shlánaigh mé trí chuidiú liom glacadh le deireadh an phósta.

—Glacadh leis?

—Is ea, glacadh leis. Mar bhí sé thart i ndáiríre nuair a fuair Brighid bás. Feicim anois go bhfuil tusa agus Eochaidh i ngrá le chéile, go bhfuil sibhse ag pleanáil faoi choinne bhur mbeatha le chéile. Is mithid dom mar sin clabhsúr a chur ar aon smaoineamh gurbh fhéidir dul siar agus cúrsaí a athrú. Ní mór dom dul ar aghaidh le mo shaol féin.

—Agus tuigeann tú sin anois.

—Tuigim agus guím gach rath ar an bheirt agaibh.

—Cad a dúirt sí?

—Tá sí i ndiaidh a beannacht a thabhairt don bheirt againn.

—Agus ní dúirt sí a dhath gránna fúm?

—A dhath gránna ar bith. Mar a dúirt mé cheana, chuir sin iontas orm agus a liacht uair a thug tú le fios go raibh sí rud beag místaidéarach.

—Agus tá sí breá sásta gabháil ar aghaidh lena saol féin?

—Sin an rud a dúirt sí.

Agus í tar éis cuntas a thabhairt don tríú huair, bhí Eithne ag éirí bréan den chomhrá. Nó ba chirte a rá go raibh cancracht ag teacht uirthi mar gheall ar fhreagairt Eochaidh. An t-aon rud a bhí ag cur as dó, de réir dealraimh, go raibh Ríonach in ann glacadh leis go raibh an pósadh thart.

—Ní maith leat é go bhfuil sise in ann droim láimhe a thabhairt duit, arsa Eithne go tobann.

—Tá sin greannmhar.

—Breathnaigh ort. Ní thig leat é a sheasamh go bhfuil sise ábalta a saol féin a stiúradh feasta.

Lig sean-Quinn isteach í. Nuair a bhí sí ag ransú bhosca na ngiuirléidí caillte le haghaidh culaith shnámha agus tuáille sách glan, mhothaigh sí é ag amharc ina diaidh. Ní fhaca sé riamh roimhe seo í agus í gléasta go péacach. San am céanna, b'fhéidir go raibh boladh an óil airithe aige. Nó b'fhéidir gur bhraith sé an lítis ina haghaidh is an chrith ina cuid ball. Ar imeacht isteach i seomra gléasta na mban di, bhí sé ag stánadh uirthi go fóill.

Chrom sí ar a cuid éadaí a bhaint di. D'fhág a bróga faoi shála arda ar bhinse i mboth. Chroch a casóg shíoda bhándearg, an blús bán, a sciorta dubh agus a cuid riteog ar bhiorán ann. Bhí sí ag baint di a cíochbheart nuair a scinn an t-anam aisti. Bhí scáil feicthe aici . . . Ba ar shean-Quinn a smaoinigh sí. Ansin, chonaic sí cad a bhí ann. A híomhá féin sa scáthán trasna uaithi a bhí ann.

—A Chríost, ar sise léi féin, táim lán tapóg.

Ag an am céanna, thrasnaigh sí chuig an doras agus chuir binse leis. Bhí sí ag déanamh ar an bhoth athuair nuair a stop sí chun amharc uirthi féin sa scáthán. Is ea, gan aon agó, bhí a bolg ag ramhrú.

Dheifrigh sí ar ais go dtí an both, chuir uirthi an chulaith shnámha is rinne ar an linn.

D'ísligh sí í féin san uisce go cúramach. Ghabh creathán tríthi ó bhaithis go bonn nuair a theagmhaigh a colainn the leis an uisce fuar. Shnámh sí ó cheann ceann na linne. Faoin am a raibh trí chúrsa déanta aici, mhothaigh sí compordach san uisce. Ní raibh sé chomh fuar sin nuair a chuaigh sí i dtaithí air. Ar scor ar bith, ní raibh sé chomh te sin go dtitfeadh néal codlata uirthi agus an t-alcól ina féitheacha.

Fós, ba dheacair di teacht chun réitigh lena raibh i ndiaidh tarlú taobh istigh d'achar gairid. Bhí sí i ndiaidh teacht go Droichead Átha don deireadh seachtaine. Bhuail sí le hEochaidh. Chuaigh siad chuig bistró mór le rá. Oíche Shamhna a bhí ann, agus bhí neart daoine amuigh ag ceiliúradh na féile. Mhothaigh sí ar an toirt go raibh sé míshocair.

Níor luaithe iad ina suí ag tábla sa chúinne gur labhair sé go neamhbhalbh.

—Táim ag filleadh ar Ríonach.

—Ní thuigim é seo. Cad tá á rá agat?

—Ní raibh uaimse tú a ghortú riamh.

Bhí an chuid eile den chomhrá ina cheo ina haigne. Thosaigh sé ag caint ar Aodh . . . ar an dóigh go raibh airsean is ar Ríonach a bheith ag smaoineamh ar an dochar a bhí á dhéanamh acu don ghasúr . . . Ansin, chrom sé ar an bhéal bán is ar an loscadh bréag . . . nach ndéanfadh sé dearmad go deo uirthi . . . go raibh sé i ndiaidh an oiread sin a fhoghlaim is a fháil uaithi . . .

—An t-aon rud atá faighte agat uaim ná fáinne cluaise, ar sise agus í luchtaithe le fearg. Ach níl tú á chaitheamh anois fiú amháin.

—Ní fíor é sin.

Phléasc sí. Rug sí ar scian is sháigh ina dheasóg í agus í ag féachaint leis an eala a scriosadh. An rud deireanach a chonaic sí agus í ag rith amach an doras ná an bháine ina aghaidh agus naipcín buí-ómra smálaithe ag a chuid fola.

Ní raibh a fhios aici cá gcaithfeadh sí an oíche. Ba leor glao a chur ar Chlíodhna amárach. Ba leor di go fóill fanacht sa linn seo agus í ag snámh ó cheann go ceann, á traochadh féin is ligean don chlóirín a scamhóga a líonadh. Agus, féachaint le lorg an tatú a ghlanadh óna bois. Agus, b'fhéidir, aon rud a bheadh ag corraí istigh i mbéal a broinne a nimhiú.

Petticoat Loose

Petticoat Loose
Antonia O'Keeffe

Petticoat Loose

—Rath Dé agus Mhuire ar an obair . . . Madhmann an phaidir gheal as ceantar na gcianchuimhní meathbheo i gcúil dhorcha a hinchinne. Ach tachtann sí na focail ag cúl a sceadamáin sula n-éalaíonn siad as a béal. Más léi féin atá sí, i dtaobh léi féin amháin atá sí fosta.

Le tréan cáiréise, lúbann sí an casadh ina thrilseán dlúth slachtmhar. Gan a ciotóg a bhogadh ón chasadh, sleamhnaíonn sí a deasóg isteach faoin súgán le cinntiú go bhfuil sé díreach teann. Tá. Tá sí ar tí cromadh ar an chéad chasadh eile a dhéanamh, nuair a thugann sí faoi deara go bhfuil teascán den téad i ndiaidh titim as a chéile. Agus í ar a gúngaí beaga, brúnn sí í féin siar an trá agus deisíonn an casadh. Ach faoin am seo tá ceithre nó cúig cinn de na castaí eile tar éis mionú. Leanann sí ar aghaidh agus í ag rábáil léi, í ag casadh is ag lúbadh is ag filleadh go mear oilte go dtí go dtuigeann sí gur obair in aisce í seo mar tá an chuid seo den súgán dodheisithe. Scoireann sí den obair agus ligeann do na gráinní gainimh síothlú trína méara. Fanann cuid den spruadar tais greamaithe dá lámha.

Mothaíonn sí corraí beag aisteach inti féin. Bhí tráth ann, dar léi, nuair a ghéilleadh sí do mhothúcháin: don díomá, don bhrón, don fhrustrachas agus don fhearg féin, nuair a ligeadh sí liúnna fiánta aisti is í ag mallú a cinniúna. San am sin, níorbh fholáir nó chreid sí gurbh é a leas é na mothúcháin sin a ligean aisti. Nó gur chomhartha iad go raibh sí i measc na mBeo. Ach anois tuigeann sí nach fiú a leithéid in áit agus i gcás na Neamhbheo. Mar sin, cuimlíonn sí a lámha ar a forléine rabhaisce agus atosaíonn ar ghaineamh is ar uisce a mheascadh ina chéile. Má bhíonn sí níos cúramaí feasta . . . má ghearrann sí siar píosa ar an sáile sa mheascán . . . má mhéadaíonn sí ar an ghaineamh . . . má chuireann sí póiríní cloiche isteach chun na gráinní gainimh a théachtadh le chéile . . .

Is í an trá seo a cluthair, a leaba is a láthair oibre. Go bhfios di, trá gan tús gan deireadh atá inti. A tóin le talamh agus a dhá géag sínte amach os a comhair aici, oibríonn sí go staidéarach feidhmiúil. Ní gá di éirí. Tá a bhfuil de dhíobháil uirthi, idir ghaineamh is sháile, go flúirseach timpeall uirthi. Is ar éigean a ardaíonn sí a cloigeann. Is fada a súile i ndiaidh dul i dtaithí ar an Dorchadas nach bpollann ga solais, idir ghealach is ghrian, glioscarnach réalta, saighead gealáin nó loinnir fhann dreige féin.

Níl a fhios aici cén fhad atá caite aici ag gabháil don tasc ciachmhar seo ar imeall na Mara Deirge . . . Na blianta, b'fhéidir. Ní thig léi a bheith cinnte. Níl aon mhéadar ama sa tSíoraíocht ach oiread agus atá aon léaró solais sa Dorchadas. Níl aon lá ná oíche anseo. Is é an pionós seo a leagadh uirthi a thugann ord dá saol abhus, a mhúnlaíonn is a mheileann a cuid ama. Is ar éigean a chodlaíonn sí. Níl ann ach tionnúr a thiteann uirthi gan choinne gan rialtacht. Ní fíorchodladh atá ann a thugann faoiseamh don cholainn is don aigne. Níl a leithéid i ndán dá leithéid. Níl ann ach míogarnach mhíchompordach a chríochnaíonn chomh tric tobann is a thosaíonn sí.

Diomaite den ghaineamh agus den sáile a thálann sí, ní théann an fharraige i gcion uirthi. Ní léir di go líonann is go dtránn sí, gurb ann don rabharta is don mhallmhuir. Ní phollann toirm na dtonn, más ann dóibh, an marbhthost agus an marbhdhorchadas ina maireann sí. Má tá daoine ag iascaireacht, ag taisteal, ag taiscéaladh amuigh ar dhromchla na farraige, is i ngan fhios dise atá sé ag titim amach mar ní fheiceann sí beo ná ceo.

Ní thagann ocras uirthi ach oiread. Ná tart. Ná fonn múin. Ná a daonnacht mhíosúil. Ná tinneas. Baineann gach rud anseo leis an phionós. Níl aon earraí pearsanta ná gustal saolta aici diomaite dá forléine. Is ní raibh a dhath dá leithéid anseo ar theacht anseo di. Níl aon chomhartha ann go raibh aon duine eile anseo roimpi. Fianaise a bheadh ina leithéid de chomhartha go bhféadann coirpeach an áit seo a fhágáil, trí mheán an bháis nó an téarnaimh. Tá a fhios aici nach bhfuil ceachtar acu sin sa chinniúint aici.

Uaireanta, i gcaitheamh a spuaice codlata briste, líonann a ceann le híomhá, le pictiúr, nach mbaineann lena saol abhus. Samhlaíonn sí suíomh ina bhfuil sí i gcuideachta daoine eile . . . Ní hea . . . Mná amháin atá ar bráid agus iad i líne a shíneann as radharc ar clé is ar dheis. Ní féidir a rá ón phictiúr cén aois na mná seo mar scriosann na forléinte rabhaisce atá á gcaitheamh acu agus a gcloigne bearrtha lomtha aon rian den indibhidiúlacht bhanda.

Taobh thiar díobh, níl ann ach an dorchadas. Os a gcomhair, tá na mná dallta ag solas láidir amháin a thugann orthu a lámha a chur thar a súile le faoiseamh a fháil uaidh.

Go tobann, máirseálann beirt fhear isteach, sútáin dhubha orthu, paidríní ar a gcoim acu agus leabhar mór faoi chumhdach leathair á iompar acu. Seasann siad os comhair na mban agus a ndroim leo is an leabhar oscailte acu. Gan mhoill, cloistear guth fir ag síothlú as áit taobh thiar den solas.

—A Mháire Ghaelach, arsa an Glór go géar tuirsiúil, is é an pionós a ghearrtar ort ná an tSíoraíocht a chaitheamh go Lá an Luain is tú ag folmhú na Mara Mairbhe le méaracán . . .

Isteach le beirt fhear eile, faoina n-éidí dubha, a bheireann greim ar lámha na mná agus a tharraingíonn amach as fráma an phictiúir agus isteach faoin dorchadas í.

—A Sprid na Bearnan, arsa an Glór, agus lámh nach léir í a bheith ceangailte le corp ag gobadh amach as múr an tsolais i dtreo na chéad mhná eile, is é an pionós a ghearrtar ort ná na gráinní gainimh i bhfásaigh an domhain mhóir a chomhaireamh go Lá an Bhreithiúnais Mhóir . . .

Tarraingítear an bhean seo amach as an fhráma.

Leantar de liodán na bpionós: daortar bean agus seoltar í chuig Poll Tí Liabáin mar a sciúrsálfaidh Oscar mac Oisín mhic Fhinn mhic Chumhaill mhic Thréinfhir í idir cholainn is anam go Lá Dhún Cruitín . . . bean eile atá le ceangal le roth síorghluaiste ar Shliabh na mBan go Lá na Leac . . . bean a mbeidh íota dho-choiscthe uirthi agus í amuigh faoi ardghrian dhearg an mheán lae ag Crios na Cruinne go Lá an Iomardaithe . . . bean eile a chuirtear ag fadú tine faoi Loch nEathach go Lá Philib an Chleite . . .

—*Petticoat Loose*, arsa an glór, agus anois maolaítear ar fhórsa an tsolais go bhfeictear sagart aosta a bhfuil féasóg fhada is tuineach dhubh air ach a bhfuil a smig go domhain sa leabhar aige, is é an pionós a ghearrtar ort ná go ndíbrítear chuig trá na Mara Deirge tú mar a ndéanfaidh tú súgán gainimh go Luan Lae an Bhrátha . . .

Is cuma cé chomh minic is a fhilleann an íomhá sin, ní thuigeann sí i dtosach gurb ise an bhean atá i gceist ag an sagart mar ní léir di gurb ise féin an bhean seo ar tugadh *Petticoat Loose* uirthi. Nuair a bheireann na fir uirthi, déanann sí iarracht labhairt, scread a ligean, ceist a chur ar na fir an bhfuil siad cinnte nach bhfuil meancóg á déanamh acu. Ach tá an sagart i ndiaidh labhairt chomh dearfa céillí sin agus an bheirt eile i ndiaidh gníomhú chomh húdarásúil sin, nuair a aistrítear í faoi bhrat cheo an dorchadais go himeall dubh na Mara Deirge, nach é amháin nach n-éiríonn léi labhairt ar a son féin ach go gcuirtear ina luí uirthi nach féidir gur botún mí-ámharach é seo.

Is ea, tá sé tuigthe aici le fada go bhfuil sí ag íoc as coireanna táire atá déanta aici, dála na mban eile. Ach cad tá déanta acu chun an pionós a thuilleamh? Cad tá déanta aici féin?

Ar feadh i bhfad, ní raibh a fhios aici.

Tuigeann sí anois. Ag féachaint leis an súgán a chóiriú a bhí sí ócáid éigin eile, ní fios cén fhad ó shin. Bhí sí ag suaitheadh na ngráinní gainimh nuair a bhuail íomhá eile í chomh tric le buille tréamanta san aghaidh. Ní meall gainimh a bhí fúithi ach beartán beag fillte i dtaiséadach. Ní log sa trá mar a gcruinníonn sí gaineamh is sáile a bhí ann ach poll, uaigh bheag, sa talamh. Tharraing sí a lámha amach as an charn agus líon an log leis an ghaineamh. Bhrúigh sí í féin chun cúil agus dhírigh ar a cuid oibre athuair.

Ó shin i leith, tá íomhá lom eile i ndiaidh í a bhualadh. Gairdín scáthach craobhach atá ann trína sruthann abhainn mhór, gairdín ina bhfuil leanaí beaga ina suí i línte, fallaingeacha liatha orthu, gan corraí astu amhail is go bhfuil siad ina dtromshuan, gairdín nach bhfuil de sholas ann ach coinnle laga fanna atá i lámha na leanaí. Go tobann, treisítear ar ghile sutraill amháin, éiríonn an leanbh ar leis í ón líne agus siúlann amach. Ní chorraíonn aon duine de na leanaí eile.

Cérbh iad na leanaí seo? Cad is brí leis an íomhá seo? Dheamhan ciall a bhain sí as an radharc i dtosach gur mheabhraigh sí an seanscéal a bhí cloiste aici i bhfad siar. Leanaí gan bhaisteadh, ar leanaí tabhartha a bhformhór, iad seo atá i Liombó, i nDorchadas gan Phian ag Sruth Orthannáin. Is éard atá sa leanbh a chonaic sí leanbh a teasargadh ón Dorchadas gan Phian is a scaoileadh isteach faoi sholas na bhFlaitheas.

Tuigeann sí anois cérbh iad seo. Agus cé hí féin. Ach fós is doiligh di an radharc ciúin sin a réiteach leis an fhoréigean ba thrúig le bás na bpáistí sin.

Ní heol di cá mhéad páiste a bhí ann. Deichniúr? Dháréag? Scór? Na céadta? Níl a fhios aici go dearfa ach tuigeann sí go raibh go leor acu ann. Orthu bhí suthanna nach raibh ceannaithe inaitheanta daonna acu. Orthu bhí toirchis a raibh baill ar iarraidh, baill sa bhreis nó baill a raibh ainimhe gránna orthu. Orthu bhí páistí nuabheirthe folláine. Cér leo iad seo? Cad chuige nach raibh siad óna máithreacha? Cad a tharla do na máithreacha úd ó shin? Ar maitheadh a ndearna siad dóibh? . . . Nár dhócha go raibh sí féin mar bhean ghlúine ag freastal orthu siúd a raibh cabhair de dhíth orthu: ó mháithreacha singil go máithreacha a bhí as a meabhair, ó mháithreacha a raibh muirear mór acu cheana go máithreacha a raibh an dearg-ghráin acu ar chlann. Agus cá raibh na haithreacha? . . . Cén cineál íocaíochta a d'fhaigheadh sí féin faoi choinne a cuid seirbhíse? . . . Céard iad na huirlisí, ó dheochanna luibheanna go bioráin chniotála, a bhíodh aici chun tabhairt ar na máithreacha an toircheas a chur as an bhroinn nó chun an suth a stolladh as an bhroinn? Céard iad na modhanna difriúla, ón tachtadh go bá, a chleachtadh sí chun fáil réidh leis na leanaí a saolaíodh? Agus céard faoi na háiteanna, ó dhíoganna idir páirceanna is goirt go portaigh, ó chillíní go maoileann, ina gcuireadh sí na mangáin ina mbíodh na coirp bheaga faoi cheilt faoi choim na hoíche? . . .

Tuigeann sí go bhfuil scéal danaideach a beatha féin le hinsint i scéalta na leanaí féin. Ach amháin nach bhfuil cuimhne ghlinn cheart aici ar thosca a saoil féin. Ní heol di a haois nó a hainm ceart murab é *Petticoat Loose* é. An raibh clann ar Ione féin riamh? Cad a tharla don chlann seo? Nó b'fhéidir nár phós sí féin riamh, nach raibh inti cheana ná ariamh ach puisbhean a bhí ar imeall an phobail. Ritheann sé léi gurbh fhéidir go bhfuil cúiseanna éigin ann a mhíneodh cad chuige ar mharaigh sí na páistí sin, cad chuige ar imigh a saol ó rath, cad chuige a ndearnadh dúnmharfóir de bhean chabhrach, cúiseanna a mhaolódh ar a coireanna, a laghdódh ar an phionós seo a gearradh uirthi . . . Is ea, agus ritheann sé léi gur cuimhin léi tráth nuair a d'fhógraíodh na sagairt go raibh suthanna fir faoi dhá scór lá d'aois gan anam, is suthanna mná faoi cheithre scór lá. Ach níl a fhios aici i ndáiríre. Agus toisc nach féidir léi a rá go bhfuil na himthosca maolaitheacha ann, caithfidh sí glacadh leis go bhfuil an daordháil seo tuillte aici. Agus toisc é a bheith tabhaithe saothraithe go daor aici, ní féidir léi éalú ón phionós go héasca trí lámh a chur ina bás féin.

Fágann sé míshocair í, an léargas seo ar théarnamh anam an linbh ó Dhorchadas gan Phian. Ní hé go gcreideann sí go bhfuil cumhacht éigin ann ag faire uirthi, a thiocfaidh chun í a shábháil mar a shábháiltear corrleanbh ó Dhorchadas gan Phian. Murab ionann is na leanaí neamhurchóideacha, chuir sise suas don aithreachas nuair a bhí sin ar fáil. Tá meathchuimhne aici ar ócáidí nuair a d'áitíodh na sagairt uirthi go gcaithfeadh sí éirí as a gairm thoirmiscthe—cad a thugaidís air ach 'obair dhubh an diabhail'?—agus go n-agrófaí díoltas cuí uirthi mura ndéanfadh sí rud orthu ar an toirt agus maithiúnas a iarraidh. Ní heol di anois cad chuige nár éist sí leo. An tóir bhuile thothlaithe a bhí aici ar an airgead, b'fhéidir? Nó toisc nach raibh sé ar a cumas cluas bhodhar a thabhairt d'impí is d'achainí mhná a pobail? Nó féith an oilc a bheith inti ó dhúchas? Níl aici anois ach an réaltacht dhubh seo, agus ní mór di glacadh leis gurbh é an ceann deireanach áirithe sin faoi deara di a bheith anseo. Go fóill, ní mhothaíonn sí aithreachas as a ndearna sí. Tuigeann sí gur cuid dá pionós é nach féidir aithreachas a bheith ann, agus gur uaidh sin a shíolraíonn an easpa dóchais is an easpa éadóchais. Níl inti ach foilmhe dhubh gan líonadh gan pholladh. Ní hann don todhchaí mar níl aon aimsir fháistineach ann.

Ina hionad sin, níl aici ach blúirí ócáideacha dá haimsir chaite agus an aimsir láithreach is an pionós atá ag síneadh roimpi agus ina diaidh gan bhriseadh gan stopadh gan staonadh cosúil leis an súgán seo atá gan tús gan chríoch . . .

. . . gan tús gan chríoch . . .

Ach nach féidir léi iad a thabhairt le chéile? Nach féidir an bua beag suarach sin a bheith aici? Éiríonn sí ar na ceithre boinn agus téann ag lámhacán ar clé píosa. Stopann sí ansin, socraíonn í féin ar a gogaide agus mámálann isteach chuici carn gainimh. Is go grodmhear a mhúnlaíonn sí an chéad chasadh de shúgán nua . . . ansin, an dara ceann is an tríú ceann. Ach in ionad leanúint ar aghaidh i líne mar atá déanta aici i dtólamh go nuige seo, deilbhíonn sí a súgán i gcruth ciorcail mhóir agus í á brú féin chun tosaigh ar an talamh gan éirí nuair a chríochnaíonn sí slabhra agus nuair a thosaíonn sí ar an chéad cheann eile. Dúnann a súile ar a chéile agus caithfidh go dtiteann néal codlata uirthi mar mothaíonn sí í féin ag corraí ó dhreas codlata míchompordach. Tá sí ina lándúiseacht athuair, agus cuireann sí dlús leis an obair go dtí go bhfeiceann sí go bhfuil an dá cheann dá ciorcal ar tí bualadh lena chéile. Is leor casadh amháin eile chun an fáinne a shlánú.

Stopann sí, ligeann dá lámha titim go daingean trom chun an fáinne a sprúilleadh.

Ní dual dá leithéid slánú d'aon chineál.

Téann sí ar na ceithre boinn siar go dtí an seansúgán, brúnn a mása síos sa ghaineamh fúithi, glanann an seanmheall gainimh as a slí, tarraingíonn sáile is gaineamh chuici agus leanann dá pionós go hearr aimsire . . .

Meisce Chaointe

Meisce Chaointe
Antonia O'Keeffe

Meisce Chaointe

Tá Ione díreach i ndiaidh gloine seirise a thabhairt isteach chugam. D'fhan sí níos faide ná mar a dhéanann sí de ghnáth nuair a fheiceann sí mé i mbun mo chín lae. Tuigim go maith cad a chiallaíonn sé sin. Tá sí ag iarraidh cinntiú ina slí chiúin chineálta féin nach ndéanfaidh mé dearmad ar an chóisir. Ní thógaim sin uirthi. Is beag seans a bhíonn ag an té a rugadh is a tógadh in Tennessee blaiseadh de shaol sofaisticiúil na cathrach móire. Is beag seans a bhíonn ag mo bhean uasal dhil máinneáil thart i measc na bpolaiteoirí is na n-uaisle. Ó ghlac sí leis an cheiliúr pósta a chuir mé uirthi, tá gach oíche chinn bhliana caite aici ag taisteal liom agus ag freastal orm agus mé i mbun mo thaighde.

Caithfimid a bheith faoi réir faoina hocht a chlog . . . Beidh an cóiste ag teacht ar bhuille na huaire . . . Ní chreidfeá an costas is an dua a bhain le ceann a chur in áirithe anocht, ach beidh gach duine amuigh ag comóradh na hócáide móire . . . Agus, James, thar aon oíche eile, ní féidir linn a bheith mall anocht. Ní hé am na nIndiach atá á mhaíomh agam . . .

Ní dúirt sí aon cheann de na rudaí sin ar ball beag. Ní gá di é. Tá na leideanna ar eitilt is na leathfhocail ar foluain timpeall an tí seo le trí seachtaine ó tháinig an cuireadh is ó dheimhnigh mé go gcaithfimis aimsir na Nollag is na Bliana Úire in D.C. Tá seal i measc na n-uaisle sa Teach Bán tuillte go daor ag Ione bhocht. Uaireanta, ritheann sé liom gur chóir dúinn socrú síos anseo, éirí as a bheith ag gluaiseacht ó áit go háit, ligean do Ione tearmann breá

227

compordach a dhéanamh de theach fuar seo an domolaidh nach dtaobhaímid ach uair nó dhó sa bhliain, agus, más é toil Dé é, clann a thógáil. Caithfidh go ngoilleann an síorthaisteal uirthi ach níor chuala mé í ag gearán riamh. B'fhusa dom faoin am seo mo phost taighde sa Bhiúró a mhalartú ar phost riaracháin a choimeádfadh anseo mé go lánaimseartha. Ach gach uair dá gceistím í, deir Ione go dtuigeann sí chomh tábhachtach is atá mo chuid oibre, go n-aithníonn sí nach bhfuil mé chun éirí as agus más é rogha an dá dhíogha é, idir ligean dom imeacht asam féin nó teacht i mo chuideachta . . . Is go diongbháilte dearfa a fhógraím gur beannaithe mé idir fir . . .

A hocht a chlog. Ní bheidh mórán ama de dhíth orm chun an chulaith thráthnóna a tharraingt orm. Ní dócha go bhfuil aon phioc feola curtha suas agam ón uair dheiridh a bhí sí orm . . . ar ócáid ár bpósta, nuair a thoiligh Ione Lee Gaut, bean uasal ó Tennessee, glacadh le James Mooney, mac baintrí Éireannaí is fánaí gairmiúil ó Indiana, mar chéile, mar chiallach is mar chomrádaí . . . Cloisim Ione bhocht sa seomra codlata thuas staighre. Is dócha go bhfuil sí ag iarraidh cinntiú go bhfuil gach filleadh is gach furca i mo chulaith réitithe mínithe aici, an léine bhán stáirseáilte is an carbhat dubh leagtha amach ar ár leaba aici, agus snas ar mo bhróga a chuirfeadh loinnir i súile an tsáirsint druileála is géire amuigh . . . Caithfidh mé gan loiceadh ar Ione anocht.

Ní fhágann sé seo mórán ama agam chun deasghnátha laethúla na dialainne a chomhlíonadh. Ba cheart dom an deis seo a thapú chun cuntas a thabhairt ar an dul chun cinn atá déanta ar na tionscnaimh atá idir lámha agam. Inné a fuair mé scéala oifigiúil go bhfuil mo chomhghleacaí Hodge chun na trí mhíle iontráil a chuir mé i dtoll a chéile ar threibheanna na mbundúchasach a úsáid i mórleabhar atá á ullmhú aige. *The Handbook of American Indians North of Mexico* an teideal sealadach atá roghnaithe aige. Is deas liom a fheiceáil go dtuigeann duine éigin anois chomh tábhachtach is atá an liosta sin . . . agus gan ann ach iarracht óganaigh scór bliain d'aois!

Caithfidh mé profaí fada 'Myths of the Cherokee' a cheartú go mion is go pras don chéad eagrán eile den *Report of the Bureau of American Ethnology* . . .

Tá obair riaracháin le déanamh agam don Bhiúró féin agus do Chumann Antraipeolaíoch Washington . . .

Ach . . . seo rud a bhfuil fonn orm a phlé le tamall, más féidir liom friotal a chur air. An dáta faoi deara é, ar a shon go dtuigim nach bhfuil in aon fhéilire ach coinbhinsiún ciotach a chuidíonn linn ár gcúrsaí a riar is a eagrú is a chomhordú, nach bhfuil ann ach córas lochtach a ligeann dúinn a cheapadh go bhfuil smacht againn ar chúrsaí ama. Is leor Féilire Iúil is an chonspóid a bhain le cur i bhfeidhm an Fhéilire Ghreagóraigh i Sasana a lua.

Bíodh sin mar atá, tá tábhacht nach beag, mura bhfuil ann ach tábhacht shiombalach is mheafarach féin, ag roinnt le ceann na bliana. Faill is ea é don duine aonair caithréimeanna móra na bliana a chomóradh, amharc ar gach dul ar gcúl a bhain dó is rúin a leasa a fhógairt os ard is os íseal. Ní nach ionadh, is scóipiúla agus is drámatúla deireadh na seanaoise is tús na haoise úire. Seans is ea é chun seasamh siar is breathnú go géarchúiseach ar bhuaiceanna is ar íosalphointí ár nglúine féin is na dtrí ghlúin a tháinig romhainn. Seans is ea é chun forbairt shaolta is mhorálta an náisiúin a iniúchadh—nó an meath a mheas más mar sin atá.

Anocht sa Teach Bán, i measc na rincí is an cheoil is dháileadh an bhia is an fhíona, beidh dalladh cainte ar a bhfuil curtha i gcrích ag an chine daonna san aois atá ag druidim leis an éag. An solas aibhléise, an ceamara, cumhacht ghluaiste inneall traenach, an teileagraf, an rothar, drugaí draíochta chun an t-easlán a leigheas, gan ach roinnt samplaí a lua. Agus dá fheabhas iad, níl iontu ach blaiseadh de na hiontaisí doshamhlaithe a nochtfar san aois úr atá i mbéal a hoscailte. Labhróidh an tUachtarán McKinley in óráid dhea-mhúnlaithe ar an dul chun cinn atá déanta ag Aontas oirirc Mheiriceá go háirithe. Tabharfar cluas ghéar dó is cromfar gach cloigeann nuair a ghabhann sé buíochas le Dia na glóire a chuir A bheannacht is A bhláth ar ár bpobal is ar ár bPoblacht. Luafaidh sé an fás atá i ndiaidh teacht ar an tír, ó thaobh daonra is tionsclaíochta de. Tabharfar bualadh bos dó nuair a thagraíonn sé do na cogaí i gcoinne Mheicsiceo is na Spáinne. Is go cúramach discréideach a luafaidh sé an Cogadh Cathartha—nó Cogadh Neamhchóir an Tuaiscirt in éadan an Deiscirt, mar a thugann muintir Ione air go fóill—agus Fuascailt na Sclábhaithe, ar eagla go gcuirfeadh sé olc ar sciar maith dá lucht leanúna féin. Ní deacair na gearba gránna a tharraingt ó na cneácha doimhne sin fós.

Agus ó cheann ceann shibhialtacht Mheiriceá, i gcathracha móra agus i mbailte beaga, in árais scóipiúla bhána cosúil leis an cheann ina mbeidh an tUachtarán ag fearadh fáilte romhainn, agus i gcábáin bheaga chearchaille cosúil leis an cheann inar saolaíodh iar-Uachtarán eile, beidh leaganacha den chóisir seo is den cheiliúradh seo faoi lánseol roimh i bhfad. Is cuma nó saotharlann mhór an tír seo anocht ina mbeadh an t-eolaí in ann staidéar a dhéanamh ar ábhair dhóchais is ar údair dhíomá an phobail. Is méanar dó siúd a bheadh in ann a leabhair nótaí a thabhairt leis is uirlisí an réasúin, na loighce is na tuisceana a oibriú chun an míréasún, an mhíloighic is an mhíthuiscint a mheas. Ach tá sé dlite d'Ione go bhfágfaidh mé i mo dhiaidh sa seomra staidéir seo meon is uirlisí an eolaí agus go mbainfidh mé sult as na himeachtaí sóisialta. Déanfaidh mé rud uirthi. Oíche mhór don eitneolaíocht í seo, ach níl an t-eitneolaí ar dualgas anocht.

Éist . . . cloisim na rothaí Chaitríona is na roicéid thine ag pléascadh cheana thiar sa spéir. Is doilig díriú ar na smaointe is ar an scríbhneoireacht nuair nach bhfuil ag déanamh tinnis don saol mór amuigh ach an tsiamsaíocht agus an spraoi. Is dócha gur ceart dom an chín lae a leagan ar leataobh anocht.

Ach fan . . .

Ar an oíche mhór seo, 31ú Nollaig 1899, bíodh is nach bhfuil ann ach fonóta staire is mioneachtra neafaiseach de chuid na haoise, ruidín beag nárbh fhiú don Uachtarán bacadh leis, ní mór cuimhneamh orthu siúd a chreid go mbeadh tábhacht de shórt eile ag roinnt leis an oíche, leis an dáta. Fiú mura ndéantar rincí taibhse anois, is ann do na taibhsí go fóill. Tá siad corraithe is míshocair.

Iad siúd a bhfuil cur amach acu ar mo shaothar ó thosaigh mé i mBiúró Eitneolaíocht Mheiriceá sa bhliain 1885, tuigfidh siad nach raibh uaim riamh ach go bhfoghlaimeoimis ónár gcuid botún ionas nach ndéanfaimis arís iad. Ach ní haon mhorálaí mórchúise mé. Ní chuirim romham teagasc ná teachtaireacht a chraobhscaoileadh. Is eolaí umhal mé. Bailím faisnéis, scagaim í, bainim tátal aisti. Ní fear mórtasach toirtéiseach mé ach oiread—b'fhéidir nach n-aontódh an bhean is fearr a bhfuil aithne aici orm leis sin—ach, fós, ba mhaith liom a cheapadh gurb é dul chun cinn an chine dhaonna a spreagann mé. Ní dul chun cinn go tuiscint. Ní tuiscint go heolas. Is ea, tuigim go ndeirtear i measc na sean-*Know-Nothings* atá suas go fóill go bhfuil mé róbháúil leis na hIndiaigh Dhearga . . . go bhfuil mé i ndiaidh éirí cosúil leo—chomh holc mioscaiseach leo, a dúirt duine acu ar na mallaibh—tar éis dom an oiread sin ama a chaitheamh ina measc, ag foghlaim a gcuid teangacha, ag breacadh síos a gcuid nósanna. Cloisim an t-achasán ar foluain sa leoithne ghaoithe go bhfuil mé, mar Éireannach is mar Chaitliceach, rófhabhrach leis an Indiach. Ach b'Éireannaigh agus ba Chaitlicigh iad John Sullivan, Patrick E. Connor, James McLaughlin, Philip Sheridan agus tuilleadh eile státairí, saighdiúirí, gníomhairí Indiacha agus polaiteoirí. Is dána an té a chuirfeadh dáimh leis an Fhear Dearg i leith an chomhluadair sin!

Táim ag claonadh ón ábhar atá idir chamánaibh agam.

Tig leis an té a bhfuil cuntas cuimsitheach cruinn uaidh ar ar tharla aimsir na Nollag 1890 agus ar fhréamhacha is ar chúlra na heachtra truamhéalaí sin amharc ar mo thuarascáil, *The Ghost-dance Religion and the Sioux Outbreak of 1890*. Níl sí le feiceáil sna siopaí leabhar anois, ach ní chiallaíonn sé sin nach bhfuil dalladh cóipeanna ar fáil go fóill. Go bhfios dom, tá tithe stórais an Smithsonian lomlán le boscaí móra a bhfuil cóipeanna den leabhar iontu, gona léaráidí, gona théacsanna amhrán.

231

Tá cíoradh tomhaiste sa tuarascáil ar cad chuige ar tharla ar tharla. Pléim ó thús deireadh an dóigh ina ndeachaigh feiniméan ghluaiseacht na hathnuachana i gcion ar threibheanna áirithe de chuid na nIndiach Dearg. Ríomhaim an bealach inar thosaigh Gluaiseacht Athnuachana Rincí na dTaibhsí faoin Mheisias Indiach Wovoka—nó 'Jack Wilson' mar a thugann na nuachtáin air—sa bhliain 1889 agus an tslí inar ghríosaigh sé a mhuintir chun rincí draíochta a dhéanamh is chun duain a chanadh ionas go mbáfadh díle an cine geal, go n-aiséireodh Indiaigh mharbha ón bhás le teacht an Earraigh, agus go bhfaigheadh an Fear Dearg a chuid fearann seilge ar ais arís. Cuirim síos ar bhás Sitting Bull. Pléim go mion cad chuige ar thosaigh an troid ag Wounded Knee in South Dakota, 29ú Nollaig 1890, inar maraíodh aon saighdiúir is tríocha agus suas le trí chéad Sioux a bhí cruinn chun Rince na dTaibhsí a dhéanamh. Ní luaim an focal 'dúnmharú', cé gurb eol do chách gurb ár a bhí ann. Ní chuirim locht ar aon seirbhíseach de chuid an stáit, idir pholaiteoirí agus oifigigh airm. Ní cheistím a gceannfháthanna. Ní luaim nach raibh formhór na hIndiach armtha le gunnaí agus gur díothaíodh formhór na saighdiúirí i gcros-scaoileadh urchar óna gcomrádaithe féin. Nó nár bacadh le líon na gcorpán Indiach a chomhaireamh ach iad a chaitheamh in aon trínse amháin. Is feidhmeannach dílis de chuid an Rialtais mé. Ní bhfaighinn cuireadh chuig Mórchóisir Shóisialta na hAoise, mar a thug iriseoir amháin air, dá mbeadh a dhath i mo shaothar a chuirfeadh olc ar na polaiteoirí nó náire orthu. Ach tá an fhírinne ann don té a théann taobh thiar de chaint fhuar chliniciúil an tseirbhísigh phoiblí.

Is réidh don duine aineolach atá i dtaobh leis na nuachtáin díriú ar ghnéithe de Ghluaiseacht seo na hAthnuachana atá barrúil nó baosrach, de réir a shlat tomhais féin. Rincí chun teagmháil a dhéanamh le taibhsí na marbh! . . . 'Léinte taibhsí' gona gcuid orthaí 'piléardhíonacha' á gcaitheamh ag na rinceoirí! . . . Iarracht chun dlús is deifir a chur le deireadh an domhain ionas go scriosfaí an cine geal! . . . Gan dabht, bhí an fuisce saor i ndiaidh an diabhal a imirt ar an chine dearg saonta! Gan dabht, tharraing siad an trioblóid anuas orthu féin nuair nár ghéilleadar d'údarás dleathach an Rialtais.

Ach seo rud, agus sílim go bhfuil ábhar ailt anseo. Tuigeann an saineolaí nach bhfuil i Rincí na dTaibhsí ach eiseamláir den chreideamh sa mheisiasacht. Tá ciníocha ann atá faoi dhaoirse agus a chreideann go slánófar nó go scaoilfear saor iad le teacht na haoise úire nó le teacht meiseasa nó slánaitheora, nó trí dhíle nó trí réabhlóid féin. Ba chóir, mar sin, go bhféadfaí teacht ar shamplaí den chultas céanna i measc ciníocha eile seachas Indiaigh Mheiriceá Thuaidh.

Tá an Bíobla lomlán le meisiasanna is le bréagmheisiasanna. Tá gnéithe den mheisiasacht le fáil i measc na *sans culottes* aimsir Mhuirthéacht na Fraince. B'fhiú díriú orthu sin. Ach is cuimhin liom nuair a d'fhill mé ar thír mo mhuintire breis is deich mbliana ó shin chun ábhar a bhailiú le haghaidh an ailt, 'The Medical Mythology of Ireland,' a foilsíodh in *The Proceedings of the American Philosophical Society*—ar ndóigh, b'fhiú dom na leabhair a cheadaigh mé le haghaidh 'The Funeral Customs of Ireland' agus 'The Holiday Customs of Ireland' a sheiceáil sna *Proceedings* athuair—gur tháinig mé ar roinnt samplaí sonraíocha den mheisiasacht i seanscríbhinní is i measc an phobail féin.

1096 *Anno Domini*: creideadh in Éirinn go raibh deireadh an domhain ag teacht agus go mbeadh na hÉireannaigh thíos leis mar gheall ar an mhallacht a cuireadh ar an draoi Éireannach, Mogh Ruith, a dhícheannaigh Eoin Baiste.

1600-1850 A. D.: an tóir ar Shlánaitheoir in Éirinn (ón Niallach go dtí an Stíobhartach go Dónall Ó Conaill san aois seo atá ag druidim chun deiridh) mar a léirítear go forleathan i dtraidisiún filíochta is amhránaíochta na hAislinge.

1798: Éirí Amach na bliana i ndeisceart na tíre. Tionchar *The General History of the Christian Church, from her Birth to her Final Triumphant State in Heaven* (1771) le 'Pastorini' a thug le fios go mbuafadh an Caitliceachas ar an Phrotastúnachas sa bhliain 1825. An mó fear píce a mheall sé seo amach chun port rince an bháis a dhéanamh?

233

1800: Más buan mo chuimhne, tugann Lecky, an staraí Victeoiriach (anocht a chuirfimid deireadh leis an dúré chéanna go hoifigiúil!) le fios ina shuirbhé ar stair na hÉireann san ochtú haois déag gur chuir an Feisire, Francis Dobbs, i gcoinne Acht an Aontais idir Parlaimint na hÉireann is Parlaimint na Breataine Móire sa bhliain 1800 toisc go raibh *'the independence of Ireland was written in the immutable records of heaven.'* Chreid Dobbs go raibh an Meisias le teacht is lena nochtadh féin ar chnoc naofa Ard Mhacha roimh i bhfad, agus ar a shon go nglacfadh an Pharlaimint leis an Acht, nach gcuirfí i bhfeidhm choíche é.

1825: Fanaimis in Éirinn ach gluaisimis ar aghaidh go dtí an bhliain 1825, go dúiche mo mhuintire i gContae na Mí. Cuireann *Finn's Leinster Journal* in iúl (i sliocht a tógadh ón *Westmeath Journal*) gur éirigh tuathánach óg darbh ainm Thomas Devlin (sin sloinne mo mháthar, ach níorbh aon fhear gaoil de mo chuidse é), arbh as ceantar an Obair ó dhúchas dó, gur ith sé a bhricfeasta, gur fhág sé slán ag a bhean is a chlann, gur rug sé ar speal agus gur thug sé cuairt ar chomharsa bhéal dorais leis, Calvin Wesley. Ar ghabháil isteach sa teach do Devlin, mharaigh sé a raibh istigh: cúigear. Gabhadh é go gairid ina dhiaidh sin. Nuair a ceistíodh é cad chuige ar dhúnmharaigh sé na daoine, d'fhógair sé. 'Go hIfreann leis na heiricigh. D'ordaigh Pastorini dom é a dhéanamh.'

Caithfidh go bhfuil mé in ann teacht ar a thuilleadh samplaí ó Éirinn. Ach cad a léiríonn na samplaí thuas? Go bhfuil an mheisiasacht ceangailte leo siúd, idir chiníocha is phobail dála na bhFear Dearg is na nGael, ar imríodh cos ar bolg orthu. Gur nós leis na dreamanna úd an t-éalúchas a chleachtadh. Fiú, b'fhéidir, nuair a thuigeann siad nach bhfuil ann ach an t-éalúchas lom. Ní réaltacht go héalúchas na ndaibhre is na ndaor.

Agus maidir leis an éalúchas atá ar siúl taobh amuigh anocht agus a bheidh ar siúl sa Teach Bán ar ball beag, níl ann ach an cur i gcéill. Mar le teacht na maidine, Lá Coille 1900, fillfimid ar an réaltacht seo againne ina ligimid orainn go bhfuil tábhacht ag baint lenár saol mar eitneolaithe, mar státairí, mar shaighdiúirí, mar ghníomhairí Indiach, is mar pholaiteoirí. Ní héalúchas go réaltacht na saibhre is na saor. Is sinne na *Know-Nothings* nua, gan aon agó . . .

Cloisim mo shonuachar dil ag teacht anuas an staighre. Tá sí faoi réir, gan amhras. Is mithid dom féin mo chulaith a tharraingt orm, déanamh ar an Teach Bán agus mionchaint bhéasach a choinneáil le mo chomhaíonna measúla. Blaisfimid de shean gach dí is de nua gach bia. Is ar bhuille glan an mheán oíche, ólfaimid sláinte ár dtíre is na haoise úire, tír is aois a bheidh níos cothroime, níos córa, níos forchéimnithí ná na cinn atá ag síothlú uainn, b'fhéidir. Ach nach minic a bádh 'b'fhéidir'? Eolaí mé, ach ní heol don taibhseoir aineolach seo an méid sin féin. Is cuma anocht, mar déanfaidh mé féin is Ione cúrsa rince le chéile is ligfimid orainn go bhfuilimid ag cur na dtaibhsí chun suain.

235

Admhálacha

Tá mé buíoch d'eagarthóirí na n-irisí inar foilsíodh na scéalta seo a leanas: 'Cór na Muanna' agus 'Gan AT' in *Oghma*; 'Meisce Gháirí' agus 'Petticoat Loose' in *Comhar*; agus 'Meisce Chaointe' san iris leictreonach, *Luimne*. Foilsíodh sliocht as 'Meisce Bhreallánachta' in *Listowel Writers' Week Winners 1998*.

Ba le linn dom a bheith i mo scríbhneoir cónaitheach in Ollscoil na hÉireann, Gaillimh, sa bhliain 1998 a chum mé formhór na scéalta sa chnuasach seo. Tá mé faoi chomaoin mhór ag an Ollscoil agus ag an Chomhairle Ealaíon as an deis iontach sin a thabhairt dom. Ba mhaith liom buíochas ó chroí a ghabháil leis an Dochtúir Mícheál Mac Craith a thug tearmann dom in Áras na Gaeilge san Ollscoil ar feadh dhá ráithe.